안티 혹은 마이너

안티 혹은 마이너

안티 혹은 마이너

첫판 1쇄 펴낸날 2004년 2월 5일

기획 박민영 ｜ 편집 김태희 ｜ 마케팅 이희웅
펴낸곳 도서출판 우물이 있는 집
펴낸이 김재범

출판등록 2001년 7월 25일 제 10-2191호
주소 마포구 성산동 114-14 성산빌딩 4층
전화 02-718-0004 팩시밀리 02-706-0243 E-mail woomulhouse@hanmail.net

ⓒ 지유철, 2004

값 11,000원
ISBN 89-89824-21-4 03300

안티 혹은 마이너

지유철 지음

우물이 있는 집

소통과 연대는 좋은 귀를 갖는 것으로부터

음악은 듣는 것으로부터 시작된다. 빼어난 음악가가 되기 위한 제일의 전제는 좋은 귀를 갖는 것이다. 훈련된 귀를 갖지 못했는데 어떻게 좋은 소리를 구별하며, 다른 사람의 소리를 못 듣는데 어찌 아름다운 하모니를 만들어 내겠는가. 지휘자에게는 더욱 예민한 귀가 요청된다. 때문에 지휘법 교과서는 어김없이 좋은 귀에 대한 강조로 시작한다. 건강한 공동체의 전제 조건으로 좋은 귀를 내세웠던 것은 디트리히 본회퍼였다. 그는 '공동체 내의 다른 사람에게 마땅히 해야 하는 첫 번째 섬김이 상대방의 말을 잘 듣는 것'이라 말한다. 성서 또한 좋은 귀를 강조하기는 마찬가지. 음악이 그러했듯 신앙 역시 듣기를 잘 해야 참된 신앙에 도달할 수 있다는 것이다. 좋은 귀의 강조는 거기에서 그치지 않는다. 맥스 워렌은 '책은 읽는 게 아니라 듣는 것'이라고 말한다. 그는 자신의 자서전에서 '책 읽기의 의미를 저자의 인격만이 아니라 책 자체가 한 말을 잘 듣는 일'이라고 하였다. 위의 모든 사례들은 좋은 귀의 중요성뿐만 아니라 상대방의 말을 잘 듣는 것이 얼마나 어려운지를 생각하게 만든다. 주지하듯 파피루스에 기록하였던 성서의 오리지널 텍스트는 모두 소실되었다. 지금 전해지는 것들은 모두 사본들이다. 전적으로 인간의 손을 의지할 수밖에 없었던 사본들은 모두 조금씩 다르다. 문제는 신뢰할 만한 사본들 중에서도 상이한 부분이 존재한다는 것인데, 그 문제를 해결하는 방식이 매우 흥미롭다. 상이한 여러 개의 사본들 중 하나를 진본으로 채택하려고 할 때 성서학자들은 문법적으로나 논리적으로 가장 잘 맞지 않는 것을 고른다는 것이다. 경전을 단순히 필사하는 일에 있어서도 인간은 자신의 눈에 띄는 오류를 슬그머니 고치는 습성이 있음을 성서학자들은 알아 차렸던 것이다.

목사님 설교를 요약하여 주보에 게재했던 때가 있었다. 20대 초반의 몇 년 동안 계속되었던 그 일은, 준비를 충실하게 한 설교와 그렇지 못한 설교를 대번에 알아차리게 만든다는 점이 괴롭긴 했으나 설교를 깊이 있게 들을 수 있다는 점에서 퍽이나 유익했다. 사실과 의견을 구분할 능력이 없던 나는 웃지 못할 실수를 많이 저질렀다. 내 이름으로 나가는 글도 아닌데 이치에 맞지 않는다고 생각되는 대목에 대해 나는 왜 그렇게 못 견뎌했는지 모르겠다. 혈기 방장하던 나는 담임 목사의 설교에 칼질을 해대는 것으로도 모자라 내 생각을 마구 끌어다 붙였다. "이게 내 설교냐 네 설교지!"라는 엄한 꾸지람이 뒤따랐던 건 물론이다. 20년도 넘게 까마득히 잊고 지냈던 그 일이 다시 떠오른 건 매월 인터뷰를 하게 되면서부터다. 웬일인지 어떤 내용을 생략할 것인가로 골머리가 아파지면 "이게 내 설교냐?" 따져 묻던 목사님의 노기 어린 얼굴이 떠올랐다. 말과 생각을 있는 그대로 드러내는 일은, 20년 전의 설교를 요약할 때나 그 보다 나이를 두 배로 먹고 인터뷰를 정리할 때나 똑같이 어려웠다. 나는 독자들의 비판보다는 조심스럽게 던지는 인터뷰이의 한마디에 더 떨었다. 내 인터뷰에서 질문과 해설이 극도로 짧은 것은 그 두려움의 흔적이다. 때문에 경건한 필사자조차도 피해갈 수 없었던 텍스트를 순결하게 보존하는 일의 어려움 앞에서, 나는 오래 머무르지 않을 수 없었다.

"나는 음악과 신앙과 책이 그러했듯 인터뷰 역시 잘 듣는 것으로부터 시작된다고 믿는다. 어떤 것을 묻고 쓸 것인가는 잘 듣는 것의 중요성과 그 어려움에 비할 수 없다. 그것은 그 다음의 문제다. 그런 생각으로 진행한 인터뷰였다. 그럼에도 세상으로 나갈 인터뷰들을 다시 읽으며 나는 또 다시 잘 듣는 것의 어려움을 실감한다. 내가 질식시킨 인터뷰이의 순결한 말들의 아우성 앞에서 나는 전전긍긍한다."

'지유철의 선택과 옹호'란 이름으로 2000년 7월부터 2003년 12월까지 〈복음과 상황〉에 연재했던 마흔 한 분의 인터뷰 중 12편을 추려 책으로 묶는다. 3년 6개월 동안의 연재를 마치면서 고은광순 선생께 보내는 편지 형식의 글을 일부 수정하여 에필로그로 덧붙였다. 내용 중 시의에 맞지 않는 부분을 삭제했고, 정해진 원고 분량 때문에 잘려 나갔던 부분을 되살렸다. 〈복음과 상황〉이 기독교계의 〈인물과 사상〉이나 〈아웃사이더〉 쯤으로 여겨지는 잡지이기는 하지만 2000년 당시 상황에서 보자면 기독교 신앙을 갖지 않은 인물을 지속적으로, 그것도 많은 지면을 할애하여 다룬다는 것은 파격이 아닐 수 없었다. 어떤 독자들은 이 책을 읽으며 특정 종교와 관련된 부분이 지속적으로 나오는 것이 거슬릴지 모르겠다. 그러나 여기 묶인 인터뷰가 기독교 잡지에 연재되었던 것이고, 종교 또한 우리 삶의 한 영역을 차지해야 한다는 생각에서 가급적 그대로 두었다. 내용 때문이라면 〈복음과 상황〉 독자들의 불편함이 더 컸으리라. 신앙과 무관한 듯한 비기독교인의 인터뷰를 매월 읽어야 했을 터이니까. 이 인터뷰가 자리 잡고 있는 지점은 교회 밖이나 안 사람 대다수가 불편해하는 바로 그 지점이다. 이 인터뷰가 양쪽 모두로부터 '너는 어느 편이냐?'고 묻는 자리에 쓸쓸하게 서 있었던 것은 그것이 위험하긴 하지만 모두에게 필요할 것이란 확신 때문이었다.

　나는 연대와 소통이란 말이 넘쳐나는 우리 사회를 보며 연대와 소통의 필요성을 다시 절감한다. 그만큼 연대와 소통이 안 되고 있다는 생각 때문에 말이다. 상대방의 이야기를 잘 듣는 것이 얼마나 공동체를 건강하게 하는지, 그리고 그것이 서로에게 얼마나 소중한 섬김이 되는지 알게 되기를 희망한다. 이 인터뷰는 그러한 소통과 연대, 그리고 그것의 전제가 되는 겸손함과 섬김에 대한 아마추어 인터뷰어의 작은 바램이다.

바쁜 와중에서도 귀중한 시간을 내 인터뷰에 응해 주었던 마흔 한 분에게 감사드린다. 이 책이 출판될 수 있도록 격려를 아끼지 않은 영남대 박홍규 교수님, 편집자가 필자에게 얼마나 소중한 존재인지를 일깨워 준 〈복음과 상황〉의 서재석 편집장님, 이 인터뷰의 첫 발을 내딛게 해준 〈한겨레〉 김은형 기자, 그리고 보잘 것 없는 인터뷰를 책으로 엮어 준 우물이 있는 집에도 감사의 마음을 전한다.

• 에필로그　내가 선택한 세상, 내가 옹호한 사람

KIM_DONGCHUN

김동춘 › › ›   〈한겨레〉가 선정한 한국의 미래를 열어갈 100인 중 1명(학술분야)으로 선정된 김동춘은 역사를 증언하고 현실을 해석하는 글쟁이기를 희망하는 사회학자다. 전공이 역사로 착각할 정도로 한국사와 관련된 연구를 많이 하였다. 성공회대 교수로 있지만 그 만큼의 열정으로 참여연대 정책위원장, 민간인학살진상규명범국민위 사무처장, 〈경제와 사회〉 편집위원장, 〈역사비평〉 편집위원 등의 일을 하고 있는 참여적 지식인이다. 농촌 출신이고, 강한 유교문화의 세례, 학생운동, 교사생활, 기독청년 활동, 군복무, 연구자운동, 시민운동 등 직업적 학자가 되기 전에 겪었던 일들을 소중한 자산으로 간직하고 있는 그는 인생에서 궁지에 몰려 보지 않았던 학자들은 물론 학자연하는 것을 싫어하는 지사적 지식인의 계보에 속한다. 그러한 자기 정체성을 분명히 인식하는 가운데 써 나간 한국전쟁과 민간인학살에 대한 그의 연구는 이 문제를 전혀 새로운 시각에서 바라보게 했을 뿐 아니라 민간인학살 규명을 실천의 공간으로 끌어내는 데 큰 기여를 하였다는 평가를 받고 있다. 1959년 경북 영주에서 태어났고 서울대 사범대와 동대학원에서 공부하여 사회학 박사학위를 받았다. 저서로는 『한국사회노동자연구』, 『한국사회과학의 새로운 모색』, 『근대의 그늘』, 『전쟁과 사회』가 있다.

역사적 야만의 뿌리를 찾아서

서광선 교수가 손덕수, 이미경이 공저한 『한국의 가난한 여성에 관한 연구』
를, 김동길 교수가 한완상의 『지식인과 허위의식』을 일생 읽은 책 중 두세
손가락에 드는 책으로 꼽았을 때 나는 무척이나 놀랐다. 한국인이 지은 책
을 치켜세우는 이름 있는 지식인을 본 적이 없었기 때문이다. 평생을 통해
읽어야 할 한두 권의 책이란 외국 고전이어야 한다는 생각에 길들여졌던 나
였으니까. 일생에 읽은 책 중 한두 권을 추천하기엔 아직 이른 나이지만 자
신 있게 추천할 한국의 저서를 갖게 되었음을 주저 없이 말하고자 한다. 어
딜 가든 나는 김동춘의 『전쟁과 사회』를 자랑스럽게 추천할 것이다. 그의
글은 내가 "헛살았노라"고 고백하지 않을 수 없게 만들었다. 김동춘에 의하
면 6.25로 알려진 한국전쟁을 전후하여 우리의 경찰과 국군, 그리고 미군과
우익청년들은 '빨갱이'란 이유만으로 재판 없이 약 100만 명을 죽였다. 수
원 이남에는 그렇게 희생된 사람이 동네마다 없는 곳이 없다. 그럼에도 불
구하고 한국 현대사의 최대 비극인 민간인 학살은 "조직적인 은폐, 강요된
망각"의 대상이었다. 이 문제의 해결 없이 민주주의는 요원하며, 현재 우리
를 옥죄고 있는 우리 사회의 모든 문제 또한 이 문제로부터 풀려야 한다는
이야기를 들으며 나는 한없이 부끄러웠다. 01_04_10

민중과 노동

선생은 경북 영주라는 보수적인 지역에서 출세지향적인 의식 세례를 받으며 성장했다. 어떤 글에서 한국의 60대의 20대 때 기억들과 경험들이 현재 한국사회의 주류적인 생각을 형성하고 있다고 지적한 바 있다. 나를 포함한 대다수의 한국 교회신자들은 보수적인 교육을 받은 탓에 그 테두리를 벗어나지 못하고 실천으로 나가는 데 실패했다. 그런데 선생의 경우는 완고한 틀을 깨고 노동운동을 했다. 그 동기가 궁금하다.

대학 때의 영향이 가장 크다. 1학년 때 동일방직 여공들이 오갈 데가 없어서 명동성당에서 농성을 할 때 그곳을 찾은 것이 노동운동과의 최초의 만남이었다. 그 이후, 사회주의 좌파이론을 공부하는 과정에서 계급문제에 눈을 뜬 것도 하나의 계기가 되었을 것이다. 그보다는 산업사회 속에서 가장 소외된 사람들이 노동자라는 점에 눈뜨게 되었다. 노동현장에서 일어나는 가장 밑바닥의 일이 사회 일부의 모습이 아니라 전체의 모습이라는 사실을 깨닫게 되었다. 그때 노동문제를 보면 사회 전체가 보인다는 것을 실감했던 것 같다. 노동자들에게 가해진 폭력, 억압, 빈곤, 착취, 그리고 비인간화의 현실은 정확하게 우리 사회의 축소판이었다. 대부분의 노동자들은 자신의 그러한 현실을 인지하지 못하고 있다. 따라서 노동운동이 활성화되어 그 힘이 강해지지 않는 한 우리 사회의 민주화는 불가능하다고 보았다. 사회에서 인권이나 민주주의의 모든 문제는 노동자들을 어떻게 대우하는가를 보면 알 수 있다. 사람들은 우리나라의 정권이 바뀌어왔다고 하는데 내가 볼 때는 50년 동안 일당독재였다. 똑같은 사람들이 집권을 했고, 그 아들과 자손이 기득권을 유지해 왔다. 결국 노동자들의 처지가 나아지는 만큼 세상이 바뀌는 것이다. 노동자들이 자기 문제를 인지하고 그것을 행동으로 옮겨서 싸우는 만큼 노동자가 아닌 다른 세력들도 같이 혜택을 누리게 된다. 여성들, 소수자들, 이런 사람들이 노동자들이 싸우는 만큼 같이 올라가는 것이다. 노동세력이 정치적, 사회적인 세력으로 진입하지 못하니까 정치가 계속 그 상태로 머무는 것이다. 이것은 나 혼자만의 이야기가 아니라 사회과학자들이라면 누구나 인정하는 이야기다. 미국과 유럽과 한국과 일본 민주주의의 수준과 인권의 차이는 노동세력의 힘의 크기와 정비례한다. 노동을 배제한 어떠한 담론도 앵무새 같은 반복일 뿐이다. 우리나라의 은행은 왜 이런가, 정치가는 왜 타락했나, 언론은 왜 이런가를 백날 이야기해 봐야 소용없다. 그 자체로는 아무런 해결책이 없다.

노동을 보는 독특한 시각 때문에 군사정권 시절 진보나 좌파로부터 많은 공격을 받았다. 선생을 만나보고 싶었던 중요한 이유 중 하나는 당시의 시대적 주류였던 노동운동의 마르크스주의 시각과는 다른 독특한 시각을 어떻게 형성할 수 있었는지가 궁금했다.

현실을 이상적으로만 보지 않았기 때문에 가능했던 것 같다. 역시 농촌에서 자랐고, 집이 그렇게 어려운 처지는 아니었지만 주변에서 어려운 사람들을 보며 자랐기 때문에 민중의 힘과 비굴함을 동시에 볼 수 있는 시야를 가질 수 있었다. 그러나 좋은 환경에서 자란 대부분의 내 동료들은 관념적으로만 민중을 이해했기 때문에 민중이 숭상의 대상이 되어버렸던 것 같다. 이런 일이 있었다. 80년 5월 13일 서울역 광장에 모여 대학생들이 진군을 할 때 가두에서 시민들이 환호하지 않았다. 그때 친구들이 "민중은 개새끼다"라고 했다. 나는 그들에게 "민중은 원래 개새끼였다"고 응수했다. 사회적 인식이 아직 정립되지 못했던 시절이긴 했지만 교과서만 보고 노동계급을 높이는 것을 받아들이는 게 내게는 매우 어색했다. 내게 있어서 민중의 이중성이란 너무도 자명했다. 이 체제 속에서 살아갈 수밖에 없기 때문에 민중은 생존을 위한 비굴함을 동시에 가질 수밖에 없는 존재다. 그러나 동시에 민중의 생각이 바뀌지 않으면 세상이 바뀌지 않는다는 생각을 했고, 그것이 일반적인 좌파와는 처음부터 거리를 둘 수밖에 없게 만들었다. 대개 80년대 들어와서 훨씬 관념적인 급진화가 이루어졌지만 우리 세대만 하더라도 그렇게 관념적이지는 않았다. 좌파라고 하더라도 마르크스의 이론을 제대로 읽을 수 없었을 뿐더러 반독재투쟁이 훨씬 더 중요했기 때문에 마르크스보다는 함석헌 선생 쪽에 공명했던 것 같다. 민주주의 문제가 계급문제보다 중요하다는 감각을 우리 연배들은 대부분 가지고 있었다. 때문에 계급문제만을 중심으로 보는 좌파들하고는 생각부터가 다르다.

오늘의 학문과 자아형성에 끼친 어린 시절의 농촌 경험 얘기를 들으며 일상성의 중요성을 다시 생각하게 된다.

연구와 행동을 일치시키려고 노력하는 편이다. 한국전쟁을 공부하면서 민간인학살 문제와 관련한 운동을 시작했고, 참여연대 만드는 과정에도 이런 식의 시민운동이 필요하다는 판단 하에 개입했다. 80년대에 진보적인 학술단체를 만드는 일에 개입한 것도 같은 맥락이다. 반면에 연구는 하지만 활동에는 전혀 개입하지 않는 사람도 많다. 이해는 한다. 한편으론 그렇게 하고 싶다는 욕망이 내게도 있다. 활동을 하지 않고 연구를 하면 더 많은 업적을 쌓을 수 있을 테니까. 충분하지는 않지만 연구자로서의 관심과 활동을 연결시키려고 노력하는 편이다. 그러나 사태의 심각성 때문에 아는 것 만큼만이라도 발언할 필요를 느낀다. 정치문제를 배제하면 학문이 왜곡된다. 우리나라에서 대학자로 칭송되는 몇 분은 레드콤플렉스 때문에 진보적인 생각에도 불구하고 사회적인 발언을 일체하지 않고 오로지 평생을 논문만 쓰셨다. 심각한 왜곡이 아닐 수 없다. 정치가 바로 잡히지 않고는 학자들이 자기 발언을 할 수 없다. 자기 발언을 끊임없이 하는 게 지식인의 양심 아닌가. 학자가 자기 발언을 못하는 데 학문은 무슨 학문인가! 역시 학문은 다음 세대의 몫이지 싶다. 우리 세대는 희생 플라이만 날리고!

지식인의 역할이 왜 비판적이어야 한다고 생각하는지 말해 달라.

우리 사회가 제대로 된 사회라면 기능적인 지식인이 더 필요하겠지만 그렇지 않기 때문에 자기의 직업성을 제대로 지키기 어려운 것이다. 사회과학과 거리가 먼 자연과학을 연구하는 사람조차도 목소리를 있는 그대로 내는 게 어렵다. 정치권과 정부, 그리고 자기에게 용역을 준 기업에 의해 자기의 목소리가 굴절될 수 있다. 자연과학조차도 자기가 알고 있는 것을 그대로 표현하려면 현재 잘못된 정책에 대해서 비판적인 입장에 설 수밖에 없고, 그렇게 하지 않았을 경우는 매춘행위를 하기가 쉽다. 지식인이 매춘부가 되지 않기 위해서라도, 자기의 지적 생산물이 사람들에게 있는 그대로 전달되게 하기 위해서라도 기성의 잘못된 목소리에 대해 비판적인 입장에 설 수밖에 없다고 생각한다. 비판적인 입장의 견지는 자기 존립의 문제라고 보는 것이다. 그런데 우리 사회를 보면 대부분의 연구자들은 과거에는 정치권의 의해 매춘을 요구받았고 요즘은 기업에 의해 요구받는 실정이다.

한국전쟁과 역사

『전쟁과 사회』는 오래 전의 약속을 이행한 것으로 알고 있다. 책에 대한 반응이 궁금하다.

우리 사회의 굉장히 아픈 부분을 건드렸는데 학자들을 포함한 보수세력 쪽에서는 일체 침묵하고 있다. 일반인들로부터는 오늘의 우리 사회가 안고 있는 문제가 어디서 기인한 것인지를 이해하는 데 도움이 되었다는 호평을 받고 있다. 급하게 썼기 때문에 내용이 만족스럽지는 않지만 워낙 이런 방면의 책이 안 나와 있기 때문에 무리를 해서 쓴 것이다. 나는 일반 지식사회나 학생 쪽에서 논란이 일어났으면 좋겠다. 잘못 보고 있는 게 있다면 비판도 받고 싶고, 다른 시각이 있다면 듣고도 싶은데 그게 없는 게 개인적으론 안타깝다.

어떤 동기로 한국전쟁에 대해서 관심을 갖게 되었나.

학부 때부터 한국현대사에 대해 관심이 많았다. 특히 한국현대사에서 은폐된 사실이나 알려지지 않은 사실에 대해서 20년 이상 관심을 가져왔다. 80년대 후반부터 현대사 관련 글을 쓰기 시작했다. 그 과정을 통하여 오늘의 우리 사회를 만들어낸 원형은 1945년부터 53년까지라는 생각을 해왔는데, 노동운동에 관한 박사논문을 쓰면서 다시 현대사로 돌아가야 하겠다는 생각을 하게 되었다. 왜냐하면 오늘의 노동문제는 그 자체만으로는 절대 풀리지 않는다는 확신 때문이었다. 우리의 국가와 시민사회 문제, 노동계급 문제, 시민운동 문제를 짓누르고 있는 것은 50년 동안 지속된 전쟁이다. 휴전체제와 그것이 만들어낸 우리 사회의 역학구도, 그 역학구도와 피해자들의 침묵, 그리고 그로 인한 가해자들의 기득권 유지기반의 성립, 이를 통해 전쟁이 어떻게 우리 사회의 과거사가 아니라 현재 형태로 재생산되고 있는지를 살펴보아야겠다는 생각을 구체적으로 한 것은 박사논문을 책으로 발간한 다음 해인 95년 이후부터다. 내겐 누가 전쟁을 일으켰느냐의 문제보다 전쟁을 겪은 사람들의 체험이 더 중요했다. 그래서 나는 '전쟁 기간 동안에 무슨 일이 일어났는가'에 초점을 맞추었다. 그중에 가장 중요한 사건으로 나는 학살을 꼽은 것이다. 20세기 대한민국 역사에서 일어난 최대의 비극적인 사건이 전혀 알려지지 않고 있다는 이 엄청난 사실에 주목한 것이고 단순히 미

군, 국군, 경찰에 의한 학살에 그치는 것이 아니라 그 학살을 정당
하는 논리와 피해를 당한 자들의 피해의식이 맞물려서 우리 사회의
50년 정치사를 만들었다고 보는 것이다.

　역사와 관련된 많은 글을 발표했다. 역사와 사회학의 관계를 어떻게
　설정하고 있는가.

　미국의 좌파잡지 〈몬트리 리뷰〉를 편집하는 폴 스윅은 최근호에서
공부를 하면 할수록 '사회는 역사다'라는 생각을 하게 된다는 이야
기를 했다. 사회현상은 기본적으로 과거 현상으로 끝나는 것이 아니
라 오늘의 사회적인 관계를 규정한다. 왜냐하면 사회는 자연현상과
달리 인간이 만드는 것이기 때문이다. 인간의 행동이란 경제적 동기
에 의해서만 움직여지는 것이 아니라 과거의 습관과 과거로부터 습
득한 지식에 의해 영향을 받는다. 프랑스의 역사학자 페르낭 브로델
Fernard Braudel이 말한 것처럼 역사는 빨리 변하는 것 같지만 멀
리 본다면 아주 천천히 변하면서 과거와 현재를 규정한다. 사회현상
에 대해 진지한 사회학자나 정치학자는 역사를 무시할 수가 없다. 지
금의 어떤 문제도 뿌리를 파헤치면 역사가 어떻게 반복, 재생산되고
있는가에 주목할 수밖에 없다. 때문에 오늘의 사회현상에 대해 발언
할 때 역사를 살피는 것으로부터 많은 도움을 얻고 있다. 왜냐하면
그 문제를 어떻게 풀어야 하는지를 다른 사람들보다 잘 알고 있다고
생각하기 때문이다.

　'역사를 가르치면 모든 걸 가르치는 것'이라고 말하는 모리스 만델

보움이라는 역사학자가 생각난다. 어떻게 해야 살아있는 역사의식을 획득할 뿐 아니라 의식을 유지, 심화시켜 나갈 수 있겠나. 한때 지리교사였는데, 살아있는 역사교육을 어떻게 시킬 수 있다고 생각하나.

'과거를 알라'는 정도로는 설득이 안 된다. 이것이 과거에 있었던 중요한 사건이라는 식으로는 아이들을 설득시킬 수가 없다. '오늘을 살아가면서 네가 당면한 문제를 해결하기 위해 무엇이 필요한가'라고 이야기해야 아이들에게 접근이 된다. 그 점에서 우리나라의 역사학이나 역사교육은 실패했다. 우리나라의 역사학자들이나 역사교육에 혁신이 필요하다고 본다. 강조하지만 과거의 사실을 가르치는 것만으로는 학생들에게 흥미를 유발시키지 못한다. 나는 IMF를 설명하는데 있어서도 1896년에 있었던 갑오경장을 견주어서 설명을 한다. 그리고 지금 한국정부가 미국에 대해 보이는 태도도 조선시대의 사대주의적 태도와 다르지 않다. 그러면 그런 행동이 나오는 맥락을 파악할 수 있는 시야가 학자나 교육자에게 필요하다. 그러나 우리나라 사람들은 모두가 암기교육을 받고 자라났기 때문에 전반적으로 그런 훈련이 안 되어 있다. 역사의식의 획득이나 그것의 유지 및 심화는 하루아침에 되는 일은 아니다. 우선은 정치가 우리에게 집단적인 역사 망각을 강요하고 있다는 사실을 주목하고 맞서 싸우는 일이 일차적인 일이라고 생각한다. 정치권력이 과거 사실에 대한 망각을 강요할 때 그것과 싸우는 기억 투쟁이 필요하다. 기억을 환기시키는 투쟁부터 하는 것이 올바른 역사교육이라고 말하고 싶다.

우리는 정치권력이 강요하는 기억의 망각과
싸우지 않으면 안 된다.

90년대의 포스트모던이라는 시대규정에 동의하지 않는 걸로 알고 있다. 20-30년대의 혁명과 모더니즘의 현상의 맥락을 빌어 90년대를 설명하기도 했다.

인간은 기억하는 존재이고 때문에 기억하지 못하면 사이코가 된다. 그러니까 기억하지 않는 인간은 정신병자다. 아무리 포스트모던 시대라 할지라도 인간의 행동은 여전히 기억 형태가 좌우하고 있는데, 인간은 기억이 없는 존재라고 무 자르듯이 규정하고 지금의 시점에서만 문제를 판단할 수는 없다. 가장 중요한 것은 언어다. 인간은 언어를 사용하는 동물이고 언어가 없는 인간 또한 정신병자다.

예술과 대학

대부분의 요즘 젊은이들이 분단에 대해 무관심하다. 이 문제를 어떻게 설득해야겠는가. 좋은 논문도 나와야겠지만 예술이 더 필요한 시점은 아닌가 생각하기도 한다.

공감한다. 우리 사회에서 한국전쟁을 다룬 영화 한 편이 제대로 나온 적이 없고, 일제시대나 동학농민운동을 제대로 다룬 영화도 없다. 정말 한국현대사를 소재로 한 영화가 무엇이 있는가. '쉰들러 리스트'를 보면서 느낀 점은 저 정도 소재는 우리에게도 수백 개는 넘을 텐데 왜 우리 감독들은 저렇게 못 만들까 생각했다. 지금도 공공연하게 돌아다니면서 예술가들에게 말을 한다. "소재는 얼마든지 줄테니까 해보라"고 말이다. 정말 한 편도 없다. 4.19를 다룬 영화가 있나. 소설은 좀 있지만……. 그것이 참 안타깝다. 이유는 우리 예술가들의 문제의식 결여 때문이라고 본다. 잘된 외국영화를 보면 일상적 삶의 소재를 통해 시대의 아픔을 보여주지 않던가. 한국영화는 왜 이런 작품을 못 만드는가? 그 이유는 우리나라의 영화감독이나 예술가들이 학자들처럼 교육받은 적이 없고 그런 문제에 대한 깊은 고민이 없기 때문이다. 이런 문제가 해결되어야만 분단, 한국전쟁, 동학, 4.19에 대한 예술의 대중화가 이루어질 것이다. 〈JSA 공동경비구역〉 같은 게 좋은 성과이긴 하지만 그보다도 훨씬 더 많이 나가야 한다. 영화란 감독의 문제의식 수준만큼 나오는 것이다. 그런데 아직은 우리 영화감독의 의식 수준이 거기까지 못 갔다고 본다.

이를테면 특수한 것은 보편적인 것이고 보편적인 것은 특수한 것인데 일제시대 우리나라 사람들의 겪었던 징용, 징병의 문제나 정신대 문제, 그리고 친일 문제의 경우도 얼마든지 지금의 감각에 맞게 예술적으로 형상화할 수 있다고 본다. 전쟁도 그렇고 60년대 산업화 과정에서 겪었던 일들도 그렇다. 물론 옛날 〈영자의 전성시대〉나 〈별들의 고향〉 같은 작품이 시대의 한 단면을 보여주었다. 후발 산업화 과정에서 소외된 사람의 모습을 더욱 깊이 보여줄 수 있는 작업들을 했으면 좋겠다는 생각이다. 한국전쟁도 『전쟁과 사회』에서 다룬 소재들만으로도 얼마든지 형상화가 가능하다고 생각한다. 물론 독재정권 시절 이데올로기가 사람들을 모두 바보로 만들기는 했다. 금기영역을 쳐놓았기 때문에 민감한 부분은 다루지 못했으니까. 그러나 요즘은 소재의 제약이 많이 극복되었지 않았는가. 지금은 하면 되지 않나. 그런 작업을 하면 나는 쉰들러 리스트 같은 작품을 많이 만들 수 있다고 본다.

광주 문제를 다룬 일련의 영화들은 어땠는가.

별로 만족스럽지 않았다. 예술적 감각이 부족하기는 하지만 아직은 기대에 못 미친다. 〈꽃잎〉은 너무 지루하고 재미가 없었다. 〈꽃잎〉의 여자주인공을 통해서는 광주를 겪지 않은 사람들에게는 보편적 공감을 일으킬 수 없을 것 같다. 외국사람들에게는 더 회의적일 것이라 생각된다. 우리 사회에서 광주 출신이 아닌 사람들이 그 작품을 보았을 때 보편적인 공감을 일으키기엔 역부족이란 생각을 했다.

우리 대학사회가 가지고 있는 문제 중 가장 고질적인 것이 무엇이라 생각하나.

한마디로 보수성이다. 기업을 좋아하지는 않지만, 차라리 기업은 생산성에 의해서 물갈이와 심판이 가능하다. 하지만 대학은 도대체 교체가 불가능하다. 사립대학은 말할 것도 공립조차도 교수와 재단의 권력이 너무 막강할 뿐 아니라 전혀 바뀔 가능성이 없다. 그것이 가장 암담하다. 그래서 오늘의 대학사회를 보면 침몰하는 배와 같다. 매우 비관적이다. 그렇다고 학생들이 외국처럼 시장논리에 입각, 소비자의 입장에서 교수를 선택할 수도 없다. 서열화되어 있으니까. 울며 겨자 먹기로 간판을 위해서 그 강의, 그 교수, 그 대학을 선택할 수밖에 없다. 철옹성 같은 교수의 기득권과 재단의 전횡으로 대학이 되는 게 없다. 대학 내의 기성권력이 너무 강해 반대세력은 감히 도전할 수 없다. 정부에서는 교육에 대한 기본 마인드가 없기 때문에 대학을 다 사적 시장에 맡겨 놓아서 학생들이 비싼 등록금을 내며 학교 다니게 만들었다. 국가는 대학교육이 왜 필요한지에 대한 비전이 없고 대학은 기성권력이 너무 강고해서 반대세력이 감히 도전하지 못한다. 교수의 눈 밖에 나면 작살나니까. 이게 침몰하는 배가 아니면 무엇인가.

학내 민주화나 논문표절 문제가 바로 잡히는 것도 중요한 문제가 아닌가. 선생은 표절이나 학내 민주화와 같은 문제들에 있어서 어떤 실천이 필요하다고 생각하나.

우리가 대학원을 다닐 때만 해도 요즘 같지는 않았다. 그때는 운동의 권위가 살아 있었기 때문에 석박사과정을 하면서 투쟁이 가능했다. 나는 학계 진출을 못할 각오로 운동을 했었다. 교수채용 문제에 대해 직접 문제제기도 했고, 이 문제로 교수, 학생을 다 모아 놓고 공개토론도 했다. 오늘의 대학현실에서는 상상할 수 없는 일이다. 이 과정을 통해 어느 정도 민주주의를 실험했다. 그러나 동시대를 살았지만 다른 학교를 다닌 나의 선후배들은 거의 노예생활을 하고 있었다. 90년대로 들어와서 사회가 보수화가 되면서 그런 현상이 만연하고, 교수와 학생 사이의 힘의 관계가 역전되는 것을 지켜보아야 했다. 사실 그때는 굳이 외국유학을 가지 않아도 되겠다는 자신감이 있었다. 힘이 교수가 아니라 학생에게 있었기 때문이다. 그러나 80년대 중반부터 학생의 힘이 적어지면서 다시 유학 붐이 일었다. 현실은 힘의 관계를 반영하는 것이었다. 그러나 대부분의 사립대학이나 지방 국립대학에서는 그때나 지금이나 변함없이 주종관계, 노예제도가 유지되어왔다. 한두 명의 양심적인 교수가 있다 하더라도 거대한 성을 깰 수가 없다. 성공회대학은 이런 점에서 다른 대학하고 비교가 안 될 정도로 진보적이다. 사실 대학의 문제는 교회와 흡사하다. 학교든 교회든 견제 받는 세력이 없다. 절대권력은 절대부패하지 않던가. 썩는 게 당연하다.

종교와 언론

왜 교회를 떠났는가.

중고등학교 때 미션스쿨을 다녔다. 대학 다닐 때 교회를 다니면서 청년회 활동도 했다. 그때도 날라리 신자였다. 하지만 지금은 크리스천이 아니다. 지식으로서의 기독교는 많이 알고 있다고 자부하지만. 버트런드 러셀처럼 기독교는 좋아하지만 기독교인은 싫어한다. 함석헌 선생 같은 무교회주의자를 존경한다.

독실한 신자가 아니었던 것도 이유였고, 교회 자체에 대한 불만이 너무 컸다. 운동권 교회였는데도 사회적인 발언에서는 보수성을 드러냈고, 자기 유지를 위한 보수성 측면에서도 일반 교회들과 달라 보이지 않았다. 예수님의 가르침과 배치된다고 생각하는 여러 행동들을 보면서 교회를 등졌다. 신도 확보를 위해서 시장논리에 의존하는 게 제일 맘에 들지 않았다. 자본주의사회에서 생존을 위하여 신도의 확보가 불가피하다는 걸 모르지 않지만 그것이 맹목적으로 이루어지는 것을 용납하기 어려웠다. 자본주의사회에서는 교회도 결국은 저렇게 갈 수밖에 없구나 하는 점들이 안타까웠다.

교회의 담임목사직 세습에 대해 어떤 생각을 가지고 있나

한마디로 '말도 안 되는 일'이다. 다른 복잡한 말이 필요 없다. 당사자들이 뭐라 변명을 하든, 교회에 돈과 권력이 없다면 세습은 일어날 수도, 일어날 필요도 없다. 세습이 되더라도 아무런 문제가 없다고 본다. 세습이 부자교회에서 무리하게 강행되는 것은 한국교회의 타락상을 증명하는 것이라 생각한다. 교회의 막강한 권력과 기득권 유지를 위해 가장 믿을 수 있는 사람이 결국 아들 밖에 없다는 논리가 세습이다. 이북의 권력세습과 재벌의 권력세습, 그리고 교회의 담임목사직 세습이 하나도 다를 바가 없다고 본다. 논리가 똑같다. 가장 잘 알고 있고, 충분한 수련을 쌓았고 선배의 업적을 그대로 계승할 수 있는 적임자이기 때문에 세습한 것이지 아들이기 때문은 아니라는 논리야말로 북한의 논리이자 기업의 논리 아니던가.

언론 권력에 대해 방송과 일부 신문사, 그리고 시민운동 진영이 뜨겁게 움직이고 있다. 정부의 의지도 강하다.

언론개혁이 실패하면 미국식으로 가게 될 것이다. 미국식이란 정보의 불평등, 그러니까 정보를 돈 있는 사람들이 독점함으로 수혜자와 비수혜자 사이에 넘을 수 없는 간극이 발생하는 것을 말한다. 우리 사회도 이미 그렇게 가고 있지만 현재의 언론개혁이 실패한다면 언론이 독재를 옹호하고 치부하는 정도를 넘어 돈 많은 사람들이 여론을 마음대로 좌지우지하는 세상이 될 것이다. 그렇게 된다면 사회에서 소수의 목소리는 영원히 배제될 것이다. 안티조선 운동도 중요하지만 내가 볼 때 지금의 시점에서 가장 중요한 것은 언론사 소유 구조의 문제다. 언론이 공공성을 지니기 위해서는 언론재벌을 감시·통제할 수 있는 내부의 의사결정구조, 감시구조, 이사회에 대한 신문기자, 노동조합, 독자의 참여를 통해 언론기관이 공공의 성격을 지닐 수 있어야 한다. 강준만의 주장처럼 일부 사람들이 돈이 많다는 이유만으로 여론을 좌지우지하면 안 된다. 그 견제의 핵심은 소유 문제다.

민간인학살 이야기를 좀 더 하자. 선생은 이 문제가 한국 민주주의의 가장 중요한 문제이고, 그 속에는 우리 국가체제의 탄생 비밀이 담겨 있다고 했다. 어떤 의미에서 그런가.

대한민국 정부가 공식적으로 인정한 민간인학살은 제주도 4.3과 거창뿐이다. 특별법이 만들어졌으니까. 북한 인민군이나 좌익에 의한 민간인학살을 정부는 12만 정도로 추산하지만 그 역시 확인된 것은 아니다. 그것을 밝히는 것도 우리의 과제다. 우리가 주목하는 학살은 국군이나 경찰, 그리고 미군과 우익청년단 등에 의해 학살된 민간인들이다. 우선 이런 만행이 너무도 알려지지 않았다. 대략 추산하기로는 6.25를 전후해서 학살된 민간인은 적게 잡아 50만이고 많게는 100만 정도다.

한국전쟁에서 사망한 500만 중 1/5이 넘는 민간인이 학살당했다는 것인가.

1/5이 넘는다. 내전 때는 군인보다 민간인이 더 많이 사망하는 게 통설이다. 한국전의 경우, 스페인 내전이나 베트남전 비슷하게 전투군인이 아닌 민간인이 더 많이 사망했다. 물론 민간인의 사망요인에는 폭격, 기아, 전염병도 있다. 한국전쟁에서 심각한 점은 의도적으로 학살된 민간인이 최하 50만이라는 사실이다. 그렇게 죽은 사람은 수원 이남 전역 동네마다 다 있다. 없는 동네가 없다. 어느 동네마다 10명씩, 군(郡) 단위로는 수백 명에 이른다. 그러나 대부분의 사람들은 '빨갱이이기 때문에 죽었다'는 논리 때문에 입도 뻥긋하지 못하고 살아왔다. 물론 그중에는 좌익 활동을 했거나 빨치산 활동을 한 사람도 있을 것이다. 그렇다 하더라도 재판도 받지 않고 죽인 것을 전쟁 탓이라고 설명하긴 어렵다. 그런 것들이 밝혀져야만 공권력 남용을 막을 수 있다. 빨갱이라고 해서 무조건 죽이는 논리가 견제를 받지 못했기 때문에 5.18 광주사태가 일어났고, 우리 국군이 베트남 민간인을 학살할 수 있었다. 80년대의 고문치사도 그런 논리의 연장에 있었고, 노동운동의 탄압현장에서도 여전히 '빨갱이 논리'가 나오는 것이다. 빨갱이라서 무조건 죽일 수 있는 세상에서는 무차별적인 공권력의 남용으로부터 누구도 자유롭지 못하다. 그렇기 때문에 학살문제는 인권의 지표다. 이것이 학살문제를 주목하는 이유다. 〈작가〉라는 잡지에 고향 금정굴 사건에 관한 에세이를 쓰면서 나는

가해자, 피해자, 구경꾼 3인 모델이 한국사회를 형성하는 사람들의 기본유형이라고 말했다. 죽이고 입 다문 사람, 죽임을 당했는데도 억울함을 호소하면 빨갱이로 몰리기 때문에 입 다문 사람, 옆 사람이 억울하게 죽은 것을 알면서 구경만 한 사람. 가해자는 죽였기 때문에 정신적인 상처가 분명하게 있는데도 위에서 시켰기 때문에 어쩔 수 없이 했다고 그 책임을 전가한다. 우선 가해자의 정신적 파탄, 도덕적 파탄이 있다. 결국은 명령에 복종해야만 했던 노예적 상황에 노출되어 있었다. 파시즘의 대중심리다. 어쩔 수 없이 죽였다는 가해자, 이것이 기득권자들의 도덕적 파탄이다. 그 다음은 피해자의 도덕적 파탄이다. 억울하게 죽었는데도 발설하지 못한다. 이건 시민사회의 위축이다. 참여연대의 사업이 좋다고는 말하지만 회원으로는 가입하지 않는다. 50년 전이나 뭐가 다른가. 총선시민연대에 박수치는 사람은 많다. 그러나 회비 내는 사람은 없다. 왜? 위험 부담이 있거나 정권이 바뀌면 어떻게 될지 모르니까. 피해자의 심리는 한국인의 보편적인 심리다. 그 다음은 구경꾼의 심리다. 억울한 일이 일어났고, 그 상황을 목격했지만 내가 그 쪽을 옹호하거나 두둔했다가는 '너도 같은 놈' 이라고 여겨져 같이 두들겨 맞거나 죽을까봐 모르는 체하는 거다. 한국인들은 가해자거나 피해자거나 방관자의 처지에서 역사를 만들고 있다. 이것이 학살의 현재 상황을 강조하는 이유다.

외국인노동자 문제가 처음 터졌을 때 큰 충격을 받았고, 한국사람이라는 사실이 무척 수치스러웠다.

외국인노동자들을 '왕따' 시키는 문화나 학급에서 애들을 '왕따' 시키는 문화는 똑같다. '빨갱이 왕따시키는 문화'가 그대로 반복되고 있는 것이다. 우리 사회는 기본적으로 콤플렉스사회다.

가족과 교육

현직 교사들이 두 가지 좌절을 겪고 있다고 들었다. 하나는 가정과 사회로부터 이미 망가져서 학교로 온 아이들 문제고 다름으로는 현행 교육제도 문제다. 가족의 문제를 어떻게 보는가.

가족이 급격하게 해체되고 있다. 현재 이혼율 증가는 세계 1위다. 공식적으로 10쌍 중 4쌍이 이혼한다. 가족의 해체가 여권의 신장과 맞물려 있기는 하다. 그러나 가부장적 모델은 해체되고 있지만 새로운 가족의 모델은 정착되지 않고 있다. 아버지들은 너무 너무 바쁘고, 어머니들은 소비사회에 통합되면서 아이들을 통한 대리만족과 광적인 교육열로 사회화되고 있다. 어떤 모델이 형성되어야 하느냐에 대한 비전을 제시할 능력이 내겐 없다. 우리 식의 민주적 가정의 모델을 실험을 해 보았으면……. 주지하듯 서구의 가정은 개인주의적인 성향이 강하다. 그래서 쉽게 이혼한다. 우리 사회가 이러한 점까지 서구를 열심히 답습하고 있는데, 스톱시켜야 한다. 그러나 스톱시키는 것이 가부장제를 용인하는 꼴이 될 수 있기 때문에 신중해야 한다. 매 맞는 여성으로서는 가정을 뛰쳐나올 수밖에 없을 것이다. 우선은 남편을 가정으로 되돌아오게 만들어야 한다. 그게 가능해지려면 노동시간이 단축되어야 한다.

우리 한국사회가 점점 더 이기적이 되고 있다. 정치 민주화의 문제도 중요하지만 고통 받는 이웃과 약자를 어떻게 끌고 가야 하겠는가.

우선 교육이 바뀌어야 한다. 남을 밟고서라도 좋은 대학에 들어가는 애들을 찬양하는 문화가 바뀌지 않는 한, 타인을 배려할 여유는 생겨나지 않을 것이다. 부모들이 아이들에게 공동체를 소중하게 여기는 덕목을 가르치는 것도 아니고, 사회적으로는 승리한 사람이 성공한 사람으로 대접받기 때문에 현재의 교육은 아이들에게 먹혀 들어가지 않는다. 반칙으로 국회의원이 되어도 정치할 수 있고, 편법이나 반칙을 통한 성공이 용인되는 한, 교육은 성공할 수 없다. 정치가 바로 서지 않는 한 교사들이 아무리 발버둥을 쳐도 아이들의 문제는 해결되지 않을 것이다. 다음으로는 공동체를 생각하지 않는 국가폭력 문제를 해결해야 한다. 국가폭력은 시민들의 연대를 격파한다. 너희들끼리 연대는 안 된다는 논리다. 우리 사회에 만연한 님비현상은 억압에 대한 반동현상이다. 왜냐하면 스스로 문제를 해결해 본 경험이 없기 때문이다. 내 것을 잃어버리지 않는 것이 최선이다 보니 수단과 방법을 가리지 않게 되는 거다. 시민사회가 활성화되고 입시교육이 사라지고, 국가의 억압적인 기구가 해체되며 국민이 스스로 문제를 해결할 수 있도록 지방자치와 지역운동이 활성화되어야 한다. 1국민 1사회단체 가입하기 같은 운동이 확산되어야 한

다. 박노해 같은 사람은 어디를 가든, "너 어디 가입했어?" "너 회비
는 낸 거야?"라고 묻는다고 한다. 말이나 생각이 아니라 행동으로 사
람을 평가하자는 의미로 그렇게 한다고 생각한다. 이런 운동을 안 하
는 사람들이 스스로 '왕따' 가 되는 세상을 만들어가야 한다.

상징이 아닌 현실 속에서 고뇌하는 지식인

어릴 적 나는 고향 강원도 화천의 강어귀에서 또는 야산에서 수도 없이 유골을 보았다. 놀이기구가 신통치 않던 시절, 짓궂은 내 친구들은 유골을 굴리며, 그것으로 여자아이들을 놀리며 시간을 죽였다. 우리 고향의 산천은 어디든 조금만 파면 해골의 잔해나 팔다리 뼈가 출토되었다. 나는 이 땅의 산하 어디든 그런 줄 알았다. 왜 묘지 아닌 곳에 그토록 많은 유골이 나뒹굴고 있는가를 생각하지 않은 것은 아니지만 그때 나는 이름 없는 유골들의 주인에 대해 궁금해하지는 않았다. 그런 생각을 하기엔 너무 어렸던 탓일까. 김동춘이 쓴 책과 기고한 글들을 읽으며 나는 자신을 돌아보아야 했다. 그의 사상적 고뇌의 발자취를 따라 걸으면서 나는 삶을 성찰할 수 있었다. 그와 내가 겪었던 일들과 처했던 현실은 크게 다르지 않았다. 그러나 그와 내가 서 있는 지점은 참 많이 다르다. 바라보고 있는 지평 또한 그렇다. 곤혹스러운 것은 종교를 떠나 본 적이 없는 나보다 그가 더 종교적인 삶을 살았다는 느낌이다. 그는 고통당하는 자의 발과 입과 머리가 되어 그들을 대변했다. 그는 억울한 죽음을 응시했고, 노동자의 고단한 삶을 위무했다. 나는 누구 앞에 서 살았던가. 누구를 대변했던가. 김동춘의 홈페이지(dckim.skhu.ac.kr) 메인 화면에는 님

웨일즈의 『아리랑』 중 한 구절이 인용되어 있다. "육체는 빵으로 살찌지만 정신은 기아와 고통으로 살찐다. 상징에 의해 생각하기를 그만두고 구체적인 현실 속에 생각해야 비로소 지식인은 행동하고 결정할 수 있게 된다. 지식인의 책임은 미래의 모습을 그리는 것뿐만 아니라 실제로 존재하는 역사적 변화를 이해하고 분석해야 한다." 구체적인 현실에 대한 김동춘의 고통스런 응시와 고발을 통해 빈약하고 공허한 한국사회의 정신이 부디 기형과 기아의 상태로부터 벗어나길 바란다.

GOEUN_GWANGSOON

고은광순 〉〉〉

강금실 법무장관과 함께 2003년의 한국사회가 가장 주목한 여성정치가 고은광순은 1955년 태어났다. 박정희 정권 때 이화여대에서 사회학을 전공하다가 학생운동으로 구속과 제적을 반복하다 80년대에 다시 한의학을 공부하였으나 30대 중반까지도 '요시찰인물'로 찍힌 관찰대상자의 삶을 살았다. 그가 현재와 같은 호주제 폐지와 양성 평등의 사회전도사로 제2의 인생을 살게 된 것은 약사법 분쟁에서 보듯 자기 일터의 엄청난 부조리와 1년에 수만 명의 여태아가 감별낙태 당하는 현실, 그리고 한국사회 속에서 여성들이 당하는 차별과 아픔에 눈을 뜨게 되면서부터다. 그 이후 고은광순은 부모성 함께 쓰기, 호주제 폐지운동, 평화운동 등에 열심히 참여하면서 우리 사회의 중요한 운동가로 자리잡게 된다. 남자만 씨앗을 생산한다는 '권력을 가진 거짓말'과 징그러운 전쟁을 하면서 남성 역시 여성 못지않은 피해자라는 것을 깨닫고, 성 평등한 제도와 문화를 정착시켜 남녀가 소통하는 것을 21세기 초반의 주요과제로 생각하고 있다. 또한 '한 여성 한 정당 갖기 운동'을 통해 여성들이 정당으로 쳐들어가서 여성의 정치세력화를 일구어야 남·북/ 동·서/ 노·소/ 장애·비장애 등의 다양한 차별문화의 해소에 박차를 가할 수 있다고 굳게 믿고 있다. 작년에 여성의 정치세력화에 절감한 후 가장 여성에게 열려 있는 개혁국민정당에 동참하였다가 열린 우리당의 창당에 동참하여 중앙위원, 정치개혁특위 공동위원장 등을 맡고 있으며 2004년 총선에 지역 국회의원으로 출마를 준비하고 있다. 저서로는 시집 『어느 안티미스코리아의 반란』과 최근에 출간한 『한국에는 남자들만 산다』가 있다.

지치지 않는 싸움꾼의 눈물

〈인물과 사상〉에 의하면 "한국 여성 정치의 최전선"은 국회의원 추미애와 이미경, 민주노동당 여성위원장 최현숙, 개혁국민정당 서초갑위원장 고은광순, 법무장관 강금실이 형성하고 있다. 김신명숙 여성주의 잡지 〈이프〉 편집위원, 변영주 영화감독, 서명숙 전 시사저널 편집장, 손이덕수 개혁당 전국여성회의의장, 여성학자 오한숙희, 유채지나 스크린쿼터문화연대이사장, 이오경숙 한국여성단체연합 상임대표, 이이효재 한국정신대문제대책협의회 공동대표, 임순례 영화감독, 조선희 전 〈씨네 21〉 편집장, 최보은 〈프리미어〉 편집장, 한비야 월드비전 긴급구호팀장, 현경 뉴욕 유니온신학대 교수 등으로 구성된 여성정치인경호본부는 1차 프로젝트로 2004년 총선에 고은광순 씨를 당선시키는 것을, 상시 프로젝트로 강금실 법무장관을 가부장적 공격으로부터 지켜내는 것으로 정했다. 7년 동안 호주제 폐지운동의 선봉에 섰던 고은광순을 자신이 원장으로 있는 홍명한의원에서 만났다. 03_07_09

호주제 폐지운동에 대하여

정부가 호주제 폐지를 공언한 올 해는 그 일을 위해 싸워온 선생에게 의미가 남다를 것 같다.

호주제 이후 어떤 아이가 탄생할지 대안이 중요한데 전망이 어둡다. 우리는 1인 1적 신분등록제를 100점짜리로, 호주제를 0점짜리로 본다. 요즘 돌아가는 것을 보니 50점짜리인 가족등록제로 확정될 것 같다. 그래서 호주제 폐지가 된다고 해도 기뻐할 겨를이 없다.

개혁당에 주저 없이 참여할 수 있었던 것은 여성의 정치세력화 주장 때문이었다. 최보은이 김규항 같은 사람들에게 엄청 두들겨 맞을 때 정신이 번쩍 들었다. "여성의 정치세력화가 필요하다면 왜 박근혜 밖에 없겠어. 박근혜는 아직도 아버지의 그늘 속에 숨어 있는데!……." 나는 최보은의 문제제기가 굉장히 유용했다고 본다. 여성들의 현실은 아직도 얼마나 진흙탕인지 모른다. 일부 여성운동이 너무 귀족적이고 부르주아적이라는 김규항의 비난이야말로 현실을 잘 모르는 귀족적이고 부르주아적인 발언이다! 〈한겨레〉의 손석춘 기자가 어느 자리에서 "왜 중산층 여성들이 계급을 생각하지 않느냐"고 나무란 적이 있다. 손 기자와 헤어진 후 나는 집으로 들어갔다가 아침 일찍 일어나 아이들 깨워서 학교 보내고, 남편 밥 차려주고, 설거지하고 헐레벌떡 병원으로 출근했다. 병원에 있는데 새벽 6시 30분까지 술 마셨다고 전화를 했더라. 로맨틱하게! 상중하에 관계없이 남성중심주의 사회에서 여자들은 다 이렇게 산다.

어떤 계기로 호주제 폐지운동에 나서게 되었나.

95년 한의학 분쟁 때 하이텔에 아줌마란 아이디로 '안기부에서 나온 아줌마의 이야기'를 6개월 간 연재했다. 그때 신정모라라는 여성을 알게 되었다. 기죽지 않고 신선하게 여성 이야기를 열심히 썼다. 주눅 들지 않고 길들여지지 않은 여성이었다. 그게 계기가 되어 여한의사 회보에 그와 글을 썼고, 97년 1월의 어느 뒷풀이 장소에서 부모성 함께 쓰기를 하자는 제안을 했다. 그 자리에는 이효재 교수님, 지하은회 장관, 이반미경의원, 손희덕수 선생님도 계셨다. 그래서 3월 8일 여성대회에서 그것을 선언하게 되었다. 선언하는 과정에서 내부에서는 부담스럽다는 의견도 있었다. 그러나 결국 이효재 외 172명의 이름으로 서명이 나왔다. 뿐만 아니라 97년 1월에 호주제 폐지를 운동의 1순위로 올렸다. 98년 여름엔 하이텔을 통해 사람을 모아서 대여섯 명이 스터디 그룹을 만들어 호주제에 대한 공부를 했다. 막상 공부를 해보니까 이것이 너무 악법이라서 시민단체를 만들어 지속적으로 운동을 하자는 제안이 나왔다. 그래서 98년 11월에 이 일을 시작했다. 운동의 일환으로 호주제 폐지 서명을 받자고 했다. 그랬더니 내부에서, "서명 받으러 나갔다가 폭력사태가 발생할 수도 있다"고 하더라. 그러나 5년 동안 이 서명을 계속 받고 있지만 그런 일 한 번도 없었다. 처음엔 힘들었지만 요즘은 서명한다는 현수막만 붙여도 멀리서 보고 와서 씩씩하게 서명 해주고 간다. 제일 잘 하는 사람들이 젊은 여성들이고, 딸 가진 부모들이다. 그러나 팔짱끼고 가는 연인들은 절대 안 해준다. 손잡고 가는 연인들은 해 주는데! 남자에게 의존적인 여성이나 남성, 그리고 아들 가진 부모들은 잘 안 해준다. 역시 모순 속에서 세상을 사는 사람들이 세상을 좋게 만드는 에너지가 된다는 생각을 한다.

호주제, 과연 무엇이 문제인가?

호주제의 기본 원리는 부가(夫家)입적과 부가(父家)입적이다. 호주승계를 규정한 민법 984조는 호주가 죽으면 1개월 내에 호주승계를 신고하되, 그 순서는 직계비속 남자(아들과 손자는 결혼과 관계 없이 가족이다)→가족인 직계비속 여자(딸은 결혼하면 가족이 아니다)→처→어머니→며느리로 되어 있다. 결혼을 하면 아내는 남편의 호적에 입적하고 자식이 태어나면 아버지의 성과 본을 따라야 한다. 또한 아버지의 호적에 입적해야 한다. 또한 여성은 자신의 가족 호적에서 '출적' 하여 남편에게 '입적' (남편이 장남인 경우 시아버지 호적에 오르고 호주는 시아버지가 된다)해야 하고 이혼의 경우 아이는 아버지의 호적에 남아있어야 하므로 엄마와 함께 살더라도 아버지의 호적에 여전히 올라있어야 한다. 현행법에서 문제가 되는 조항들은 민법 826조 3항, 781조, 782조, 784조 등이다.

호주제 폐지주장 중 유림들이 격렬하게 반대하는 대목이 혹시 아버지 성을 안 쓸 수도 있다는 점 때문인가?

호주제는 아버지 성과는 별개의 문제다. 부계 혈통제를 유림들이 끝까지 고수하려는 것은 성씨가 흩어진다는 것이다. 여자들이 남자 집에 입적하면 물리적으로는 남자 집에 속하게 된다. 호주 승계 순으로 보면 아들, 손자, 증손자, 딸, 손녀 딸, 증손녀, 고손녀, 그리고

그 다음이 며느리다. 며느리는 대를 잇는 도구이자 소모품이라는 것
을 증명하는 말이 아니겠나. 소모품이라고 생각했던 존재가 소모품
으로 내 집안으로 들어오지 않는다? 그것이 호주제 폐지를 격렬하게
반대하는 사람들의 불안이다. 여자가 소모품으로 남자 집안으로 들
어가기를 거부하면 가부장제는 금방 무너진다. 제사를 누가 지내겠
는가. 밀가루 반죽은 누가 하고, 전은 또 누가 붙이겠는가.

호주제가 종주국인 중국, 그리고 일본에서도 폐지되었는데 유림들
은 그것이 마치 우리의 고유 전통인 양 여기고 있는 것 같다. 유림
들이 그렇게 무식한가.

정말 무식하다. 일제가 47년에 호주제를 폐지할 때 총리대신이
"호주제는 우리 일본의 미풍양속이다. 때문에 절대로 없애면 안 된
다"고 했었다. 똑같은 이야기를 우리 유림들이 하고 있다.

1인 1적과 가족부

1인 1적으로 가야만 하는 이유는?

가족부로 가게 되면 기준자가 또 필요하다. 유림들은 호주를 집안
의 주인으로 잘못 해석하는데 원래 법적으로 보면 호주는 기준자란
뜻이다. 가족부를 만들면 부가(夫家)입적과 부가(父家)입적은 없어

지더라도 기준자가 생기기 때문에 기준자를 중심으로 또 입적하게 된다. 그랬을 때의 문제는 부모가 이혼을 하면 또 어떤 가족에 속할 것인가를 고민해야 한다. 그렇게 되면 가부장제를 깨기가 힘들어진다. 자식이 누구에게 속해 있다는 개념이 생기고 가문이라든가 혈통이라든가 하는, 굉장히 부도덕한 개념도 사라지지 않을 것이다. 3대 독자라는 말은 여자를 소모품으로 인정을 해야만 가능해지는 개념이다. 3대 독자란 존재하지 않는 개념이다. 남자만 씨를 갖는다는 그 거짓말과 권력이 법과 제도와 문화의 기초가 되다보니까 있지도 않은 도깨비 같은 개념이 나오는 것이다. 한 줄기 혈통이 존재할 수 있나. 한 줄기 가문이 존재할 수 있나? 불가능하다. 그런데 그런 도깨비 같은 개념이 미풍양속이라는 이름으로 버젓이 존재하는 것이다. 그것이 우리를 집단최면의 상태로 빠져들게 한 것이다. 호주제 폐지 운동을 하는 것은 그 거짓말이 가지고 있는 권력을 빼앗아 오는 것이고, 그것이 거짓말임을 폭로하는 것이다. 상식을 회복하자는 운동이 호주제 폐지인 것이다. 대 잇기는 이제 사라져야 한다. 그래서 가족부가 50점이라는 것이다.

또 다른 차별을 만들기 때문인가.

그렇다. 결혼은 성숙한 두 남녀가 양가로부터 독립하여 새 가정을 꾸리는 것이다. 법적으로, 정서적으로, 경제적으로 독립해야 한다. 그런데 현재까지는 여자를 여자 집에서 빼어내다가 남자 집에 끼워 넣는 게 결혼이다. 가족부가 되면 가부장제의 시스템을 빠르게 깰 수가 없다. 이혼한 사람이나 독신자들은 여전히 비정상적인 가정이 되는 것이다.

가족부가 사생활을 과다노출시킬 우려는?

개인별 신분등록을 만들어도 노출은 된다. 부모, 배우자, 자식은 부기가 될 테니까. 이혼하는 것, 바람 피워서 낳은 자식이라는 것은 다 기록될 것이다. 사생활 보호를 위해서는 어떤 제도도 완벽하지 않다는 점이다. 사생활 보호는 공개를 단계화하고 공개 요구조건을 제한해야 한다. 학교도 가정환경조사서에 부모, 형제, 주거형태, 동산, 부동산, 종교 등등을 묻는 짓거리를 하면 안 된다. 선진국들은 그런 것을 절대 묻지 않는다. 학교의 모든 통신문이 가디언(guardian)으로 나온다. 그러니까 아이들이 학교에 내는 서류 때문에 "저 선생님이 내 가족문제 때문에 날 차별하지 않을까? 아이들이 날 놀리지 않을까" 따위의 걱정을 할 필요가 없다. 나는 아직까지 주민등록증을 만들지 않았다. 재일교포들의 지문날인은 그렇게 난리치면서 전 국민에게 지문을 찍게 하는데 왜 침묵하나. 군사정권 30년을 살아온 우리 국민들은 너무 많이 길들여져 있다. 언젠가 애국가가 나오는데 걸어갔더니 "야 이 쌍년아"라고 소리를 지르더라. 국가에 개개인이 마비되면 사람이 이렇게 망가진다. 우리 국민들의 심성 속에 그런 독소가 아직도 많이 남아 있다. 자꾸 집단과 가정 속에 개인을 우겨넣으려고 한다. 일제시대나 군사정권 시절에 아무 이야기 안 하고 있던 유림들이 양성평등 이야기만 나오면 쌍심지를 켜고 일어나는 것은 또 어떤가. 별별 교활한 논리를 다 들이대면서 가부장제를 유지하려고 한다. 나는 남자들이 그러지 말았으면 좋겠다. 너무 치사하지 않나. 여성을 노예제에서 해방시키고 남자와 여자 모두가 역사의 주인공이 되어야 하지 않나. 여성을 노예로 부려먹으면서 "그게 전통이야, 옛날에도 그래 왔잖니? 너희 엄마는 안 그랬단다!" 따위의 이야기만 해대면 어쩌겠다는 것인가? 자기가 성차별을 당연하게 여기는 사람은 인종차별이든 지역차별이든 모든 차별을 당연하게 생각한다. 매우 미성숙한 태도다.

호주제를 잘 모르는 사람들은 엄마 성을 쓸 수도 있다는 사실에 큰 충격을 받는 듯 하다.

이 우주 전체가 아버지 성만 쓰는 줄 알다가 그렇지 않다는 걸 알게 되는 데 어찌 놀라지 않겠나. 우리나라만 아버지 성을 쓴다는 걸 알아야 한다. 외국에선 엄마 성을 쓸 수도 있고, 새로 만들 수도 있다. 남편 성을 따르는 관습도 이제 매우 느슨해졌다.

족보의 허위의식

족보와 호적에 대한 오해도 많은 것 같다.

족보가 제일 많이 생긴 게 일제 때다. 양반이 힘을 잃으니까 평민과 천민이 다 양반인 척 한 것이다. 그래서 그때 족보가 제일 많이 만들어진 것이다. 족보 앞에 보면 제일 많은 게 영의정이고 좌의정이다. 또 모두가 다 왕손이다. 이렇게 한국의 가부장문화, 족보문화, 혈통문화에는 굉장히 비굴한 허위의식이 녹아 있다. 난 그렇게 본다. 조선시대에 평민이나 천민은 족보를 만들어서도 안 되고 제사를 지내서도 안 되었다. 조선 중기까지 성을 가지지 않은 백성이 절반이나 되었다. 그런데 일제시대 때 100% 성을 쓰게 된 것이다. 그런데 성이 없던 사람들이 자기 성을 새롭게 만들 때 튀고, 개성 있고, 기억하기 쉬운 것으로 성을 만들지 않았다. 어떻게 하면 뼈 있는 가문으로 보일 것인가만 중요했다. 그러다 보니 박씨, 이씨, 김씨가 많아진 것이다. 이렇게 우리의 성씨 가운데는 비굴한 허위의식이 녹아 있는 것이다. 이 단순무식한 수직구조를 정의롭고 상호 배려하는 수평적 민주적 구조로 변화시켜야 한다. 굉장히 중요한 작업이다. 이 작업은 여성만을 위한 작업도 아니다. 호주제가 폐지되어서 수평적인 문화로 변하면 한국사회는 굉장히 많이 달라질 것이다.

호주제 때문에 고통을 겪는 여성의 목소리를 들려달라.

우선 아들 못나서 자살한 여자들이 있다. 호주제 폐지를 시작하기 전 한의사들에게 설문조사했을 때 아들 낳기 위해 20번 낙태한 여성이 있다는 걸 알게 되었다. 아들 못 낳아 이혼한 여자들도 많고, 결혼을 하고 보니까 시할아버지 제사와 자기 친정아버지의 생신이 같은 여자도 있었다. 얼굴 한 번 못 본 남편의 할아버지 때문에 "살아생전에 아버지 생신에 다시는 못 가게" 된 것이다. 이런 금지조항이 법에 적혀 있는 것은 아니지만 법에 기초해 있기 때문에 그 문화가 여성들을 옭죄는 것이다. 그런 속에서 알게 모르게 자신의 정체성이

뿌리 채 뽑히는 것이다. 나야 우리 시아버지가 "네 동생 결혼식 때 가지마라"고 했을 때 간단하게 물리쳤지만 그렇지 못한 여자들은 속으로 끙끙 앓다가, 남편과 싸우면서, 속으로 병이 들어 불행해지는 것이다. 그런 사연은 많고 많다. 옛날에 아들에게는 은숟가락을 주고 딸에게는 스텐숟가락을 주었다. 남자들은 그것이 남기는 상처를 모른다. 호주제 폐지운동을 하면서 느낀 것은, 가족은 그 구성이 어떻게 되더라도 그 속에서 행복해야 한다는 것이다. 마음이 편해야 한다. 서로 존중할 줄 알아야 한다. 어떤 형태로 살더라도 바깥에서 손가락질하지 말아야 한다. 정상과 비정상으로 나누지 말아야 한다. 살면서 사고 안 당하고 살 수 없다. 가족이 잘못 묶여졌다면 풀고 살 수도 있는 것이다. 바깥에서 보는 시선이 두려워서 잘못 되어가는 관계를 참아서도 안 된다. 얼마나 소중한 생명인가. 나의 생명에는 수억 년의 생명의 역사가 녹아 있다. 나는 굉장히 소중한 존재인 것이다. 그런데 왜 여자로 태어났다는 이유로 남자 집안의 부속품과 도구로 이용하려 하는가. 왜 해방시켜 주지 않는가. 자기네 잣대로 정상과 비정상을 나누지 말라. 언제 어디서라도 행복하기 위해서 노력해야 한다. 남녀차별 때문에 행복하지 못하다면 그 차별을 해결하기 위해 노력해야 한다. 교통체증 때문에 불행하다면 그걸 없애기 위해 노력해야 하듯이. 막히면 풀어야 한다.

페미니즘의 문화

〈이프〉나 〈또 하나의 문화〉를 어떻게 보는가.

〈또 하나의 문화〉나 〈이프〉는 다양성 또는 새로운 문화를 만들 테니 그걸 인정하라는 것처럼 보인다. 호주제 폐지처럼 시스템이 바뀌는 것도 중요하지만 내용도 달라져야 한다. 호주제 폐지와 함께 명절문화, 관혼상제 문화, 그리고 남존여비 등등의 의식이 바뀌어야 한다. 의식적인 변화가 따라주질 않으면 안 되는 것들이 있다. 그런 면에서 이런 단체나 매체는 반드시 필요하다. 조한혜정 선생님의 청소년을 위한 하자센터www.haja.net도 너무 좋다. 우리 사회는 십대 폭주족들을 향해 대체적으로 "저 뒈져야 할 새끼들!"이라고 그런다. 하지만 하자센터는 저 청소년들이 우리의 자원이고 에너지라고 말한다. 걔네들 속에서 에너지를 보는 것이다! 에너지로 보면 에너지가 되고, "저 꼴통들!"이라 생각하면 계속 불화하는 수밖에 무슨 다른 길이 있겠나.

40대 남성들만 해도 페미니스트 저널 〈이프〉는 버겁다.

홍신자 씨는 누드촌에 처음 갔을 때 옷을 벗고는 자신 없어 하다가 굽은 나무 곧은 나무, 굵은 나무 가느다란 나무, 어린 나무 늙은 나무가 있듯 자신의 생긴 대로의 몸을 자연스럽게 생각하는 사람들과 생활을 하다가 속세로 나오기 위해 옷을 다시 입는 데 정말 싫더라고 했다. 답답하게 보이더라는 것 아닌가. 우리는 너무 유교적인 관점에서 태어나고 길러진다. 기독교도 굉장히 엄한 청교도적 교육을 받는다. 사실 가부장제 속에서는 쓸 만한 남성들이 생산되기 힘들다. 여성들한테 이렇게 저렇게 자유스럽게 사고하고 행동하더라도 결국은 그 함정을 잊지 말자는 것이다.

선생께서 안티미스코리아 대회를 제안했나.

아니다. B급 좌파가 "그 년들"이라 한, 페미니스트 저널 〈이프〉가 시작했다. 김규항 씨는 여연(여성단체연합)은 괜찮지만 〈이프〉는 안 된다고 했지만 내 생각은 정반대다. 〈이프〉가 훨씬 더 열려있을 뿐 아니라 창의적이다. 쉽게 꺾이지도 않는 문화그룹이다. 미스코리아 대회는 20년 전부터 생각했던 문제다. 전두환이 집권하자마자 유치한 미스유니버시아드대회에 대항하여 나는 총학생회를 통해 안티미스유니버시아드대회를 열려고 했었다. 그러다 쫓기는 몸이 되어 꿈을 이루지 못한 것이다. 때문에 안티미스코리아 대회를 연다는 게 너무도 반가웠다. 어린아이부터 할머니까지 모든 여성이 출연을 하는 무대였는데 내게는 40대 중년여성을 대표해서 출연해 줄 수 있겠느냐는 제안을 해와 기꺼이 참여했던 것이다. 상도 받았다!

자연스러운 가족관계를 위하여

아이들의 존댓말을 거부한다던데.

나를 터미네이터 또는 검투사라고 하던데 그렇지 않다. 전혀! 자연을 좋아할 뿐 아니라 우리 삶이 자연스러워야 한다고 생각한다. 우리 아이와 다른 건 30년 먼저 태어났다는 것뿐이다. 때문에 자식 위에 군림하면서 소유물처럼 생각하지 않는다. 선생님도 먼저 태어난 사람이란 뜻 아닌가. 부모라고 뭐가 다르겠나. 부모란 아이가 스스로 생존할 수 있을 때까지 도움을 주는 존재다. 자식과 말이 통하는 단계가 되면 수평적인 관계를 유지하는 게 좋다. 그것을 못 견뎌 하는 사람들도 있다. 아니, 너무 많다. '콩가루 집안'이 된다나 어쩐다나! 그런 의미에서 한국사회는 굉장히 부자연스러운 사회다. 우선 남녀를 갈라놓는다. 결혼한 딸은 내 식구가 아니라는 생각은 얼마나 부자연스러운가. 20-30년 동안 남의 집에 살던 여자를 법적으로 내 식구라 끼워 넣는 것도 마찬가지다. 고참이 신참을 때려 죽음에 이르게 한다? 자식들에게 아버지의 성을 일방적으로 따르게 한다? 이 모든 게 사실은 굉장히 부자연스러운 것이다. 부자연스러운 것을 자연스럽게 하는 것, 지구촌의 상식이 한국사회 내에서도 상식이 되게 하는 것. 그것이 호주제 폐지운동의 핵심이다. 과격할 이유도, 검투사가 될 이유도 없는 운동이다. 그럼에도 싸울 수밖에 없는 것은 저 사람들이 쇠로 만든 옷으로 중무장을 하고 달려들기 때문이다.

외국영화에는 고부간의 갈등이 없다는 지적을 했다.

남편이 죽자 한 가족이 시아버지 신세를 지는 영화를 보았다. 내가 깜짝 놀랐던 것은, 며느리가 힘들어하는 시아버지를 껴안고 등을 톡톡 두르려주는 장면 때문이었다. 수직관계 속에서는 껴안고 등 두드려 줄 일이 없다. 껴안고 등을 두드려 주었다가는 큰일 난다. 한동안 〈나 홀로 집에〉가 꽤 인기 있었다. 영화에서는 주인공 아이와 이웃집 할아버지가 친구가 된다. 나는 그 영화를 보면서 부러웠던 게 있다. 내가 결혼하고 얼마 지나지 않아 남동생이 결혼을 했다. 그런데 시아버지가 여자는 출가외인이라고 남동생의 결혼식장에 가지 말라고 하시더라. 당신은 딸네 집에 잘 놀러가면서 말이다. 얼마나 자기중심적인가. 우리가 동방예의지국이라고 할 때 여기서의 예의는 일방적이다. 그러나 진정한 예의는 수평관계 속에만 존재한다. 서로가 존중할 때만 예의가 생기는 것이다. 우리는 항상 가르치려고만 들지만 〈나 홀로 집에〉는 서로 배우고 조언해준다. 그 결과, 아이 때문에 할아버지가, 할아버지 때문에 아이가 달라진다. 한국 드라마들을 보면 짜증이 난다. 어른은 항상 제 맘 대로다. 그 여자는 절대 안 된다고 한다. 때문에 타협이 되는 게 아니라 힘에 밀려 한 쪽이 포기한다. 한국사람들의 관계가 상당히 미숙한 것은 바로 그런 이유 때문이다. 수다 떠는 친구 아니면 상하관계! 그게 전부다.

이혼을 부정적으로만 볼 게 아니라고 했다.

실패한 결혼을 정리한 것이 이혼이다. 한의학을 하고 보니까 우주에는 속셈이 있다. "사랑하면 예뻐져요"라는 노랫말도 있듯, 청소년기가 되면 이성에 대한 호기심이 왕성해진다. 젊은 남녀가 만나면 항상 무슨 '썸씽'이 있어야 할 것 같고, 섹스하면 오르가즘을 느낄 것 같다. 육체성장의 변화를 보면 우주는 틀림없이 교활한 속셈을 가지고 있다. 그것은 종족을 번식시키는 일이다. 때가 되면 우주의 생명들은 번식을 생각한다. 콩깍지가 씌어 사랑을 하게 되는 것이다. 격정에 휘말려 사랑을 하게 되기 때문에 시작할 때부터 깊게 생각하긴 어렵다. 때문에 둘이 현명하게 소통하고 살지 않으면 깨지기가 쉽다. 그러나 깨지는 게 옳은 경우도 많다. 여자가 생명을 위협을 느낀다면 그 혼인은 빨리 깨져야 한다. 이경실 씨 같은 경우, 남자가 눈물로 매달려도 용서하면 안 된다. 어제도 드라마 〈옥탑방 고양이〉를 보니 동거하는 남자를 여자 아버지가 막 때리더라. 수평적인 사회에서는 결코 나타날 수 없는 일들이 수직적인 사회 속에서는 이렇게 끔찍한 폭력으로 나타난다.

아이들 문제에 대안은 무엇인가.

　아이들 때문에 이혼하지 말라는 것은 아닌 것 같다. 몇 년 전 TV에 나온 이야기다. 아버지가 술만 먹으면 엄마를 때리는데 엄마가 무릎을 꿇어야 끝이 났다. 그런데 딸은 자기가 결혼할 때까지만 엄마가 참아주었으면 좋겠다는 것이다. 그걸 보면서 딸 욕을 얼마나 했는지 모른다. 젊은 것이 지 생각만 하는 게 아닌가. 자기의 정상적인 결혼생활을 위해서 엄마의 이혼을 막는다? 남편 발자국 소리만 들려도 공포를 느끼고, 불안하여 지옥 같지 않았겠나. 그러면 그만두어야 한다. 정리한 엄마가 행복을 찾게 되면 엄마와 함께 다시 시작하면 된다. 어쩌면 그 여성보다는 그런 생각을 할 수 있게 만든 사회 분위기가 더 나쁜 건 아닌지. 아무리 불행해도 머리가 파뿌리처럼 될 때까지 살면 정상인가? 반대로 아무리 행복해도 따로 살면 불행이고 비정상인가? 그런 게 달라져야 한다. 제일 중요한 것은 언제 어디서 어떻게 살더라도 행복을 느끼며 마음 편하게 이웃과 더불어 사는 것이다. 물론 이혼율이 높아지는 현상은 해결해야 한다. 생각해 보자. 왜 우리 사회는 여자들로 하여금 못살겠다고 아우성치게 만드는 남자들이 대량으로 생산되는가? 태어날 때부터 받는 고추 대접 때문이다. 아들이면 스트라이크, 딸이면 볼 그러지 않나! 아들 낳고 딸 낳으면 100점, 딸 낳고 아들 낳으면 120점이라 그러지 않나. 이런 분위기 때문에 여자는 항상 누군가를 돌봐야 하고, 남자는 항상 섬김을 받아야 한다. 그 따위 말이 어디 있나. 그렇게 잔인한 말이 어디 있는가. 공공연하게 아들이면 '스트라이크!', 딸이면 '볼!' 이라고 소리치는 세상은 정상이 아니다.

여성운동 진보진영에서 낙태는 매우 곤란한 화두인 것 같다.

우리나라에서 한해 70만 명의 유아가 태어난다. 낙태는 1년에 150-200만 건이다. 그 중에 성감별 낙태는 3만 건이다. 전체 숫자에 비하면 적다. 150-200만의 낙태는 원하지 않거나 키울 수가 없어서 못 낳는 경우다. 여성의 낙태권은 굉장히 소중하게 존중되어야 할 권리다. 아이를 키울 수 없어서 낙태를 결정했다면 그 권리는 존중되어야 한다. 그런 의미에서 나는 낙태를 옹호한다. 그렇다면 감별낙태는? 아이를 바라는 데 여자아이는 안 된다는 것이다. 그것은 분명 다른 경우다. 이것은 차별이 녹아있는 낙태다. 때문에 정말 옳지 않는 낙태다. 정부가 성감별을 막고 있지만 지금도 여전히 출생 성비는 차이가 많다. 아들 낳는 비법이 인터넷 여기저기를 떠돌아다니고 있다. 2010년이 되면 결혼 적령기의 성비가 129 : 100이다. 100명당 29명의 남자가 남는다는 얘기다. 현재 고등학교 고학년이나 대학에 다니는 남자들은 1/4이 장가를 못가게 되는 것이다. 그야말로 생태계 파괴다. 이 이야기를 몇몇에게 했더니 "괜찮아, 우리 아들은 갈수 있어"라고 하더라. 경상도에 가서 누가 그 강의를 했더니 "우린마 괜찮습니더. 전라도 것들이 문제지예"라고 했단다. 무슨 말인가. 궁하면 전라도 색시들이라도 얻겠다는 것이다. 그럼 전라도 사람들은? 북한에서 데려오면 된다. 그럼 북한 사람들은? 중국이 있지 않나! 그중 영남이 제일 심하다. 남존여비의 사고방식이 제일 찌든 곳이기 때문일 것이다.

　학교 다닐 때 아들 낳는 처방을 교수님이 써주면 학생들은 열심히 받아 적었다. 속으로 이건 아닌데 하면서 "그것은 옳지 않습니다"라고 치고 나가지 못한 게 후회된다. 지도교수님의 불임 전문병원에 부원장으로 근무한 적이 있다. 불임여성들의 모두가 아들을 소망한다.

아들이면 '스트라이크!', 딸이면 '볼!'이라고
소리치는 세상은 정상이 아니다.

걸어온 길

성장 과정이 궁금해진다.

나는 넷째 딸로 태어났다. 14년 터울로 남동생이 태어났다. 외아들이었던 우리 오빠는 제왕적인 지위를 누렸다. 김치는 우리 차지였고 오빠는 두부나 동태찌개 같은 것만 먹었다. 내 남동생은 병원에 자주 갔다. 그러나 잘 체했던 나는 그렇지를 못했다. 엄마는 남동생이 늦게 나서 그런지 병원엘 가지 않으면 병이 잘 낫지 않는다고 말했다. 그땐 의료보험이 없었으니까 아들딸 모두를 병원에 데리고 갈 능력이 안 되었었나 보다. 1999년에 미국에 가서 1년 반 동안 문화인류학을 공부하는데 제3세계 여성들에 관한 내용이 있었다. 교과서를 보니 제3세계에서는 아들에게만 고단백을 먹인다고 기록되어 있었다. 그걸 보니까 어렸을 때 오빠가 먹던 게 생각났다. 남자아이들에게 의료혜택을 많이 준다는 얘기도 나왔다. 이런 문제는 개인적인 게 아니라 전체적인 것이고 시스템의 문제이다. 이런 모든 문제들의 중심에 남아선호사상, 내가 말하는 '아들 밝힘증'이 자리 잡고 있다. 얼마 전에 탑골공원 앞에서 할아버지들이 호주제 폐지에 반대하면서 삭발을 하셨다. 정통가족수호 어쩌고저쩌고 하는 단체다. 그 할아버지들 주장은 콩 심은 데 콩 나고 팥 심은 데 팥 나니까 씨가 중요하단다. 그래서 남자가 중요하다는 것이다. 호주제가 유지되어야 씨가 보존된다는 것이다. 할아버지들이 삭발은 하셨지만 굉장히 괴로우셨을 것이다. 그런데 할아버지들의 고통을 열어보면 무식이 있다. 불

행하게도 우리 법의 근간에 똑같은 무식이 놓여 있다. 이것이 호주
제라는 시스템을 바꾸기 위해 일을 하지 않을 수 없었던 이유다.

여성으로서의 정체성은 언제부터 생겼나.

이슬비에 옷 젖듯, 무수한 사람들로부터 영향을 받았다. 넷째 딸
로 살아온 것도 작용을 했을 것이다. 후남이와 귀남이가 남녀 주인
공으로 나오던 드라마가 방영되는 동안 방송국에 엄청나게 전화가
많이 왔다고 들었다. "나는 후남이보다 더하게 살아 왔다"는. 이 땅
의 딸들이 다 그렇게 살았다. 이런 시스템을 바꾸려고 하니 권력을
가진 남성 50-60대의 저항이 거세다. 우리 여성들을 고달프게 하기
는 그 문화에 길들여진 20-30대 남성들도 만만치 않다.

대학에서 제적된 이유는 무엇이었나.

대학교 3학년 때였다. 대학원장이 서클장이나 과대표를 넓은 강의
실에 불러놓고 긴급조치 9호를 설명하는데, 앞으로는 정부를 비판하
는 유인물을 만들어도 안 되고, 시위를 해도 안 되고, 현장에 가까
이 가도 안 되고, 뭐도 안 되고, 안 되고……라고 설명을 하는 데 몸
이 조여 들어와서 거기 앉아 있을 수가 없었다. 자리를 박차고 나왔
다. 그렇게 박정희는 장기집권을 위해 수단방법을 가리지 않았다. 필
통을 잃어버렸는데 분실공고 하나도 마음대로 붙일 수가 없었다. 그
것 하나도 학과장은 물론 학장의 도장을 받아야 했다.

74년이나 75년 무렵의 일이다. 긴급조치 9호 위반이었는데 누가
만든 유인물을 후배에게 전달했다는 게 전부였다. 그것 때문에 제적

되고 감옥 간 것이다. 제적된 상태에서 후배들을 부추겨서 시위를 주동하려고 했다고 해서 두 번째 감옥엘 갔고 그 일로 1년을 살았다. 춘하추동을 모두 감옥에서 보낸 셈이다. 감옥에서 피부로 느낀 것은 돈이 없어서 싸우고, 훔쳤다가 감옥에 들어온 사람들의 이중적 고통이었다. 감옥은 말 그대로 유전무죄 무전유죄였다. 외화 밀반출 같은 일로 들어온 부자들은 거기서도 잘 먹고 손에 물 한 방울 안 묻히더라. 교도관들도 함부로 대하지 못하고. 프롤레타리아는 아니었지만 간접경험은 충분히 했다. 중랑교 쪽 공장에 위장취업도 했었다. 시골에서 올라와 공장에 취업한 처녀들이라고 하니 소문이 나 일자리는 금방 구했다. 그때 하루 일당이 70원인가 700원인가 했었다. 후배들은 다른 공장에 취업해 퇴근시간이 달랐는데 어느 날, 후배들이 퇴근길에 너무 배가 고프니까 찐빵을 사 먹으며 왔다. "너희들이 진짜 노동자면 하루 일당의 몇 분의 몇을 가지고 찐빵을 사먹을 수 있느냐"고 질타한 적이 있다. 그때를 생각하면 지금도 미안하다. 우리의 20대 때는 그렇게 깜깜하고 암울했었다. 이제 와서 박정희 기념관을 짓는다고 하니 기가 막히다.

정연주 KBS 사장은 박정희기념관 이야기에 피가 끓는다고 하더라. 거의 아무도 주목하지 못하던 호주제 폐지를 위해 6년을 한 걸음으로 달려오게 한 힘은 무엇이었나.

옳지 못한 것에 대한 분노다. 80년에 복학을 했다가 전두환의 등장으로 다시 제적되었다. 그 무렵 밤에 돌아눕지도 못할 만큼 허리가 아픈 적이 있었다. 네 번 침을 맞고 좋아졌다. 외국엘 나가려고 했더니 정부에게 여권이 안 나오더라. 그러던 차에 누군가로부터 침을 배워보라는 이야기를 들었다. 침을 배웠지만 정식면허가 있어야 되겠더라. 군사정권이 얼마나 지속될지 모르지만 바뀔 때마다 내 인생이 풍전등화처럼 흔들릴 수야 없지 않겠나. 그래서 한의학을 공부하기 위해 뒤늦게 입시종합반에 들어갔다.

거기서 남편을 만났는데.

맞다. 한의학을 공부했는데 재미있었다. 한의학을 공부하기 위해 대전에 있었는데 요시찰 인물로 찍히니 거기까지 경찰이 찾아오더라. 자취하는 곳도, 결혼 후 시집에도 왔었다. 그러나 내겐 졸업과 면허라는 목표가 있었기 때문에 잠자코 살자고 마음먹었다. 그랬는데도 본과 3학년 때는 편입문제 때문에 시끄러웠다. 시험을 앞두고 이번 시험에서 4명을 자른다고 하더라. 나중에 학교에 가서 보니까 4명의 편입생들이 들어와 있었다. 편입생 자리를 만들기 위해서 그만큼 숫자를 덜어낸 것이다. 대수롭지 않은 문제를 구실을 만들어서 자른 것이다. 그래서 개인 이름으로 대자보를 써서 붙였더니 그때까지 받았던 장학금이 잘렸다. 한의원 부원장으로 있을 때 아들 낳는 처방에 목매는 것을 보면서 화가 났다. 개원하고 나니 약사법 분쟁이 터졌다. 약사들 대상의 신문이 있었다. 그 신문에 한약 만질 수 있는 종업원 구함 같은 광고가 나왔다. "한의원에 근무한 적이 있음, 취직 원함", "3개월 완성, 지방에 있는 분들을 위해 테이프 강의도 해드립니다"와 같은 광고들이었다. 이 사람들이 이렇게 두세 달 한의학을 공부하고는 뒤에다 한약장 놓고 한약을 짓더라. 그래서 그것다 스크랩해서 분회에 이야기하고, 한의사 협회에 알려주고, 복지부에 전화했다. 뜻 맞는 친구 몇을 만나서 국회 찾아다니면서 약사법 분쟁이 시작된 것이다. 그 싸움에 몇 년이 걸렸다. 싸우면서 알게 된 것이지만, 당시 복지부 내에는 한의사가 한 명도 없었다. 약사법이 일본의 약사법을 그대로 베낀 것이었는데 일본에는 한의학도, 한의사 제도도 없다. 그러니까 복지부 내 의정국 소속 의사들과 약정국 소속 약사들이 자기들 마음대로 한의학을 주무른 것이다.

불과 6-7년 전 일인데 19세기 이야기를 듣고 있다는 착각이 든다. 시스템이 그렇게 무서운 것이다. 현명한 정부였다면 문제제기가 있을 때 그것을 금방금방 흡수했을 것이다. 이해관계가 엇갈리면 당사자들과 전문가 불러놓고 충분히 말을 들어보면 되지 않나. 관료적인 공무원사회는 정말 소름끼치게 경직되어 있다. 더 이상의 변화를 꾀하려고 생각지 않는다. 한국언론은 또 어떤가! 당시 SBS가 한의학 분쟁 양쪽 모두를 취재했다. 그리고 당일까지 예고방송을 내보냈다. 목이 빠져라 그 시간을 기다렸는데 막상 그 시간이 되니 옛날에 틀었던 다른 프로그램을 재탕했다. 약사회에서 내용을 미리 알고 압력을 가했던 것이다. 정말 무섭고 더러운 세상이다. 빨리 이런 구조를 깨야한다고 생각했다. 그것이 여성의 정치세력화이다. 지금까지 여성들은 변화시킬 수 있는 방법이 없어서 스스로 포기하거나, 그게 한이 되어 화병에 걸려 오뉴월에도 서리가 내리거나 했었다. 이제는 그렇게 할 필요가 없다. 스스로 주장하고 팔 걷어붙이고 나서야 한다. 그러니까 되더라.

한의학을 통해 배운 사람의 도리는 무엇인가.

한의학의 가장 기본적인 분류단위는 음양(陰陽)이다. 원을 반으로 나누면 균형일 것 같지만 아니다. 태극기처럼 나누면 완벽한 균형을 가지게 된다. 한의학은 처음부터 끝까지 완벽한 균형을 추구한다. 그런데 유교적인 마인드는 음양을 잘못 구별한다. 남자는 양 여자는 음, 하늘은 양 땅은 음, 빛은 양 그림자는 음, 진취적인 것은 양 수동적인 것은 음, 적극적인 것은 양 희생적인 것은 음, 이런 식이다. 이런 잘못된 구별은 필연적으로 우열을 만들어낸다. "하늘같은 남자에게 여편네가 감히……." 이러면서 주먹이 나간다. 나는 한의학을 통해 음양의 평형이 가장 건강하고 행복한 상태라는 것을 알게 되었다. 우리 몸이 우주와 연결되어 있다는 것이다. 한의학은 인간을 엄청나게 세밀히 알고 있고, 한의사로서 진료하면서 느끼는 것은 인체는 참 잘 만들어졌다는 점이다. 술은 우리 몸의 독이고 이물질이다. 내 오장육부가 싫어하는 것을 집어 처넣으면 병이 온다. 하지만 우리 몸은 너무나 훌륭해서 충분히 휴식하고 마음이 편하면 정상으로 회복된다. 회복될 기회를 주지 않으면 병이 깊어질 수밖에 없다.

환자들을 통해 바라보는 세상을 말해달라.

동네에서 할머니들을 많이 만난다. 우리나라에서 여성이 남편 사별 후 혼자 살아야 하는 평균 연한이 14년이다. 그런데 혼자 사시는 할머니들에게 어떠냐고 물어보면 거의 100%가 행복하다고 말한다. 보고 싶다, 견디기 힘들다, 따라 죽고 싶다, 라고 말하는 할머니들은 정말 거의 없다. 여든이 넘은 어떤 할머니가 이러더라. "자기도 여든이 넘었고 나도 그런데 밥 먹다 말고 국 식었으니 국 데워 와라, 밥 데워 와라, 물 갖다 달라 한다.” 가부장적인 이 땅의 남성들은 늙어서도 서비스만 요구한다. 그러니까 돌아가시면 홀가분해 하는 것이다. 하루 종일 놀아도 가서 남편 서비스해야 되는데 하는 강박관념이 없기 때문에 즐겁다는 것이다. 젊었든 늙었든 자기 의식주를 혼자 해결할 수 있는 사람이 같이도 잘 살 수 있다. 생각해 봐라. 한쪽이 죽어야 비로소 행복해지는 남녀관계라면 얼마나 불행한가.

선생의 삶의 궤적을 추적하다보니 신의 섭리 같은 게 느껴진다.

이화여중, 여고, 여대를 나왔다. 어머니와 할머니는 열심히 절에 나가셨다. 그래서 교회도 다녀봤고 절에도 다녀보았다. 초등학생 때인가 무서운 오빠가 군대를 갔다. 얼마나 좋아했겠나. 집에서 호랑이가 없어졌으니! 꿈을 꾸었는데 오빠가 가방을 들고 집으로 들어왔다. 그런데 다음날 군대 간 오빠가 가방을 들고 들어왔다. 수도경비사령부로 발령이 나서 집에서 출퇴근하게 되었다는 것이다. 어렸지만 풀 수 없는 수수께끼였다. 이미 사건이 벌어지고 난 다음이었기 때문에 누구도 그 얘길 귀담아 듣지는 않았다. 그 이후 책을 잡다하게 읽으면서 우주에는 어떠한 알 수 없는 힘이 있다는 것을 받아들이게 되었다. 어찌되었거나! 내가 어려서부터 겪었던 경험들, 그러니까 넷째 딸로 태어나고, 감옥에 가고, 쫓겨 다니고, 허리가 아파서 침 맞고, 침을 배우고, 한의학을 전공하고, 불임병원에서 아들 낳는 처방에 목매는 사람들 보고, 약사법 분쟁에 뛰어들고, 피시통신을 통해 신정모라를 알게 되고……하는 지나간 일들을 돌이켜보면 어느 것 하나 빠질 수 없는 정교한 톱니바퀴 같다. 지금 호주제 폐지를 하고 있지만 내가 잘나서 하는 것은 아닌 것 같다. 어떤 초월적인 힘이 나를 밀어서 나로 하여금 숙제를 풀게 하는 것 같다.

상식이 통하는 행복한 사회

내 주변에도 부모성 함께 쓰기를 실천하는 후배들이 있다.

'B급 좌파'를 비롯한 많은 진보적 지식인들이 "저 중산층 여성들은 배가 불러서 계급문제를 내버려두고 성 불평등에 집착한다"고 한다. 개혁당 안에서도 "허, 저 따위 페미니스트들!" 하면서 뒤에서 비난하는 사람들이 있다. "이런 여자들 밥맛"이라는 것이다. 현재 우리나라의 성비는 남자 132명에 여자가 83명이다. 그 여자들은 대체 어딜 갔는가? 요즘 초등학교의 한 반은 남자 25명에 여자 16명이다. (울먹이면서) 왜 이렇게 골라 죽였는가 하면 무식 때문이다. 더 큰 문제는 죽은 여자아이들이나 살아있는 여자들이나 받는 대접이 비슷하다는 것이다. 남자는 소중하다, 집안과 사회의 중심이다, 대를 이어야 한다! 6년 동안 수많은 마초들과 싸운 이유는 남자들만 씨가 있다는, 그 단순무식한 우월감 때문이다. 그게 법으로 제도로 뒷받침 되니까 이런 일들이 생겨나는 것이다. IMF 때 해고 0순위가 여성이었다. "비정규직 문제가 호주제 문제보다 더 중요해?"라고 하는

데, 알고 보면 뿌리가 똑같다. 그 무식을 깨기 위해서 이 리본과 버튼을 몇 년째 달고 다닌다. 이거(호주제 폐지와 부모성 함께 쓰자는 내용의 리본과 캠페인 버튼) 아침마다 다는 게 나도 귀찮다. 폼도 안 나고! 그러나 나는 내 몸을 선전장으로 만든다. 늘 버스타고 전철타고 다니니까 하루 수십 명은 만난다. 그 사람들은 이 리본과 버튼을 볼 것이다. 요즘엔 남성들 중에도 부모성 함께 쓰기에 동참하는 사람들이 꽤 있다. 김이준태, 신윤동욱, 박정형진 등등.

우리 젊은 딸 아들들에게 주고 싶은 말은?

오늘 아침에도 초등학교에서 5학년 아들에게 영어로 이런 말을 해 주었다. "respect yourself! respect others!"(너 자신을 존중하라, 남을 존중하라!) 미국 가서 1년 반 있는 동안 몇 천불 들여서 배운 걸 공짜로 가르쳐 준다고 하면서. 미국에서 처음 이 말을 들었을 때 눈물이 났다. 40대 중반까지 살면서 누구한테도 그런 말을 들은 적이 없었기 때문이다. 항상 부모 말씀 잘 들어라, 오빠 말씀 잘 들어라, 남편 말씀 잘 들어라, 시부모 잘 공경하고 선생님 말씀 잘 들어라. 그 이야기를 남의 나라에 가서 처음 들으니까, 그리고 그렇게 사는 사람들을 보니까 질투도 나고 왜 우린 이렇게 못나게 살았는가 싶기도 했다. 그래서 젊은이들에게 이 말을 다시 해 주고 싶다. 이 말은 "respect yourself!" 한 문장으로 끝나지 않는다. 꼭 그 뒤에 "respect others!"가 있다는 사실을 잊지 말라.

국회에 나간다면 어떤 세상을 펼치려는가.

 굉장히 취약한 수직적인 위계질서를 굉장히 탄탄한 수평질서로 전환시키고 싶다. 권위나 특권의식 같은 거 필요 없다. 고학력 고소득층에서 블랙홀을 만드니까 나머지 사람들도 모두 블랙홀을 만들고 있다. 자식을 남보다 뛰어나게 만들어 자식 자랑과 자식 득보며 살겠다고 하는데 자식은 노후보험이 아니다. 국가가 노인과 유아교육 문제를 보다 잘 만들어 준다면 자신의 노후를 위해 자식을 달달 볶지 않아도 될 것이다. 대치동에 있는 어느 유치원에서는 우열반을 가른다고 하더라. 몇몇이 미쳐 돌아가니까 다 미쳐 돌아가는데 그런 것 바로 잡고 싶다! 행복하게 살자는 것이다. 보다 자연스럽고, 보다 행복하게! 지구의 상식이 우리의 상식으로 통하는 세상을 만들자는 것이다.

가버려! 마초세상

고은광순은 아침마다 "부모성 함께 쓰기" 버튼과 호주제폐지 리본을 가슴에 단다. 폼도 안 나고 귀찮기만 한 그 일을 그가 계속하고 있는 것은 지하철과 버스에서 만나는 단 몇 십 명에게나마 이 일을 알리기 위해서다. 대한민국이 주목하는 여성정치인이지만 아직도 고은광순은 그 분주한 일정 속에서도 매월 셋째 주 일요일에는 대학로를 찾는다. 호주제 폐지 서명을 받기 위해서다. 그러한 순결한 실천에 내 가슴은 마구 뛴다. 고은광순에겐 '호주제의 싹을 잘라내는 터미네이터', '검투사', '잔 다르크', '탁월한 싸움꾼'이란 별칭들이 따라다닌다. 오죽하면 남편 정이동건이 "치고 빠지고 치고 빠지는 전략을 조언해주지만 아내는 치고, 치고, 치고 또 치면서 일거리를 만들어 앞으로 앞으로만 나아"간다고 했을까. 그러한 "아내의 '정의감'은 아무도 못 말린다"고 썼을까. 그러나 나와의 인터뷰에서 고은광순은 내내 뜨거운 눈물을 보였다. 딸이라는 이유 하나 때문에 1년에 3만 명씩 낙태되는 현실을 말하면서, 또는 그렇게 죽은 여자 아이들과 별반 다르지 않는 삶을 살아내는 이 땅의 여성이야기를 하면서, 그는 눈물과 콧물을 킹킹 풀어댔다. 지난 7년간을 버텨 온 힘이 천박하고 몰상식한 마초 세상에 대한 분노라고 말했지만, 그의 진정한 힘은 눈물에 있는 것처럼 보인다. 내가 고은광순을 옹호하는 것은 이 지긋지긋한 마초세상을 끝내기 위해 아무도 요구하지 않고, 아무도 주목하지 않는 리본과 버튼 달기와 같은 일을 매일같이 경건하게 수행하기 때문이다. 작은 물방울이 바위를 뚫듯 작은 실천 하나가 천박하고 몰상식한 마초 세상에 구멍을 내게 되길 희망한다.

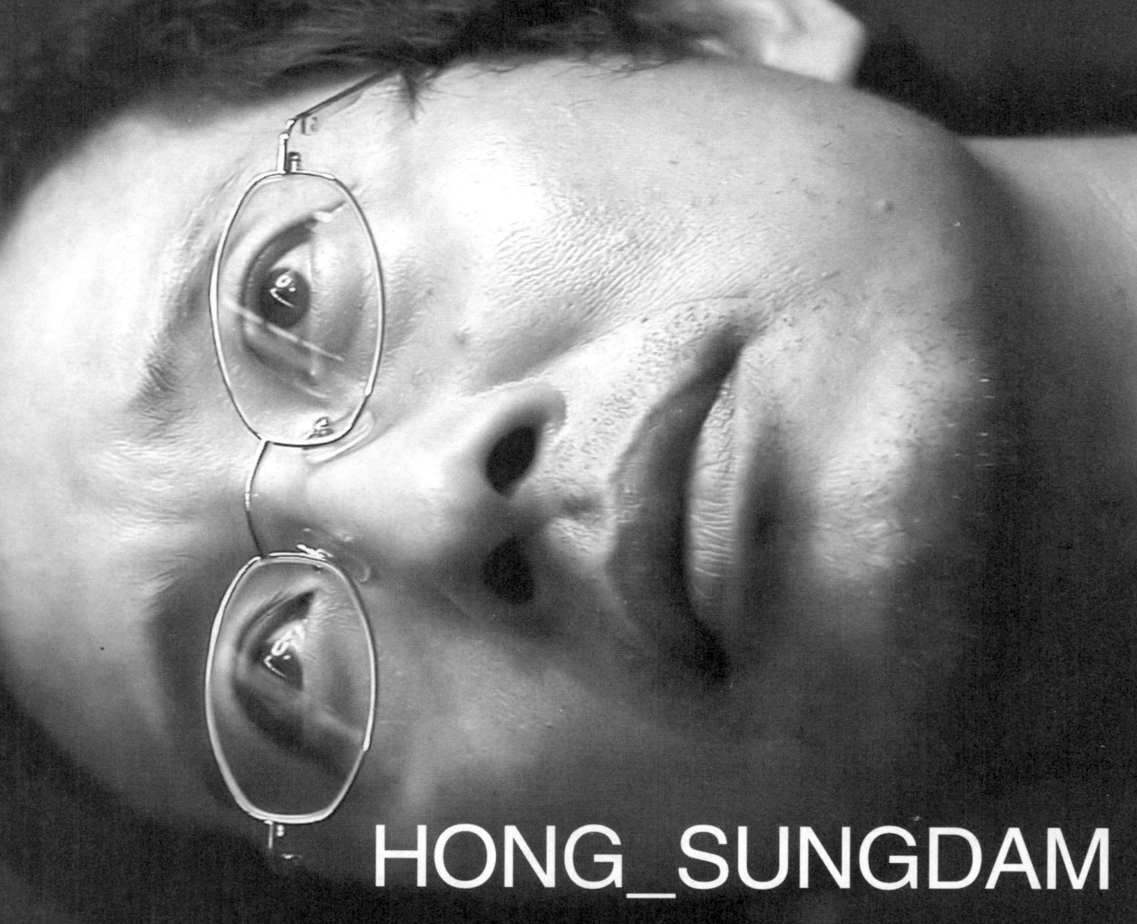
HONG_SUNGDAM

홍성담 〉 〉 〉 통일과 5월의 화가로 알려진 홍성담은 섬에서 태어
났다는 것과 고교시절 사서 장학생으로 도서관 일
을 도우며 책을 많이 읽을 수 있었던 것을 행운으로 여기는 데서 보이듯 그림만
그리는 단순한 화가가 아니다. 그는 이미 90년대에, 그러니까 자기 세대의 그 어
떤 민중예술가보다 일찍 동영상이 갖는 대중적 호소력을 발견하여 자신의 작업을
애니메이션으로 확장을 했고, 시대를 먼저 읽는 선지자적 사상가가 아니고서는 주
목하기 어려운 동아시아의 문화적 상상력을 그림의 주제로 삼았다. 최근의 작업
이 젊은이들이 열광하는 현실세계와 가상공간을 이어주며, 익명과 실명의 중간 정
도에 존재한다는 한다고 할 수 있는 아바타(avatar)였다는 사실은 그의 사유와
예술이 어디에 서 있는가를 보여주기에 모자람이 없다. 홍성담은 20세기가 그러
했던 것처럼 21세기를 저항과 명상으로 통과하고자 한다. 1955년 전남 신안에
서 태어난 그는 조선대학교에서 회화를 전공했고, 80년의 광주항쟁 당시 문화선
전대의 한 일원으로 그 오월을 통과하였다. 국내와 국외에서 헤아릴 수 없을 정
도로 많은 전시회를 개최했고, 1989년에는 걸개그림 〈민족해방운동사〉가 국가보
안법을 위반하였다고 하여 구속되어 25일 동안 살인적인 고문에 시달렸다. 그의
석방운동이 세계에서 전개되던 1990년 국제엠네스티는 그를 '올해의 양심수 3
인' 중 한 명으로 선정했다. 저서로는 글모음집『5월에서 통일로』, 판화집『해방
의 칼꽃』이 있다. 주요 작품으로는 5월 기록 연작 판화 〈새벽〉, 〈물 속에서 스무
날〉, 박종철 열사 추모비, 모란공원 민주열사 추모비, 김남주 시비, 들불열사추모
비, 다큐멘터리 비디오 〈오월, 그날이 다시 오면〉, 광주항쟁연작판화 디지털비디
오 〈새벽〉, 온라인 비디오 〈피의 강〉, 〈테러마켓〉 등이 있다.

내 예술의 최고 스승은 현실이다

홍성담은 예술가를 한 시대의 예민한 성감대에 비유한다. 그는 자본주의의 시류에 영합하여 앞서가는 예술가들과, 그럼에도 불구하고 저들을 통한 유익이 전혀 없지 않음을 말했다. 상업적이지만 '교실이데아' 같은 음악으로 우리 교육에 영향을 끼친 서태지를 긍정하는 반면, 민족의 역사와 약자의 고통에 무관심하며 골방에 틀어박혀 예술을 논하는 아카데미 중심의 미술가에 대해서는 분노했다. 또한 전인권의 음악은 신중현 이후를 대변하는 한국적 락이고, 빅토르 최의 음악은 대단히 훌륭한 리얼리즘이라고 칭찬을 아끼지 않았다. 그러면서도 바흐의 작품 거의 모두를 가지고 있을 만큼 바흐를 사랑했다. 홍성담은 젊은이들이 대중스타에 기대어 자신의 정서를 무절제하게 방출하는 것, 어떤 사안이나 사물을 총체적으로 파악하지 못하고 단편적인 경험을 전부라 단정하는 것을 아쉬워했다. 그러나 그를 가장 못마땅하게 만드는 것은 죽음을 담보로 자기모순과 싸울 줄 모르는 사람들이다. 01_06_09

민주주의와 여백

민주열사묘역 조성을 위해 팔을 걷어붙이셨다. 민주열사묘역의 조성 청사진이 기존의 묘역이나 기념관과는 매우 차별화된다고 들었다.

지금까지 독재정권과 개발독재가 한 일을 보면, 뭐든지 평지풍파를 일으켰다. 땅을 판판하게 깎고, 거기다 먹줄 탕탕 튕겨서 건물 세우고, 묘지 만들고, 숲 만들고, 중앙에 통로를 만들어 보기 흉한 높은 기념탑을 세우는 식이었다. 그런 것만 본 진보진영조차 민주열사묘역을 그렇게 꾸미자고 했다. 정말 민주적인 문화의 형태를 못 봐서 그렇다. 나는 추모비도 세우지도 말자고 했다. 왜냐? 우리 열사들이 진보적으로 살아갔으니 그 땅도 진보적으로 쓰는 게 옳다고 생각하기 때문이다. 주변 경관을 해치지 말고, 불도저도 쓰지 않고, 추모비나 멋진 건물 세울 돈으로 멋진 느티나무 사다가 심고 거기 오솔길 만들어서 국민들, 시민들에게 명상할 수 있는 장소를 만들자고 했다. 시민들에게 땅을 그렇게 되돌려 주자는 취지를 가지고 있다. 이미 유가족의 양해를 얻어 이런 방향으로 추진하고 있다.

진보진영까지도 파시즘적인 발상으로 민주열사의 묘역을 일상의 삶으로부터 격리시키려한다는 선생의 지적이 충격적이다.

그런 주장을 하시는 분 중에는 평생을 독재와 싸웠던 분도 있다. 나만 해도 청춘을 파시즘과 싸우면서 보낸 사람 아닌가. 그리스신화에 괴물과 오랫동안 싸우다 괴물을 닮아버리게 되었다는 이야기가 있다. 우리도 마찬가지다. 명상을 통해 자신과 대면하지 않는 한 자기모순은 보이지 않을 것이다. 우리가 민주열사묘역을 조성하는 과정에서 스스로를 되돌아보고 우리에게도 파시즘적 요소는 없었는지 반성해야 한다. 그래서 민주열사묘역을 그분들만 편안하게 영면하신 곳이 아니라 지치고 병들고 절망한 민중과 시민들이 오솔길을 걸으면서 세상을 살아나갈 힘을 얻는 곳으로 만들어야 한다. 사실 열사들이야 어디에 누워 계시든 무슨 상관이겠는가. 우리 산 자들이 문제지. 우리가 죽은 자들을 위하여 제사를 지내는가? 산 자들을 위해 그렇게 하는 것이지!

위대한 조형물이 아니라 스스로 성찰할 수 있는 공간이 중요하다는 이야기를 들으며 여백의 의미를 다시 생각하게 된다.

외국을 여행해 본 사람들은 한국의 산천이 얼마나 귀한지 안다. 국내에만 있었던 사람은 캐나다나 스위스의 산천이 아름답게 보이겠지만, 천만에 말씀이다. 못 오를 만큼 높은 산이 아름답겠는가? 그렇지 않다. 한국에는 오를 수 없는 산이 없다. 그냥 원시림이 아름다운 게 아니다. 사람의 손때가 묻어 있고 사람과 더불어 완성되는 풍경이 아름다운 것이다. 다른 말로 하면 일과 놀이가 있는 풍광이 아름다운 것이다. 사람의 생활과 채취가 묻어 있는 아름다움만한 것이 없다. 사람이 자기의 채취를 남길 수 있도록 한국의 자연은 여백을 제공한다. 그 여백에는 공식이 있다. 자연이 남겨놓은 여백에 우리의 것을 잘 채우는 것이 우리의 아름다움이다.

민주열사묘역에는 민주도 예술도 모두 들어 있을 것 같다.

예술적 형상화란, 산 역사를 체험할 수 있는 학습의 장이 되게 하기 위함이다. 3.1운동부터 6월항쟁까지의 역사를 나열해놓는다고 학습이 되는 것은 아니다. 예술이란, 특히 리얼리즘이란 그대로 재현한다고 이루어지지 않는다. 자연의 여백 속에서 어떻게 예술적 형상화를 이뤄내느냐가 중요하다. 구체적 형상이 보이지 않는다 하더라도 분위기 속에서 사람들에게 무엇인가를 느끼게 해주는 것이 리얼리즘이다. 구체적으로 느끼게 해주고 이야기해주는 것은 학문이나 사진이지, 리얼리즘이 아니다. 예술적 형상화는 절대 어떤 관념을 강제하지 않는다. 역사성과 예술성과 개인의 개성, 그리고 개인이 체험한 개인사가 잘 섞여 새로운 감동을 만들어 낼 것인가, 바로 이것이 예술적 형상화의 관건인 것이다. 기념비적인 것들을 통해 관념을 강제하고, 감동을 억지로 주입시키는 것은 그 자체가 파시즘의 원리에 다름 아니다. 열사묘역에 와서 역사적 감동만 느끼면 되겠는가. 사랑하는 연인들이 왔다면 그곳을 통해 사랑이 더욱 깊어짐을 느낄 수 있어야 한다. 민주화투쟁이 피를 철철 흘리는 투쟁이었지만 거기에 돌멩이나 화염병을 던지는 투쟁만 있었나. 그렇지 않다. 기본적으로 투쟁 속에는 인간에 대한 사랑이 전제되어 있었다. 그렇기 때문에 우리는 감동을 받는 것이다. 우리 한국의 민주화투쟁은 그런 점에서 다르다. 한국의 민주화투쟁은 기본적으로 민중과 역사에 대한, 그리고 이 땅에 대한 사랑이 충만한 투쟁이었다. 그 사랑이 구구절절하게 표현되는 형상적 시스템을 가져야 한다. 구체적으로 어떻게 전개될지는 나도 모르겠다. 뜻있는 사람들의 의견을 모으고 시뮬레이션을 하면서 근접해가려고 한다.

우리 사회의 가장 큰 문제가 학벌과 차별에 의한 불평등구조의 고착화라고 보는가.

우리 사회는 소외 받은 사람들이 자기 지위를 상승할 수 있는 기회가 갈수록 박탈당하고 있다. 과거에는 교육이 지위상승의 기회 중 하나지만 얼마 전 신문의 통계를 보니까 서울대학교 입학생수가 강남 한 지역에서 40%를 차지하고 전국이 나머지 60%를 차지했다고 한다. 뿐만 아니라 그 퍼센트가 점점 더 높아지고 있다고 한다. 우리 사회 속에서 서울대학교 입학의 의미가 학문인가. 천만에! 학문 이전에 출세의 지름길 아닌가. 오죽하면 서울대학교를 없애야 한다는 말까지 들리지 않나. 그렇다고 서울대가 세계에서 경쟁력이 있는 대학인가? 세계 100위 안에도 못 든다. 그렇게 아무 실력도 없는 대학이 출세의 온상과 지름길이 되어 모든 기득권을 다 틀어쥐고 있는 게 아닌가.

역사 속에서의 예술의 역할

김동춘 선생을 만나 광주문제와 한국전쟁에 대한 예술적 형상화가 부족하다는 이야기를 나누었다. 운동과 역사 속에서 예술의 역할은 무엇이라고 보는가.

시대적 사건에서 마지막까지 남는 것은 예술밖에 없다. 물론 좋은 논문과 글도 남겠지만 학문적으로 러시아혁명사나 프랑스혁명사를 읽어서는 당대의 호흡을 느낄 수가 없다. 결국은 우리가 에밀 졸라나 빅토르 위고, 솔로호프와 막심 고리키, 레핀의 그림이나 소설 속에서 그 시대의 민중들이 어떤 삶을 살면서 혁명을 전개했는지 알 수 있고, 그 감동이 경험되는 것이다. 러시아혁명과 프랑스혁명은 몇 개의 뛰어난 예술작품을 남겨 놓았다. 그만큼 예술의 형상화는 굉장히 귀중한 것이다. 잘 씌어진 보고서나 논문 한 편보다 한 장의 그림이 그 시대를 더 잘 표현할 수 있다.

광주를 주제로 한 예술을 어떻게 평가하고 있나.

광주문제를 예술로 제대로 형상화시킨 것은 80년 중반에 나왔던 광주와 관련된 마당극과 무대극이 몇 편 있다. 〈금이의 오월〉, 〈호랑이 놀이〉, 〈일어서는 사람들〉이 있다. 소설로는 홍희담의 단편 〈깃발〉이 있다. 시는 별로 없다. 오히려 시가 빨리 나왔다가 결실을 거두지 못하고 흩어져버린 감이 없지 않다. 영화도 한두 편이 있는데, 전혀 아니다. 볼 것이 없다. 그림으로는 연작판화 〈새벽〉이 유일하다. 작년에 연극으로 〈봄날〉과 〈오월의 신부〉가 나왔는데, 엉망이었다. 관에서 돈 받아 하는 요런 짓거리는 절대 성공하지 못한다. 80년대 중반, 5월의 진상을 규명하는 차원에서, 그리고 학살자를 고발하는 차원에서 목숨을 걸고, 공연하고 감옥 갈 각오를 하고 올린 작품인 마당극 〈일어서는 사람들〉과 무대극 〈금이의 오월〉을 능가할 수 있는 작품이 내 살아생전에 나올 수 있을까 싶다. 두 작품에는 가쁜 호흡이 묻어 있다. 내가 이 작품을 올리고 감옥에 잡혀 갈 것이라는!

고통의 기억

잊을 수 없는 광주 체험은 무엇인가

첫 발포가 있었던 때는 5월 21일 오전 10시 경이었다. 금남로에 시위대가 빽빽하게 들어차 있었다. 계엄령 철폐 등의 구호를 외치고 있을 때 갑자기 아득히 먼 곳에서 들렸다. 연발사격이 짧은 간격으로, 작게 들렸다. 얼마 후 사람들이 밀물처럼 도망쳤다. 나도 금남로의 광주은행 구 본점이 있었던 골목 뒤로 시민들과 함께 숨었다. 우리가 숨은 곳에서 얼마 떨어지지 않은 곳에서 총 맞은 사람이 꿈틀거리고 있었다. 계엄군에 빼앗기기 전에 데려가려고 두 사람이 낮은 포복으로 기어가 그를 데려왔다. 뻘건 핏덩어리가 함께 끌려왔다. 몸을 바로 눕히니 배에서 피가 콸콸 쏟아지고 있었다. 총알이 관통한 것이었다. 끌려오던 것은 창자였다. 목의 동맥을 만져보니 뛰지 않았다. 절명했던 것이다. 비가 온 후였기 때문에 유난히 햇빛이 찬란했다. 나는 작렬하는 태양빛 속에서 반짝거리는 물체를 발견했다. 아직 삭지 않은 보리밥알이 창자 속에 있었다. 절대 부잣집 자식은 아니었다. 어디 변두리 사람이었을 것이다. 아침에 어머니가 해 준 밥을 먹고 민주화를 이루겠다고 나왔다가 분절한 것이다. 광주항쟁하면 나는 그 보리밥알 밖에 생각나지 않는다. 보석처럼 빛나던 보리밥알! 광주항쟁에 대한 내 모든 기억은 그 핏덩어리 속에 채 삭지 않고 보석처럼 빛나던 보리밥알이다. 난 그때 비겁했다. 너무 무서워 뒤돌아 집으로 돌아오면서 맹세했다. 저 시신을 거름삼아 훌륭한 보리를 키워 황금 들녘을 이루고, 그걸 먹고 우리 후세들이 5월의 진실을 전국화해야 한다고 말이다. 한반도를 저 보리알로, 출렁이는 6월의 황금 들판으로 만들어야 한다고 결심했다. 그런 의미에서 나는 87년의 6월항쟁을 80년 5월항쟁의 일정한 완성으로 본다. 보리밥알을 통해 절대 고독 속에서 절대적으로 함께 해야 하는 인간존재에 대한 존엄성, 그리고 그 생명의 사슬이 끊임없이 순환한다는 것, 죽는 것도 살아있는 것도 없이 생명의 사슬이 우리 안에 떠돈다는 것을 경험했다. 밥알은 끊임없이 내 그림의 주제가 되었다. 혹자는 나의 밥 시리즈를 김지하의 밥으로 이해하기도 하는데 천만의 말씀이다! 나의 밥은 절대절명의 그 순간이었다. 김지하의 밥은 요설, 먹지 못하는 밥이다. 내 밥은 피로 지어진 밥이고.

1989년 민족민중미술인 전국연합이 공동 제작한 〈민족해방운동사〉 걸개그림을 북한에 보냈다는 죄명으로 수감되었다. 안기부에 얼마나 있었나.

정확히 25일이었다. 안기부 보기에 미운 짓거리를 많이 했다. 광주 재야운동권의 어른들과 젊은이들과의 허리 역할을 하면서 모든 자금을 내 손에서 관리했다. 광주에서 내가 시작한 문화운동이 전국화가 되었다. 문화라는 것이 얼마나 신경이 거슬렸겠는가. 저걸 죽이지도 못하고 살리지도 못하고, 그렇다고 함부로 잡아다가 팰 수도 없고! 그러던 차에 걸려들었던 것이다. 원수를 갚아야 하지 않았겠나. 나는 목포에서 가까운 하의도라는 섬에서 태어났다. 학교를 가려면 바닷가를 걸어서 십리를 가야 했다. 아침저녁으로 바다를 바라보았다. 말하자면 바다는 내 생활의 터전이었다. 어디 다녀오다가 배가 고프면 옷 벗고 뻘에 들어가 구멍 몇 개 쑤시면 낙지나 망둥이, 조개를 잡아먹고 배부르게 걸을 수 있었다. 바다라는 자체가 내게는 생명의 원리를 배태한 곳이었다. 귀향의식으로서의 바다. 나는 지금도 고향을 가려면 바다를 건너야 한다. 바다의 이미지는 내게 여러 가지 귀향본능을 불러일으킨다. 고등학교 때부터 시작했던 객지생활에서 힘겹거나 좋지 못한 유혹을 받을 때면 나는 고향의 바다를 떠올리며 반성하고 힘을 얻었다. 내가 무너지려는 순간에는 꼭 바다가 떠오르며 "내가 이러면 안 되지" 했었다. 바다는 그렇게 내 본성으로서의 이미지였다. 그런데 그 물이 내 고문의 도구가 될 줄이야 생각이나 했겠는가?

안기부에 잡혀가서는 처음부터 물고문이었나.

25일 동안 팬티를 걸쳐 보지 못했다. 알몸으로 25일 동안 물고문을 당했던 것이다. 물고문은 절묘한 기술을 요한다. 박종철 사건에서 보는 것처럼 기술 없는 것들이 고문기술자 흉내내다가 사람을 죽인다. 이미 고통을 넘어서 생명을 포기하고, "이젠 내가 죽는구나, 가는 구나" 하는 순간 딱 건져 놓는다. 절묘하다. 그 기술을 배우고 싶을 정도로 기가 막혔다. 그리고 나와 연결된 동료들을 다 불지 않으면 안 될 만큼 절박한 순간이 왔다. 그래서 모두 포기하고 "이제 죽자" 하고 욕조에 처박히는데, 그 순간, 고향의 푸른 바다가 눈앞에 쫙 펼쳐졌다. 남쪽 고향의 푸른 바다가. 처음에는 내가 죽어서 고향 바다에 온 것으로 착각했다. 이게 꿈인가, 아니면 죽어서 혼이 고향에 온 것인가. 그러나 나는 살아 있었다. 내가 아직 살아 있다는 걸 느낄 수 있었다. 고향의 바다를 한번 보고 나니 다시 힘이 생겼다. "죽여보라"고 악을 써댔다.

끝까지 고문을 견뎌 내면서 의리를 지킨 선생 일화가 안기부에 전설로 남아있다고 들었다.

민족이나 조국은 아무것도 아니었다. 그것은 언제라도 배반할 수 있었다. 하지만 친구하고의 의리는 배반할 수 없었다. 나는 친구는 분명 있지만, 혀를 자르더라도 이름은 못 분다고 했다. 그 말이 안기부에서 유명한 전설이 된 것이다. 안기부 놈들이 그러더라. 지금까지 조국이나 민족의 이름으로 고문을 참고 견디는 사람은 보았어도 의리 때문에 고문을 견디는 사람은 처음이라는 것이다. "이 새끼, 깡패야 뭐야! 이런 놈이 무슨 민주인사야"라며 고문을 해댔다. 아까도 말했지만 바다란, 아니 물이란 내 원관념에서 얼마나 중요한 것인가. 그런데 감옥을 나와서는 물만 보면 두려웠다. 물은 만물의 기본이 아닌가. 때문에 물에 대한 관념을 회복시키지 못하는 것은 예술가로서 치명상이었다. 그래서 물을 피하지 말고 그림을 통해 물에 대한 원관념을 회복시켜야겠다고 생각했다. 자연과의 갈등이 심화된 나는 모든 것을 화해와 화합의 차원으로 끌어내려야 했다. 나는 물고문했던 사람들을 일단 용서와 관용으로 포용하는 것을 기본 전제로 캠퍼스와 붓으로 물을 치받아서 내 관념을 회복시켜야겠다고 결심했다. 그러한 산고 끝에 나온 게 〈물 속에서의 스무날〉 연작이다. 그림으로 나를 회복하고, 관용의 차원에서 저들을 용서해야 했다. 그러나 만약 이 땅에서 파시즘 권력을 위해 다시 고문이 자행된다면 〈물 속에서의 스무날〉 차원으로 물을 해석하지는 않을 것이다. 내가 어떻게 당했는가를 적나라하게 보여줄 것이다. 내가 어떻게 짐승이 되어가고, 내가 삶과 죽음을 넘나들었는지, 나를 도살하는 자들의 행위가 어떠했는지를 사실 그대로 보여줄 것이다. 그렇게 한 놈이 어떤 놈들인지, 그게 어떤 장소에서 자행되었는지 그대로 낱낱이 연작으로 보여줄 것이다. 국내에서만 보여주는 게 아니라 유럽의회, 유엔본부 앞에서 야외전시회를 강행할 것이다. 그들의 야만성을 만천하에 드러낼 것이다. 분명히 경고해둔다. 다같이 짐승이 되는 일은 없어야 한다. 자신들만 짐승이 되면 되지 왜 나까지 짐승이 되어야 하는가. 이제는 내가 용서했으니 저들도 참회해야 한다.

고문했던 사람들의 이름이라도 알 수 없었나?

이름을 모르니까 고소를 할 수 없지 않나. 그래서 캐리커처로 그렸다. 사실적으로. 그랬더니 안기부에서 너무 닮아서 놀랐다고 하더라. 안기부에서 조사받고 온 애들을 서울구치소에서 만났는데 개들이 그러더라. "나 선배님이 그린 놈들을 봤다"고.

〈감옥 연작〉을 끝내면서 많이 힘들었다고 들었다.

내가 기본적으로 작업 자체를 지옥처럼 보는 경향이 있다. 작업장 문으로 들어갈 때면 꼭 지옥으로 들어가는 것 같다. 대여섯 잔의 커피를 마시며 각오를 단단히 해야 한다. 작업실 들어가기를 즐거워해야 하는데……. 그래서 나는 좋은 화가가 되긴 틀린 것 같다. 그러나 〈감옥 연작〉을 그리면서는 마음이 편했다. 왜냐하면 상당히 낙관적인 감옥을 그렸기 때문일 것이다. 모두 독방에 갇혀 있지만 창문을 통해 서로 신문도 전달하고(그걸 우리는 엘리베이터라고 부른다), 과자도 옆방 사람에게 상선을 통해 전달하면서 서로 교통한다. 감옥이라는 게 사람과의 교통을 막고 외부와 단절시키는 곳이다. 그러나 실제의 감옥은 끊임없이 교통을 하고, 악 써가며 자신의 의견을 주장하고, 정성스레 남의 말을 귀 기울여 듣는다. 나는 소위 감옥이라는 벽이 깨지기 직전의, 해체 직전의 감옥을 그렸던 것이다. 그래서 〈감옥 연작〉은 굉장히 편하게 그렸다.

광주의 정신

광주를 떠나면서 광주의 명예가 멍에가 되었다는 점을 아프게 이야기했다. 선생께서 광주를 떠날 수밖에 없었던 아픔에 대해, 그리고 그 아픔을 어떻게 극복하려고 하는지 듣고 싶다.

　5월항쟁 당사자의 시대는 지났다. 당사자들이 지금껏 좌지우지해왔기 때문에 부패와 타락은 불가피했다. 하다못해 회사도 그렇지 않는가. 창립해서 회사가 정상적으로 돌아가면 전문경영인을 들여와야한다. 그런데 회사 창업자라고 해서 아들, 며느리, 사촌까지 끌어다가 패밀리의 마피아로 만들면 순항하지 못하고 새로운 파도 앞에서 부서진다. 5월항쟁 당사자들은 제 역할을 멋지게 잘 했다. 그리고 이유야 어떻든 당대에 명예회복도 하고 보상도 받은 경우는 세계 어느나라의 역사에도 없었을 것이다. 다이내믹한 한국사회이니까 그게 가능했지만. 물론 아직도 많은 점에서 미약하다. 학살 책임자가 가려지지 않았고, 어느 누구 하나 5월문제로 징치를 당하지도 않았다. 전두환, 노태우마저도 정치자금 때문에 감옥 간 것이지 5월항쟁 때문은 아니지 않는가. 과연 누가 광주학살의 주인공인지는 암묵적으로 다 알고 있지 않은가. 이제 5월항쟁 당사자들은 세대교체를 준비해야 한다. 새로운 세대들이 5월 앞에서 묵상을 해야 한다. 우리 구세대는 '광주의 5월' 앞에서 저항의 정신은 길렀지만 영성의 문제로 심화되지는 못했다. 다음 세대는 '5월의 정신'이 생활 속에서 민족의 영성으로 자리잡게 만들어야 한다. 광주문제는 제2의 새로운 도약기가 필요하다. 도덕성과 영성이 충만해질 때 가해자도 참회하고 징벌 받게 될 것이다. 우리 시대는 그들을 징치하지 못하고 넘어갔다. 이제 그들의 징치는 새로운 세대들의 몫이다. 새 세대는 우리와는 다른 경로를 통해 정서적으로 끊임없이 압박해 들어가야 한다. 또한 국민의 정서 속에서 5월이 갖는 정신사적 의미와 철학이 무엇인가를 규명해야 한다. 이러한 일들이 산적해 있다. 우리는 '용서는 하되 잊지는 말자'는 말을 흔히 한다. 그런데 광주문제에 대해 사람들은 '용서는 안 하면서 잊어버렸다.' 이런 모순의 역사를 만들어서는 안 된다. 그러기 위해서라도 새로운 세대로 교체되어야 한다.

광주의 정신은 한마디로 무엇인가.

별 게 아니다. 죽지 말고 함께 살자, 였다. 사실이 그랬다. 사람이 총 맞고 죽게 생겼으니까 힘을 합쳐서 우리 사는 공간을 지키자는 것이었다. 우리끼리 잘 살고 있는데 너희들이 들어와서 왜 그러냐, 우리가 횃불시위하는 게 그렇게 못 마땅하느냐는 것이었다. 이게 5월 정신의 핵심이다.

'광주항쟁 10일간의 경험'을 온 세상에 실천하는 것이 꿈이라 했다. 그 10일간에 대해 후세대들에게 좀 더 구체적으로 이야기 해 달라.

우리가 평상시 어디를 지나가는데 어떤 사람이 나를 이상한 눈으로 쳐다보거나 어깨를 툭 치고 지나가면 기분이 나쁘지 않은가. 심할 때는 싸움도 붙고. 그런데 그 10일간은 정말 사람이 귀한 세상이었다. 사람한테 사람이 얼마나 귀하고 소중한지! 사람이 사람을 만날 때 얼마나 아름다운 광경이 벌어지는지를 보여주었다. 보는 사람마다 서로 웃어 주었고, 지나가는 사람마다 반가움으로 어깨를 툭툭 두드려주었다. 말은 안 하더라도 그게 무슨 의미인지를 서로가 알았다. '우리 살아서 여기를 지키자. 아직도 살아 있으니 즐겁다. 우리 죽지 말고 이 즐거움을 지키자'는 의미였다. 가진 자들은, "이 고생이 한 달 가겠느냐. 우리 식구 한 달 먹을 것 내놓고 가져왔다"고 했다. 돈 있는 사람들은 돈을 내놓았다. 시내의 거렁뱅이들은 광주 어딜 가든 밥을 먹을 수 있었다. 얼마나 좋았겠는가. 돈 달라고 하면 찡그리고 가던 사람들이 거렁뱅이를 보면 밥을 퍼주며 얼른 와서 먹으라 했다. 거렁뱅이들이 대우받은 10일이었다. 그것이 예수가 이야기한 낙원이 아니겠나. 우리는 그렇게 10일을 보냈다. 그래서 우리는 1980년 5월 27일, 탱크와 헬기가 와서 진압을 끝내고 새벽 여명이 터오는 것을 보면서, 그 새벽빛을 보면서 우리는 즉시 절망에서 벗어났다. 그 핏빛 새벽도 절망으로 우리를 덮치지는 못했다. 외부 사람들이 죽음, 학살, 패배, 절망 그랬지 실제 광주사람들은 10일간의 그 기억 때문에 절망하지 않았다. 작전을 펴면서 물밀 듯이 내려오는 계엄군의 군화발도 그 10일간의 아름다움으로 인해 생긴 우리의 희망을 빼앗지는 못했다. 그 기억만으로도 우리는 평생을 살아갈 수 있을 것이다. 광주 명예회복, 진상규명, 보상이 안 되어도 행복할 수 있다. 그렇게 사람이 존엄하고, 사람이 사람에게 대접받고, 사람이 사람에게 반김과 섬김과 모심을 받는 사회를 만들어야 되겠다는 것이다. 그래서 나는 통일이 되었다고 민주화운동이 끝나는 것이 아니라고 본다. 80년의 광주가 보여준 인간에 대한 대접과 인간에 대한 섬김은 통일 이후까지 계속되고 확장되어야 한다. 나는 이러한 것이 실현되어야 광주항쟁이 끝나는 것이라고 본다.

계엄군의 군화발도 그 10일간의 아름다움으로 인해
생긴 우리의 희망을 빼앗지는 못했다.

대형 교회의 세습을 어떻게 보나

교회가 자기 것인가, 예수의 것이지. 신의 것이고 신의 아들의 것이지. 교회를 소유의 개념으로 보기 때문에 그런 일이 생긴다. 한국 교회가 이 만큼 성장했다고 주장한다면, 나는 한국 교회가 그만큼 타락했다고 말하고 싶다. 교회는 하나님을 만나는 처소 아닌가. 은밀하게 하나님과 대화하는 자리가 아닌가. 나와 하나님과만 은밀하게 대화를 나누는 장소가 아닌가. 그 자리가 어떻게 개인적인 재산이 되나. 대형 교회의 세습을 보면 가슴이 찢어진다. 그런데도 어설픈 신앙의 자유가 있어서 이 덩치 큰 한국교회를 어떻게 할 수도 없다. 정치도 종교를 어떻게 못한다. 그렇다고 기독교를 놔두고 국민운동을 전개할 수 도 없는 노릇 아닌가. 한국 기독교가 스스로가 자성하고 이 땅에서 저질렀던 잘못을 철저히 고해해야 한다. 그렇지 않으면 앞으로 설자리가 없을 것이다. 갈수록 그렇게 될 것이다.

여기까지 살아오는 동안 좋았던 만남이나 기억에 남는 책을 소개해 달라.

중국철학이나 한시를 읽으며 많은 성찰을 얻었다. 가장 절망에 빠져 있던 때가 대학 3학년을 마치고 폐병이 들어 1년 반을 요양원에서 보낼 때였다. 그때 사회 밑바닥을 살다가 폐병에 걸려 절망에 빠져 들어온 사람들과의 은밀한 대화를 통해 역시 성서가 거짓말이 아니라는 걸 느꼈다. 왜냐하면 그 사람들 안에서 하나님을 발견했으니까. 인간이란 기본적으로 영성으로서의 신을 자기 안에 모시고 있다. 그래서 어떤 놈이 못된 짓거리를 하면, 그 못된 짓거리만이 미운 게 아니라 그 사람 안에 모셔 놓은 영성이나 신까지도 더럽혔다는 생각 때문에 밉다. 무지렁이 민중들과의 대화를 나누면서 그들 안에 들어 있는 고귀한 신의 모습을 발견했을 그때에 평생 살아갈 방향이 결정 되었던 것 같다. 절대 신과 진리는 먼 곳에 있지 않는 것을 배웠다. 가까운 곳에, 바로 옆 사람에게서 신성을 느껴야 자기 몸 안에 신성 이 있다는 것을 인정하게 된다. 그래야 자기 몸을 함부로 할 수 없 다. 진리는 자기가 발붙이고 있는 그 상황, 아무 것도 아닌 것 같은 그 권태로운 일상, 아침이면 밥 먹고 학교 가고, 밤에는 들어와서 이 것저것 하는 그 일상 안에 있다는 걸 배웠다. 일상 안에서의 진리와 옆 사람에게서 신성을 느끼기 위해 절대적으로 필요한 것은 항상 긴 장감을 유지하면서 스스로 예비해야 한다는 것이다. 예비를 하고 있 지 않으면 진리를 만날 수가 없다.

그 10일간의 경험은 통일 이후까지 심화되어야 하며 그래야 광주 항쟁이 끝나는 것이라고 했다. 그렇다면 민족의 역사가 그 종착역으 로 가는 동안, 선생의 삶에서 예술은 무엇을 할 것이며 어떤 의미이 겠는가.

기본적으로 인간의 생명을 위협하는 그 어떤 것도 내 그림의 적이 다. 그것들이 사라질 때까지 나는 끊임없이 그림을 통하여 공격할 것 이다. 그리고 그림에는 내가 10일간 보았고 경험했던 그 낙관이 기본 토대가 될 것이다. 작년과 재작년의 내 전시회를 본 사람들이 저항적인 민중화가가 투쟁의 의지를 접었다느니, 이젠 나이를 먹어서 보다 깊어지고 심화되었다느니 하더라. 웃기는 이야기다. 그건 내 문제의 해결을 위한 불가피한 조처였다. 나에게는 아직도 우리 사회가 가지고 있는 꼴 보기 싫은 문제들이 너무 많다. 해결은 아직 요원하지만 눈꼴 보기 싫은 것들을 그림으로 쳐부수기 위해 나는 날마다 칼을 벼리고 있다. 성서가 말하는, '이리가 어린 양과 함께 거하며 젖 먹는 아이가 독사의 구멍에서 장난하는' 시대가 오는 순간까지 나는 칼을 벼릴 것이다. 한마디로 우주만물과 자연의 모든 것들이 화해하는 때를 성서가 그렇게 표현한 것 아닌가. 그리고 다시는 사람을 예수처럼 외로운 존재로 만들어서는 안 된다. 그가 얼마나 외롭게 죽었는가. 제자들마저 다 도망치지 않았나. 예수는 잡혀가기 전날 이미 모든 걸 다 알고 있지 않았나. 우리도 마찬가지다. "이 정도에서 잡히면 2년짜리다"라는 거 다 알지 않나. 예수도 마찬가지였을 것이다. 자신이 제일 믿고 사랑하는 요한과 베드로와 야고보에게 예수님이 "내가 내일 죽는다. 이 난국에 대해 어떻게 해야 할지 생각 좀 하고 올 테니까 너희들은 자지 말고 여기 있어"라고 말씀하셨다. 자기 혼자만 깨어 있으니까 외로우니까 그랬을 것이다. 교회에서는 잠들지 말라는 말도 멋지게 해석하지만. 나는 그렇다. 그래서 돌을 던질 만한 곳에 자리를 잡으셨다고 생각한다. 거기서 땀이 피가 되도록 기도를 했다고 하지 않나. 우선 자기의 모순부터 생각했을 것이다. 내가 뭘 잘못했나. 그런데 와서 보면 제자들이 자고 있다. 사람이 그렇게 외로우면 안 된다. 예수는 그렇게 사람 꼴을 못보고 죽었다. 끝까지 비겁하게 놀림을 당하다 죽었다. 간수에게 목마르다고 말하니까 헝겊에 포도주를 묻혀서 주었다. 그걸 빨아 먹으며 짐승같이 죽었다. 그건 인간의 죽음이 아니었다. 지금도 그런 죽음이 계속되고 있다. 아무도 모르는 곳에서, 아무도 몰래 끌려가서 수없이 죽어나가고 있다. 죽는다는 게 꼭 죽여야 죽는 것인가. 아무도 모르게 가정이 파괴되고, 아무도 모르게 자살하고, 자신도 모르게 점점 죽음으로 가까이 가는 사람들이 있다. 가정이 파괴되고 직장에서 쫓겨나고 사회에서 왕따를 당하면서 말이다. 더 이상 예수와 같은 이런 외로운 죽음을 만들어서는 안 된다. 없으면 같이 굶어가면서 그 죽음을 지켜보자는 것이다. 어떻게 우리 이웃이 죽어가는지 보자는 말이다. 자지 말고.

광주의 꿈이 나를 밀어간다

인터뷰를 풀기 위해 녹음된 내용을 들으면서 그의 웃음소리가 새삼스러웠다. 푹신한 솜이불처럼 따뜻하고 평온한 웃음이었다. 그의 깊은 사유와, 순결한 열정, 그리고 인간의 존엄과 생명에 대한 옹호를 이렇게 밖에 담아낼 수 없는 한계가 슬플 따름이다. 홍성담에겐 고문으로도 꺾을 수 없는 전사의 강인함과 청소와 빨래와 요리와 시장보기를 매일의 즐거움으로 누려야 행복해 하는 여성적 일상성이 아무런 갈등 없이 공존한다. 아래의 인용된 문장은 어떤 여성 주부의 것이 아니다. 또한 실직된 남성의 고백이 아니다. 저항의 한 방식으로 그림을 그려왔을 뿐 아니라 누구보다도 치열하게 작업을 하고 있는 남성 예술가의 고백이다. 이것이 홍성담이다.

"보통 일주일에 한번 장을 본다. 그러니까 일주일분 식단을 세밀하게 짜서 아주 '정확한' 분량을 사 와야 반찬이나 음식 그리고 재료들을 버리는 일이 없다. 성경책에서 '사랑하라' 가 절대 진리라면, 나에겐 '음식을 버리면 죄 받는다' 가 최고의 진리다. 냉장고에 넣어진 음식들이 얼마나 잘 정리되어 있느냐, 또 그것들 하나하나를 잘 대중하여 정확하게 파악을 하고 있는가는 나의 생활 태도에 대한 '척도' 가 된다. 나는 꼭 필요한 외출조차도 하기 싫어하는 편이다. 그래서 일주일에 한번 장에 가는 일은 나에게 대단히 중요하고 특별한 일이다. 살 것이야 너무 뻔하지만, 그러나 이것저것들을 구경하고 생활에 필요한 새로운 물품이 진열되어 있으면 설레이는 마음으로 그것의 값과 쓰임새를 가늠해보는 일도 재미있다. 그러므로 일주일에 한번 장을 보는 일은 나의 일상에서 내가 누릴 수 있는 최소한의 화려한 외출이다."

반생명적인 것들과의 싸움을 위해 칼을 버리고 하찮은 일상에서 진리를 찾는 그의 겸손함과 예술가적 장인정신을 생각하노라면 내가 좋아하는 프란시스 쉐퍼의 말이 떠오른다. "오소서, 살아계시는 기독교의 삼위일체 하나님이시여,……세상을 다시 한번 흔드소서." 30대 내내 나를 흥분시키던 말이었다. 광주의 행복했던 10일간의 대동세상이 이 땅에서 다시 펼쳐지기를 바라는 홍성담의 소망이 부디 아름답게 피어오르기를 희망한다.

AN SUKHEE

오한숙희 〉 〉 〉 　방송의 말과 일상의 말이, 인터뷰의 말과 전화 속의 말이, 글로 쓰는 말과 입으로 하는 말이 똑같은 지행합일의 지식인 오한숙희는 1959년 인천에서 태어났다. 이화여자대학교 사회학과와 여성학으로 대학원을 마쳤고 김포여성민우회와 '가족과 성 상담소'를 이끌어오면서 꾸준히 부부상담을 해왔다. KBS 〈생방송 여성〉, SBS 〈남자를 위하여〉를 진행하면서 생활 속의 여성문제, 남성문제를 다루어냈으며 얼마 전까지 EBS 〈사제부일체〉를 진행하였다. 현재 KTF 스팸메일 홍보대사직을 맡고 있고 2003년부터 여성힐링센터인 해심터를 만들어 활동하고 있다. 또한 지역을 순회하며 수다콘서트를 열고 있기도 하다. 오한숙희가 천덕꾸러기였던 여성의 수다와 아줌마에 덧씌워진 추한 이미지를 경건함과 당당함으로 걷어낸 것에 대해서는 여성 뿐 아니라 남성들까지도 고마워해야 할 우리 사회의 귀중한 진보가 아닐 수 없다. 쓴 책으로 『그래, 수다로 풀자』, 『너무 아까운 여자』, 『딸들에게 희망을』, 『솔직히 말해서 나는 돈이 좋다』, 『아줌마 밥 먹구 가』, 『부부? 살어? 말어?』, 번역서로 『딸 이렇게 키워라』가 있다. 김포시 고촌에서 어머니, 언니, 그리고 두 딸 희록이, 희령이와 함께 살고 있다.

수다에서 밥상으로, 소통에서 연대로

여성학을 보는 대다수 보통 사람들의 시선은 곱지 않다. 순진한 여자들을 부추겨 세상을 둘로 쫙 가르려 든다 믿기 때문일 것이다. 전통을 파괴하고, 마침내 가정까지 무너뜨리려는 저의가 있을 것이라 추측하기 때문이리라. 그러나 곱지 않은 시선으로 여성학을 바라보는 저들이, 수다스러움과 아줌마란 사실을 부끄러워하지 않을 뿐 아니라 수다와 아줌마와 밥상을 자신의 여성학으로 풀어내는 학자가 있다는 사실을 안다면 어떤 반응을 보일까. '에비!'의 대상 그 이상도 이하도 아닌 수다와 아줌마를 과감하게 자신의 몸속에 체화시켰고, 더 나아가 여성학을 자신의 신앙으로 고백하는 여성학자 오한숙희를 만났다. 03_10_13

교육과 자치

두 딸이 꽤 컸는데 일상 속에서 현재의 대미관계와 같은 시사적인 문제들에 대해 어떤 교육을 하는가.

그럴 기회가 별로 없었다. 그러나 아이가 사회공부 같은 것을 하면 뉴스를 보면서 미국이 용산기지 이전비용으로 20조를 물라는 이야기를 가지고 자연스럽게 대화를 한다. 또는 중학교 사회교사 하는 친구가 쓴 책을 보여주기도 한다. 우리나라에서는 아이들에게 정치교육이라고 하는 것이 거의 없다. 오로지 아이들이 소비와 피부양의 대상으로만 너무 물격화하고 있는 게 아닌가 하는 생각이 든다. 나는 초등학교 4-5학년 때 친구들끼리 이미 정치적인 이슈들에 대해 이야기를 했었다. 닉슨이 워터게이트 사건으로 물러났던 초등학교 5학년 때인가는 아이들과 그것에 대해 굉장히 이야기를 많이 했다. 김대중과 박정희가 대통령 경선을 했던 4학년 때도 자기 집에서 들은 이야기를 아이들과 나누었었다. 그런데 요즘은 어른들이 정치에 무관심하기 때문인지 애들도 별 관심이 없다. 내 아이도 넓은 범주에서는 그 한계를 벗어나지 못하고 있다.

신4당체제 하에서의 정치개혁의 가능성을 어떻게 보는가.

여성참여가 굉장히 중요한 관건이라고 본다. 지금까지 정치적으로 소외되어 있으면서 정치난맥상의 최대 희생자로 남아 있는 것이 여성층이다. 정치발전은 수시로 찢어지고 깨어지고 서로 짝짓기하면서 이루어지는 것이 아닌가 생각한다. 정치인들이 "우리가 이대로는 안 되겠다"는 생각을 갖게 되었다면, 그것은 국민의 승리다. 심지어 한나라당도 바뀌어야 된다고 하지 않던가. 그래서 현재의 상황을 낙관적으로 본다. 정치프리랜서들이 많이 나와야 한다. 학맥, 인맥이나 조직의 대표가 아니라 개인 성향의 정치프리랜서 말이다. 그런 프리랜서들을 국민들이 지지하게 될 때 정치발전은 온다. 정치는 정치가들만이 하는 게 아니다. 옛날에도 '왕후장상(王侯將相)이 따로 있느냐'면서 노비, 천민의 난이 일어나지 않았나. 평범한 사람들이 정치를 냉소할 게 아니라 저들의 결정에 당장 내 밥그릇이, 잠자리가, 아이들 교육이 달라진다는 것을 깊이 인식해야 한다. 북유럽과 같이 진보적인 여성지도자들을 많이 배출한 나라들은 이미 어려서부터 정치토론이나 정치의식에 대한 교육을 학교를 통해 받는다. 정치가 중요한 교육의 내용으로 들어 있는 것이다. 그런데 우리들은 아이들에게 정치이야기를 하면 쓸 데 없이 의식화시킨다고 한다. 전교조 교사들이 왜 저러는지 모르겠다고 한다.

프랑스의 경우 학생 자치회가 학내 문제에 능동적으로 참여함은 물론 정치토론도 활발하다던데.

우리 애들에게도 그런 욕구가 있을 뿐 아니라 그럴 능력도 충분히 있다. 입시제도로 아이들에게 재갈물리고 있을 뿐이다. 바로 이런 것이 국가경쟁력을 굉장히 떨어뜨리기 때문에 빨리 고쳐야 한다. 〈사제부일체〉라는 EBS 교육프로그램을 하면서 항상 만고의 역적은 대학입시제도였다. 그러나 고등학교 1-3학년 부모들은 이런 개혁에 모두

반대다. 그래서 교육개혁이 제일 어렵다. 나는 우리나라 장관 자리 중 가장 어려운 자리가 교육인적자원부 장관이라고 거의 확신한다.

얼마 전 안재구 선생을 만났더니 노무현 정권의 승패는 교육개혁, 그러니까 교육인적자원의 청산을 하느냐 못하느냐에 달렸다고 하더라.

그게 맞다. 친구들 중에 임용고시 거쳐 교사되었다가 그만두거나 전교조 교사인 친구들이 이구동성으로 했던 말이 있다. 대다수 교장(교장이면 교육관료다)들이, 일제시대 때 자기들이 받은 교육을 예로 들며 일제 교육의 우수성을 말할 뿐 아니라 조선놈들은 때려서 가르쳐야 한다는 식의 이야기들을 아이들 훈화하는 자리에서 서슴없이 한다고 한다. 교직원 회의에나 그러면 "에이~씨" 하고 말겠는데 비판정신이 없는 학생들에게 그런 이야기를 하는 통에 못 참겠다는 것이다. 그래서 나는 교원 60세 정년 단축도 인적자원의 청산을 놓고 내려진 조치가 아니었나 생각한다. 물론 생물학적인 나이만으로 문화적 식민성을 판단할 수는 없는 게 문제가 되겠지만 말이다.

올 해 안으로 호주제가 폐지될 가능성은 얼마나 있다고 보나.

일단 민도는 높아지고 있다. 얼마 전 국회에서 일하는 후배를 만났는데 법사위 소속 국회의원들이 몸을 사려서 어렵다고 그러더라. 올 해는 물 건너갔다고 보는 것 같았다. 호주제 폐지야말로 국민투표 한 번 붙여보아야 할 문제다. 그렇게 된다면 여한이 없겠다. 법사위 15명 중 8명은 되어야 하는데 찬성이 4명뿐이다. 확실하게 반대를 표명한 의원도 4명이다. 7명의 유보자 중에서 4명이 찬성으로 돌아서야 한다. 그런데 그게 쉽지가 않다. 자신들의 정치생명을 걸고 도박을 할 수 있는 의원이 과연 몇이나 되겠는가.

시청 앞에서 10월 3일 거행했던 여성축제를 정례행사로 이어갈 생각인 것 같더라.

명절이 많지만 가족적인 행사이기 때문에 여성들에게는 오히려 명절이 부담스럽다. 여자들이나 평범한 사람들이 돈 걱정 안 하고 의미 있게 놀 수 있는 날이 없다. 10월 3일이 절기상 딱 좋다. 의미도 하늘이 열린 날(개천) 아닌가. 여럿이 모여서 호주제 폐지 캠페인을 한번 했으면 좋겠는데 10월 3일이 어떨까 하다가 축제로까지 발전한 것이다. 이 참에 10월 3일을 민초들의 잔칫날로 정하려고 한다.

살아있는 교육의 중요성

발랄한 수다가 이 모임을 시작하게 했다는 사실이 흥미롭다. 책상에 앉아 쓴 논문은 귀하게 여기지만 즉흥적인 제안은 귀하게 여길 줄 모르는 게 우리 사회다.

맞다. 그게 살아있는 것이다. 이제 학교들도 매스게임이나 학예회 준비나 할 게 아니라 이렇게 실천적인 것을 준비시키면 좋겠다. 나는 내가 참여하는 모든 행사에 아이를 데리고 간다. 10월 3일은 아이의 중간고사 기간이었다. 고은광순 선배가 아이에게 당일 행사에서 10대 대표로 1분 발언을 부탁했다. 아이는 시험이라서 가기가 힘들 것 같다고 하더라. 교과서에 갇힌 지식이 아니라 살아있는 시대를 보고 배우고 참여하는 게 공부인데, 너는 어떻게 진짜 공부를 마다하고 죽은 공부를 하기 위해 남겠다고 하느냐고, 너무 답답하다고 그랬다. 엄마는 너를 학교의 노예, 시험의 노예라고 생각한다고 했다. 애가 발끈해서 공부가 나쁜 거냐고 따졌다. 공부가 나쁘다는 말이 아니라 공부에도 질이 있고, 죽은 공부와 산 공부가 있다고 말해주었다. 결국 갔다 왔다.

어떤 곳을 데리고 다니며 경험하게 하나.

지난 토요일, 성폭력상담소 후원의 밤에 아이를 데리고 갔었다. 성폭력방지 후원의 밤에 갔더니 인신매매 당하고 매매춘 당하면서 한때의 호기심과 돈에 대한 현혹감에 빠져 자기 인생을 담보고 잡히고 사는 안타까운 애들 이야기를 들었다. 돌아오는 길에 당산역에 내려 근처 패스트푸드점 옆을 지나다가 젊은 아빠가 5-6살 난 여자아이를 심하게 야단을 치면서 벽에다 몰아세우고 주먹으로 가슴을 막 때리는 장면을 목격했다. 너무 놀라서 그 아저씨 곁으로 다가갔다. 주위에 있던 술 취한 아저씨가 그걸 보고 격분을 해서 그 아빠와 싸움이 붙었다. 싸우는 걸 본 애 엄마가 전말의 이야기를 듣고는 당신 정말 애를 때렸느냐고 다그쳤다. 그러자 남편은 안 때렸다고 했다. 주변 사람들이 때렸기 때문에 싸움이 붙은 거라고 하자 애 엄마가 정말 아이의 가슴을 때렸느냐고 물으니 어깨를 때렸다고 거짓말을 했다. 내가 끼어들었다. "아저씨, 맞은 애가 옆에 서 있어요. 아저씨가 가슴 때리셨잖아요. 제가 봤잖아요." 그 이야기를 들은 아이 엄마가 막 소리를 지르면서 화를 냈다. 돌아서서 집으로 오는데 딸아이가 흥분하기 시작했다. "그 아저씨는 왜 남의 자녀교육에 끼어드느냐고 했지만 그것은 자녀교육이 아니라 아동학대였어!" 아이를 데리고 여기저기 다닌 것이 결국 헛수고는 아니었구나 하는 생각이 들었다.

중3때부터 딸아이가 휴대폰을 사달라고 졸랐다. 만 2년을 버티다 이 정도면 가치관 교육이 되었겠다 싶어 고등학교 졸업하면 사주겠다는 원칙을 접고 작년에 휴대폰을 사주었는데 잘한 것인지 모르겠다.

그것은 좀 다른 문제다. 아이들에게도 휴대폰이 있으면 참 필요할 텐데 할 때가 있다. 나의 경우는 핸드폰은 사주고 요금은 네 용돈에서 내라고 한다. 중요한 것은 아이에게 예산과 결산을 집행하는 능력을 키워주는 것이다. 나는 아이들에게 합리적인 용돈을 주고는 한 달 살림을 꾸려보라고 한다. 사실 여자들이 그런 능력 없이 남편에게 의존적으로 살았기 때문에 자기 혼자 사는 데 돈이 얼마나 필요하고, 어떻게 하면 그 돈을 어떻게 벌 수 있는지 생각할 엄두를 못 낸다. 그래서 가정 폭력을 당하고도 나가면 모든 걸 잃고 굶어죽을까 불안에 떨면서 집안에 있는 것이다. 한번도 자기 혼자의 삶을 한 달 지탱하려면 얼마가 드는 지 꾸려본 적이 없으니까 예산을 못 잡는 것이다. 때문에 아이들 용돈은 예결능력을 신장시키는 방안으로 주어야 한다. 어른들도 큰 차 안 타고 싶나? 타고 싶다. 그런데 사기 전에 무슨 생각을 하나. 세금, 기름값 이것을 내가 감당할 수 있을까를 따져보고 욕망을 조절한다. 너무 사고 싶으면 우리는 다른 모든 걸 희생하고 그걸 사든가, 아니면 그것을 사기 위해 몇 배의 일을 해서 그것을 성취한다. 어차피 내가 내야 하니까. 바로 그런 능력을 키워주어야 한다.

샛별중학교에서는 학생들이 머리 염색을 할 것인가 말 것인가를 결정하고, 운동회나 축제의 기획, 진행 일체를 주관한다고 들었다. 현재의 교육관료와 교육행정 속에서는 그런 실험이 일반학교에서 불가능한가.

현 체제 하에서도 원칙적으로는 가능하다. 그러나 수도권이나 강남 8학군의 열풍을 보라. "교육개혁, 좋다! 하지만 우리 아이 졸업한 다음에 하라"고 한다. 그런 부모들이 교장과 교직원, 그리고 교육정책을 압도하고 있고 엄청난 교육자본 시장이 있다. 학습지 시장은 또 얼마나 큰가. 거창의 시골학교 정도나 되니까 그런 거 해 볼 수 있는 것이다. 그리고 "어차피 주류가 될 수 없는 사람들인데 뭘들 못해 보겠어? 참신하긴 하구만……." 하는 게 대다수 부모들의 생각일 것이다. 그게 대단하다고 생각했다면 거창 땅값이 가만있었겠는가. 자율과 자치가 이처럼 단기적인 경제 효율성 앞에 다 무너졌다. 그래서 우리가 문화부재의 사회이고, 문화를 외치는 사람들이 영원한 소수자와 비주류로 남는 것이다. 나는 앞으로 우리나라에서 엘리트들의 자살률이 상당히 높을 것이라고 예측한다. 그런 때가 되면 비로소 문화적으로 소수자이고 비주류였던 사람들의 이야기에 귀를 기울이게 될 것이다.

학부모의 역할

학부모가 교육개혁의 가장 큰 걸림돌이지 싶다.

전적으로 동감한다. EBS의 〈사제부일체〉 프로그램을 하기 전에는 나도 학부모로서 막연한 피해의식을 가지고 있었다. 〈사제부일체〉를 하면서 이런 생각이 많이 바뀌게 되었다. 그래서 방송 클로징 멘트를 할 때 이 시대의 학부모로서 고해성사적인 반성을 많이 했던 것이다. 학부모들이 바뀌어야 한다. 지금 큰아이 희록이가 고등학교 진학을 앞두고 있는데 자발적으로 1년 휴학을 권하고 있다. 자기 시간 한번 가져보라고. 아이는 굉장히 두려워하고 있다. 왜냐하면 다른 대안적 삶을 생각해 본 적이 없고 그 길을 가는 다른 친구가 없으니까 우주 미아가 될 것 같은가 보다. 그래서, "엄마는 네가 학생으로 철 드는 것보다는 사람으로서 철이 들기를 바란다. 학생으로서 철이 너무 빡 들어버리면 사람으로서 철이 드는 데 굉장한 장벽이 된다. 학생으로 철들기 전에 사람으로서 철이 들기를 바라기 때문에 여기서 한 템포 쉬었으면 좋겠다……"는 이야기를 하고 있다. 아직 완전한 타협은 못했다. 친구들은 왜 그렇게 하려고 하느냐, 애가 얼마나 불안하겠느냐, 현실을 무시한 바보 같은 생각이다, 라고 하면서 반대를 하고 있다. 그러나 금년 말까지 꾸준히 설득을 해서 안 되면 내년엔 강요하려고 한다. 고등학교 1학년 때 자퇴를 하고 집에서 6개월을 놀아 본 적이 있는데 그 경험이 굉장히 좋았다. 철학적으로 말하면 불안의 시기에 영적으로 많은 진화가 있었다고나 할까. 내 딸에게도 이 선물을 강요하려고 한다.

1년 동안 어떻게 지내기를 희망하나.

'국산사자음미체'를 다 짜 놓았다. 그 동안 아침에 애 하고 15-20분씩 집 근처 성당 농구장에 가서 농구를 했다. 그런데 시험이라고, 밤늦게까지 컴퓨터 했기 때문에 못 가겠다는 식이었다. 항상 학교공부가 짜놓은 스케줄에 변동을 가지고 왔다. 지덕체가 중요하다. 휴학을 하면 일단 발레를 시켜 주겠다고 꼬시고 있다. 덕을 키우는 데 있어서 최고로 좋은 게 가사노동이다. 가사노동 시간을 반드시 넣고, 나무에 물주기부터 개 산책, 개똥 치우기까지 가르칠 것이다. 지적인 발달을 위해서는 전시회나 공연을 많이 다니게 할 것이다. 친한 친구가 이탈리아에 나가 있는데 비행기 표만 끊어 보내서 몇 달을 살게 할 계획이다. 아이가 영어와 일어를 잘 하고 싶어 하는데, 미술 쪽으로 재능이 있어서 중국어까지 시키려고 한다. 〈사제부일체〉 프로그램을 맡게 되면서 교육문제에 대한 구체적인 정보를 얻게 되었다. 그러자 아이에게 자기 시간을 주자는 내 생각에 좀 더 확신이 섰다. 내게는 반드시 아이를 대학에 보내야 되겠다는 생각이 없다. 고졸로 끝날 수 있다고 생각한다. 고졸로 끝나도 아이의 삶을 얼마든지 가이드 할 수 있다고 믿기 때문이다. 친정엄마 덕분에 생물학적 육아의 부담은 없었다. 15살이 되면 누구도 대신할 수 없는 문화적인 부모의 역할은 분명히 해야 하겠다고 다짐을 했었다. 아이의 삶에 전면적으로 개입하리라고 마음먹었다. 때문에 내 인생을 걸고 1년 휴학을 강권하려고 한다.

정서적 장애를 가진 둘째 딸 희령이는 요즘 어떤가.

더 어려워진 측면도 있고 쉬워진 측면도 있다. 장애아동이 생활연령이 많아지면 눈치껏 상황판단을 잘 한다. 그러나 사춘기가 되니까 그렇지 않아도 감정통제가 안 되는 아이가 예민해져서 밤에 잠을 안 자고 계속 운다. 나는 강의를 가야하니까 밤에 잠을 충분히 자야한다. 사람들은 나를 보고 상당히 과로한다고 한다. 그렇게 노동강도가 셈에도 불구하고 버틸 수 있는 것은, 일단 사람 만나는 일이 즐겁고, 하루 7시간 정도만 숙면을 취하면 피로가 회복되기 때문이다. 희령이가 초등학교 6학년인데 내년부터는 아이 교육에 개입하려고 한다. 문화적 육아의 단계에 들어가야 하고, 그러기 위해서는 내가 많은 시간과 에너지를 아이들에게 내야 한다. 내년부터는 대외활동을 줄이고 전업작가로 3년을 보내려고 한다. 이렇게 구조조정하는 데 한 5년 걸린 것 같다.

수다와 글쓰기

말과 글에 대한 생각이 궁금하다.

어려서 웅변대회나 글짓기 대회에 뽑혀 나가서 상을 타곤 했지만 글을 쓰게 되리라고는 생각하지 못했다. 일상성이 상품이 되는 시대가 되다보니 나 같은 사람도 작가란 이름을 달고 살게 되었다. 말과 글은 내게 둘 다 좋고 즐거운 일이다. 말하기가 가족 같다면 글쓰기는 애인 같다. 말하기가 일상적이고 쉽다면 글쓰기는 긴장되고 특별하다. 글쓰기를 통해서는 깊어지고 말하기를 통해서는 넓어지는 것 같다. 할수록 느는 게 말이지만 글은 쓰면 쓸수록 어렵다. 그 대신, 과정의 즐거움은 글쓰기에 있다. 글쓰기가 예술행위라면 말하기는 가사노동 같다.

선생의 언어가 아름다운 것은 말과 글의 지행합일 때문이라 여겨진다.

나도 이렇게 많은 책을 낼 줄은 몰랐다. 『그래, 수다로 풀자』를 친구들의 권유로 내고 다음 책을 논의하자고 할 때 그랬다. "무슨 더 쓸 게 있어, 난 이야기 다 했어. 없어." 나의 말과 글이 지행합일처럼 보인다면 타자의 시선이 아니라 나의 시선으로 나를 보고 있었기 때문에 가능했을 것이다. "어떻게 이 사람을 이렇게 잘 알았을까?"라는 이야기를 들을 수 있었던 것 역시 그 사람에게 나를 투사했기 때문이다. 내가 만약 지행합일을 했다면 그 비결은 내가 평범한 여자들이 겪는 그런 여건 속에 있다는 것, 내가 겪은 경험을 쉽게 그리고 재미있게 표현할 수 있는 능력이 있다는 것, 그리고 나 자신 또한 즐겁기 위해 글쓰기나 강의를 했기 때문일 것이다. 만약 나의 글쓰기나 강연이 고통스럽거나 힘들거나 누구를 위해 하는 것이었다면 이렇게 오랫동안 못했을 것이다. 다음으로 중요한 것은 내가 민초의 딸이란 사실이다. 나는 이 출신성분이 굉장히 중요할 뿐 아니라 소중하다고 생각한다. 친구들 중에는 부자가 굉장히 많았지만 부럽다는 생각을 거의 하지 않았다. 그럴 수 있었던 이유는 그 친구들이 느끼거나 보지 못하는, 그러나 내 눈에는 분명히 보이거나 느껴지는 것이 많았기 때문이다. 만나서 친하게 지내는 사람들 중 유명한 사람들도 있는데 우리는 서로를 '소녀가장'이라고 부른다. 우리는 어려서부터 다 소녀가장으로 생계를 위해 애썼다. 우리의 공통점은 음식점이든 노래방이든 지하를 싫어한다는 것이다. 왜 그럴 것 같은가?

지하실 셋방살이가 지긋지긋했기 때문 아닌가?

그게 아니다. 뉴스의 사건사고 보도를 보면 지하에서 사람이 많이 죽는다. 우리들은 모두 소녀가장이기 때문에 저런데 들어갔다 죽으면 식구들 생계는 어떻게 하나를 우선 걱정하게 된다. 무의식 속에 '지하실은 위험하다'라는 생각이 자리 잡고 있다 보니까 지하실을 싫어하는 것이다. 그걸 확인하고 "어머 우리는 어떻게 그게 똑같을까?" 하고 분석해 들어가니 소녀가장 콤플렉스와 지하실 기피증이 맞닿아 있더라!

홈페이지의 공지된 일정표를 보니 많은 강연을 다니던데.

강의를 나가면 평균 2시간쯤 한다. 2시간쯤 하다보면 힘들다. 만약 강의만으로 2시간을 진행한다면 더 힘들었을 것이다. 나는 두 시간 동안을 아줌마놀이방이라고 생각하고 즐겁게 놀아준다. 내가 놀아보았던 방법으로, 놀아서 재미있던 방식으로! 이 놀이방법을 개발한 것은 주변의 여자들이 무엇 때문에 즐겁지 않은지를 알았기 때문이다. 나는 이를 자기찾기놀이라고 명명한다. 여성학을 했지만 나도 여자이기 때문에 자꾸 거기에 빠지게 된다. 거기서 벗어나기 위해 찾아낸 방법이 이 놀이고, 이 게임을 하면 사람들이 좋아한다. 사람들 만나면서 강의하고 글을 쓰는 게 점점 더 재미있다. 지금 45살인데, 55살까지는 사람들에게 해주고 싶은 말, 전해주고 싶은 이야기들을 의욕적으로 전해주려고 한다. 내가 즐겁기 위해서는 내가 모르는 것을 하면 안 된다. 모르는 이야기를 사람들에게 하려면 굉장히 힘들다. 잘 모르는 내용을 글로 쓰려면 그 또한 어렵다. 그래서 지금까지 내가 쓴 책이나 강연의 내용은 일종의 보고서 같은 것이다. 나는 내 책이나 글쓰기의 작업이 모두 내가 나에게 하는, 또는 내가 나의 동료, 이 시대의 동시대 여성들에게 하는 내 삶의 보고서라고 생각한다. 누구나 갖고 있는 인생이라는 시험지에 나름대로 쓴 답안지다. 인생 앞에 던져진 장애의 문제, 이혼의 문제, 돈벌이의 문제 등에 대해 나는 이런 답을 썼다고 보여주는 것이다. 그래서 나는 모르는 것은 정직하게 모른다고 한다. 이것 역시 타인의 시선을 의식하지 않고 주체적으로 살았기 때문에 가능한 것이다. 그것은 나한테 별로 어려운 일이 아니었다.

여성학을 하신 선생이 속담을 적절하게 구사하는 게 무척 재미있다. 속담에 부정적인 영향들이 있는데 그것들을 긍정적으로 만들려고 노력하였다. '암탉이 울면 알을 낳는다', '여자 셋이 모이면 잔치를 치른다.' '여성의 적은 여성이다' 라는 속담에는 누가 여성을 여성의 적이 되게 만들었나를 되물음으로써 가부장제라는 배후세력이 드러나게 한다. '누울 자리보고 발 뻗으라' 고 하지만 '야금야금 뻗다보면 자리가 넓어진다' 이렇게 속담을 비틀면 사람들이 웃는다. 내가 인생의 좌우명처럼 삼는 속담은 '하늘이 무너져도 솟아날 구멍이 있다' 는 것이다. 인생의 문제는 항상 어렵고, 교과서도 없고, 예상문제도 없다. 많은 경우, 이 문제를 풀 수 없을 것이란 좌절감 때문에 답을 첫 줄조차 써보지 못하고 포기한다. 그러나 일단 첫 줄을 쓰면 다음 줄이 생각나고, 두 줄을 쓰고 나면 셋째 줄을 쓰게 되어 있다. 때문에 '하늘이 무너져도 솟아날 구멍이 있다' 는 속담은 어려운 문제가 생길 때마다 내가 생각하는 속담이다. 인생이라는 실전고사의 답은 사람한테서 온다. 그래서 어떤 문제가 생기면 나는 반드시 수다로 푼다. 사람들에게 물어보고, 여러 사람에게 이야기를 한다. 얘기하는 과정에서 나름대로 문제의 출제의도라든지, 문제해결의 실마리를 받게 되기도 하고, 전혀 생각지 않게 사람들이 툭툭 내뱉는 말들 속에서 대어를 낚기도 한다.

작년엔가 여자 후배를 통해 수다의 경건성을 경험했다. 단순사실만을 나열하는 초등학교 아이들의 '~을 했다' 형 일기가 달리 보였다. 선생도 수다를 통한, 그리고 자신에게 향하는 글쓰기를 통한 치유를 말해왔는데.

중요한 포인트라고 생각한다. 일상적인 얘기가 사실은 기도라는 거! 애들 일기도 그렇고. 수다를 사회학적으로 관찰해보니까 사람이 억눌려 있을 때 병들게 되는데, 말하는 것으로 치료가 되더라는 것이다. 내 경우도 마찬가지였다. 그래서 지금 준비하고 있는, 수다로 풀자는 책의 2탄에서는 좀 더 확신에 차서 물증을 들이대며 수다의 치유력을 간증하려고 한다. 10년 상담을 하는 동안 많은 사람들은 금기시되어 있었던 시어머니에 대한 욕, 남편에 대한 욕, 그것을 품고 사는 자신에 대한 혐오를 꺼내 놓았다. 그 말들을 쏟아놓으며 저들은 스스로 해방되었다. 그 모습을 본다면 누구도 수다가 쓸 데 없다고 말할 수 없을 것이다. 수다로 풀자는 이야기를 책으로 써내기 전까지는 수다에 대한 신앙이 그렇게 깊지 않았다. 그러나 이제는 수다에 대한 신앙이 깊어져서 '인생의 해법은 수다'라고 간증하기에 이르렀다. 언니의 암투병기라든지, 내 앞에서 아픈 이야기를 했던 여자들이나 남자들의 모습을 보여주면서 사람들에게 수다를 권하려고 한다. 그렇게 우리 사회가 좀 더 수다스러워지기를 희망할 것이다. 수다는 절대 공격적이지 않다. 수다는 흉보기 수준이다. 기껏해야 어떤 사람의 취향에 대한 공격일 뿐이다. 그래서 수다에는 사회적 힘이 없다. 사람들도 그것을 안다. "제가 이 자리에서 그 사람을 폄하할 의도는 없고 그분과 개인적으로 사감도 없습니다만 그런 것은 사회적으로 부정적 영향을 끼친다고 봅니다." 따위의 말은 수다가 아니라 토론이다. 말의 내용 속에서 자기는 슬쩍 빠지는 형식의 공격이다. 엄청난 사회적 흠집내기다. 수다는 평화롭지만 실제 변화의 효과를 가져올 수 있다. 더군다나 수다에 대해서는 아무도 책임지라고 안 한다. 때문에 수다는 상당히 진솔하다. 핵심도 쉽게 노출된다. 그래서 사회적으로 수다가 필요한 것이다. 대통령이 토론공화국을 만들겠다고 했지만 수다공화국을 만들어야 한다. 수다대통령이 나와야 한다.

선생의 여성학의 근거를 형성하는 게 무엇인가.

내게 있어서 여성학은 철학 정도가 아니라 종교다. 신앙이다. 내 여성학의 화두는 한마디로 여성의 자기 해방과 연대다. 물론 여성 안에서만의 연대가 아니라 세상과의 연대다. 왜 인간해방이라고 하지 않고 여성의 자기해방이라 하고, 왜 굳이 인간학이라고 이야기하지 않고 여성학이라고 이야기했는가. 이는 비주류로서의 내 당파성을 내세우기 위함이다. 비주류로서의 당파성이 나의 주체성이다. 여성은 자기 해방에 어려운 중층구조를 하나 더 가지고 있기 때문에 일단 더 소외되어 있는 여성의 자기해방을 위해 노력하려고 한다. 남자의 해방도 필요하지만 보다 더 시급한 영역은 여성의 자기해방과 연대다. 개인적으로 미운 여자도 있고 싸가지 없다고 생각하는 여자도 있다. 저런 여자 때문에 여자들이 욕먹는다고 생각되는 여자도 있다. 그럼에도 불구하고 그 여자들을 기꺼이 수용하고 연대하려고 한다. 바로 그 지점에서 나의 여성학은 신앙이 된다. 여성운동에 와서 단물 빨아먹고 좀 나아지면 남자 쪽에 붙어 배반하는 여자들이 있다. 그렇지만 어떻게 하겠는가. 아직 자기해방이 안 되어서 그런 것을.

수다는........
자기 간증인 동시에 사회적 흠집내기다.

소통과 연대를 위하여

방송인으로 방송 속에서 무엇을 꿈꾸나.

나의 삶을 지배하는 근간은 두 단어다. 소통과 연대. 이게 끊임없는 나의 작업이 될 것이다. 과거에는 소통에 굉장한 관심을 가지고 있었다. 소통이 왜 그렇게 나에게 절실하고 중요했던가? 연대 때문이었다는 것을 뒤늦게 알게 되었다. 내가 방송인이 된 것은 결코 우연이 아니었다. 개인적이라기보다는 내 역할이었던 것 같다. 내가 생각하는 방송은 소외되어 있고 흩어져 있는 사람을 묶어주는 일, 그리고 격리되어 있는 사람을 주류세계에 연결시켜주는 일이다. 이렇게 되려면 결국 소통이 전제되어야 한다. 지금 KTF 스팸메일 홍보대사와 장애인 직장동료갖기 운동본부를 하고 있다. 큰조카가 지체장애인이다. 그 녀석의 삶의 궤적을 보면서 알려야 한다는 걸 절감한다. 내 딸은 정서지체다. 나는 이 아이의 장애 사실을 사람들에게 알렸다. 이 아이는 이러한 특성과 개성을 가진 아이라고. 때문에 나는 장애도 개성이라고 주장한다. 결국 방송을 한다는 것은 이쪽과 저쪽을 소통시켜 연대하게 만드는 것이다. 그 역할을 잘 하기 위해서 나는 부단히 스스로를 주류가 아닌 비주류로 자리매김한다. 나는 선천적 장애인인 여자로 태어났으며, 사회적인 장애인인 여성이고, 장애인 조카를 키우고 있고, 정신지체 딸이 있으며, 그리고 노인인 어머니가 계신다. 내 삶의 조건은 끊임없이 나를 비주류로 몰아가고 있다. 나만 따로 놓고 보면 사회적으로 주류일 수 있다. 이혼이란 개인적인 핸디캡이 있지만 이혼이 수적으로 늘어나면서 그것도 점점 문제가 되지 않는다. 그러나 자식은 내 인생의 끊임없는 문제다. 나는 메커니즘이나 이론을 버리고 앞의 카메라를 넘어서 바로 시청자 대중을 의식한다. TV 매체에서 가장 중요한 것은 시청자이며 나는 그들만을 의식한다. 다행히 나는 시청자를 의식하는 것에는 발달되어 있고 메커니즘에는 무식하다. 그래서 방송을 부담 없고 편하게 하니까 보는 사람도 편한 것이다.

방송에 출연하여 평상복을 입고 메이크업을 거부한 일로 유명한데.

방송의 진행자라면 당연히 방송국의 요구조건에 따라야 한다. 사람들의 시선을 장악하고 사람들의 시선을 끌려면 평범해서는 안 된다. 그러나 그때 나는 수많은 토론자 중 하나였다. 내 개성이 강조되어야 하는 자리였다. 등산을 갔다 오는데 길이 너무 막혀서 집에 가서 옷을 챙겨 입고 나올 시간은 안 되었다. 평상복이지만 화면엔 상체만 나오는 것이니까 이 정도면 무난하다고 생각했다. 이미 방청객과 출연자는 모두 자기 자리에 앉은 상황이었다. 슈팅 들어가기 10분 전! 방송사가 메이크업 자체를 요구하는 걸 잘못이라고 볼 수는 없다. 그렇지만 그 상황에서는 내용을 위해 비본질적인 요소인 메이크업은 유보되어야 한다고 생각했다. 만약 그때 내가 분장을 하겠다고 하면 방청석의 60명과 출연자 10여 명, 그리고 스탭까지 근 100명을 붙잡아 놓아야 한다. 나는 분장이 그만큼 중요하지 않다고 판단했다. 만약 화장을 하고 들어오면 내가 얼마나 민망하겠는가. 그 민망함을 가지고 토론이 제대로 되겠나? 못하겠다고 했다. 소위 여성적 덕목이 플러스알파면 되는 거지, 중심이 될 수는 없다고 저항한 것이다. "분장 안 하고 방송할 권리가 내게 있기 때문에 나에게 분장을 계속 강요하면 나는 퇴장하겠다"고 했다. 그랬더니 AD가 너무 놀라더라. 여자라면 빌어서라도 분장을 하고 나오려고 해야 맞는데 분장 안 할 권리라니! 그 말도 생소하거니와 협박꺼정!⋯⋯아마도 "아으 여성운동가들 지겨워"라고 말했을지 모르겠다. 나도 한 5분에 걸쳐 간단하게나마 화장을 한다. 머리도 후배의 미용실에 가서 손질을 한다.

여성 몸의 상품화를 질타하는 진보적인 여성이 바로 그 아름다움에 호소할 때 당혹스럽다.

나도 그런 걸 본다. 그럴 때 나는 "그 사람의 개성이구나" 하고 넘겨 버린다. 여성운동하는 선배들 중에 옷 아무렇게나 입고 다닌다고 마음의 상처를 입을 만큼 면박을 준 사람이 있었다. 그분은 운동하는 여자들의 반문화적인 양태들에 분노했다. 미스코리아대회 반대에 나 같은 사람이 나가서 이야기를 하면 사람들이 충격을 별로 받지 않는다. "당연히 저 여자는 반대하지"라고 말한다. 일반 대중은 그렇게 생각한다. 그런데 미스코리아대회에 나가도 손색이 없을 정도의 여자가 미스코리아 대회의 문제성에 대해 이야기를 하면 모두 솔깃한다. 운동하는 여자들 하면 성적으로 매력 없고, 운동화 쪼가리나 점퍼 따위를 입고 다닌다는 비난도 아직 유효하다. 전술전략적인 측면에서 여성운동가들이 여자로 결격 사유가 있어서 그런 운동을 하는 게 아니라는 점을 설득할 필요는 있을 것이다. 사실 이런 이야기도 2000년대니까 가능한 이야기다. 70-80년대에 여성운동 하겠다는 사람이 미팅이나 화장에 대해서 신경을 쓰면 완전히 매도당했다. 그 만큼 여성운동가들의 모습이 다양해진 것이다. 때문에 앞의 경우를 다양화의 측면으로 이해를 했으면 좋겠다.

이혼에 대하여

이혼문제가 삶의 문제로 개입을 했다. 가까운 제자와 후배가 이혼문제로 고통스러워하고 있는데 안타깝게도 "사회적 희생자인 이혼여성을 종교적으로 다시 희생자로 만드는 일"이 한국교회 내에는 만연되어 있다.

예수님은 현실적으로 미혼모의 아들이었다! 가정을 잘 유지하면서 살아주었으면 하는 희망은 누구에게나 있다. 나도 상담을 하면 웬만하면 살라고 한다. 가정이 가지고 있는 장점이 많으니까. 그렇게 권하지만 제도가 인간을 희생시킬 때 나는 신학이 아니라 신앙으로써 이혼을 권한다. 신앙의 핵심은 해방이고, 이 해방이란 끊임없이 제도로부터 인간의 억압을 구제해내는 것이다. 제일 좋아하는 찬송가 구절이 "뜻 없이 무릎 꿇는 그 복종 아니요"이다. 복종은 좋지만 굴종과는 다르다. 이혼하지 않고 억지로 살면서 결혼을 혐오한다면 이혼을 안 했기 때문에 결혼을 혐오하는 것이다. 이혼했기 때문에 보다 아름다운 결혼을 꿈꿀 수 있다. 아름다운 재혼을 꿈꾸지만 제도를 배반한 사람이 되고, 형식적으로만 살면서 결혼제도를 유지한다는 게 말이 되나. 그렇다면 진정한 결혼제도의 수호자와 옹호자는 누구인가? 신앙인이라면 제도와 인간의 대립에서 우리는 끊임없이 인간의 해방을 도와야 한다. 때문에 나는 마땅히 해야 할 이혼은 권하고 말려야 할 이혼은 말린다. 그 기준은 내가 아니라 그 문제의 당사자다. 이혼은 악이고 유지는 선이라는 흑백논리는 곤란하다. 이혼을 하고 CF 모델 제의가 두 군데서 들어왔었다. 담당자는 내가 이혼했다는 사실을 알고도 섭외를 했고, 워낙 그쪽에서 졸라서 생각해보겠다는 단계까지 갔었다. 그런데 갑자기 연락이 오질 않았다. 나중에 보니 회장이 이혼했다고 거부한 것이었다. "나도 그런 곳에서는 일 안 한다"고 했다. 사람들이 "네가 이혼했기 때문에 네 딸의 결혼에 걸림돌이 되지 않을까?"라고 말한다. 이혼이 연좌제냐! 엄마가 이혼을 했기 때문에 그 집 딸을 받아들일 수 없는 집이라면 안 가는 게 낫다.

가부장적인 교회 속에서 이혼문제로 시달리는 사람들에게 어떤 지침을 주는가.

일단 자기감정에 솔직해야 하고 인정해야 한다. 남들은 이 남자/여자가 너무 좋은 사람이라고 하는데 나는 이 사람과는 정말 못 살겠다고 생각된다면, 또는 폭력이나 가정에 대한 직무유기 때문에 못 살겠다고 한다면 우선 그 감정을 인정해야 한다. 그 다음에 자기 현실을 계산해봐야 한다. 여자들이 제일 어렵게 생각하는 것이 경제적

변수다. 그러나 사실 제일 쉬울 수 있는 게 경제적 변수다. 제일 어려운 것은 마음의 상처다. 이혼한 것에 대한 자기혐오다. 여자들은 우리 사회에서 뭘 해도 먹고 살 수 있다. 가사노동이라고 하는 기본노동력이 있기 때문이다. 사회 기초노동력이 있기 때문에 여자들은 최소한 밥벌이는 할 수 있다. 지금 일할 사람 못 구해서 연변 아줌마들 쓰고 있지 않나. 그러나 그 사람한테 미련이 있거나, 이혼에 대한 공포심이 있거나, 이혼에 대한 자기혐오가 너무 심할 것 같다면, 재고해야 한다. 그러나 살려고 한 결혼인데 결혼 때문에 자기가 죽어가고 있다면 당연히 이혼해야 한다. 결혼도 병도 다 사후관리가 중요하다. 다이어트하고 똑 같다. 여기에는 반드시 견인차가 있다. 이혼이라는 게 자기 자신을 굉장히 다운시킨다. 에너지를 끌어내린다. 이미 이혼하는 과정을 통해 지치는 것이다. 자신감도 부족하고 무엇보다 두렵다. 그럴 때 견인차가 있어야 하는데, 이게 친구이고 조직이다.

해심터를 운영하고 계신데……

언니가 대표로 있는 힐링센터(healing center)다. 여기엔 이혼한 사람과 하지 않은 사람이 섞여 있다. 나는 무엇이든지 통합이 중요하다고 본다. 그렇게 어울릴 때 더 좋은 게 나온다. 두 가지 색 이상을 섞어야 화장이 예쁘지 않던가. 누군가가 지구가 아름다운 이유는 다양성 때문이라고 했다. 이렇게 생각하면 이혼도 개성이 된다. 개성이기 때문에 이혼에 순응하고 상처받지 않는 것이다. 그게 우리 힐링센터의 목적이다. 우리 해심터나 홈페이지에 자주 오는 사람들의 별명이 '신비당'이다. 어떻게 이 모임에만 오면 남녀노소가 다 좋아하는지, 사람들은 그걸 신기해한다. 나는 이럴 때 합력하여 선을 이룬다는 성경구절을 떠올린다. 결국 하나님이 제일 좋아하는 복음은 사람 속에 있는 것 같다. 나는 이혼에 대한 해법도 역시 수다라고 이야기한다. 그래서 모든 문제를 수다공식에 대입한다. 일단 한 사람이 자기 이야기를 꺼내기 시작하면 자기와 소통이 되고, 남에게 이야기할 수 있게 되면 남과 소통이 된다. 남과 소통을 하게 되면 남의 지지와 후원을 입게 되어서 연대하게 된다. 그 과정에서 견인차도 만나고 자기회복도 된다. 치유가 되면서 동시에 사후관리까지 되는 시스템으로 가게 되는 것이다. 너무 완벽하지 않나!

교회여성들의 경우는 이혼에 있어서 교회의 시선이 가장 힘겨워 보인다.

교회 말고도 세상은 넓다는 것을 알아야 한다. 그 넓은 세상에 다른 교회도 포함된다. 공간 확대가 되어야 한다. 여자들이 교회를 벗어나서 세상을 보아야 하고 세상 속에서 다른 교회를 찾아야 한다. 분명 다른 교회가 있다. 어디든 보수와 진보의 스펙트럼이 있다. 그런데 우리나라만 그 스펙트럼의 상당부분을 보수가 차지하고 있는 것이다. 이게 다라고 생각하면 안 된다. 교회를 다닌다고 하는 것은 제도다. 우리의 신앙은 제도에 있는 게 아니라 하나님과의 직거래에 있다. 그 직거래가 나는 수다적 기도라고 생각한다. 스필버그 감독이 영화화한 〈컬러 퍼플〉의 내용이 그것 아닌가. 교회여성들한테 남성적, 가부장적 교회에서 벗어나서 하나님에게로 향하라고 말해주고 싶다. 신앙을 향해 간다고 하면서 가부장적인 교회를 보고 있으면 곤란하다. 그런 교회를 박차고 나오는 것은 배교가 아니다. 그런 소신이 있어야 한다. 이미 여성교회가 있다. 교회를 옮기면 된다.

폭력과 밥상

제일 못 견디는 게 있다면?

폭력이다. 폭력을 견딜 수 없다. 나는 폭력과 그 폭력이 일상화되는 상황을 못 견디겠다. 그날도 아빠가 아이를 때리는 것을 보고 견딜 수가 없어서 옮겨가지를 못한 것이다. "어머, 아빠가 아이를 어쩜 저렇게 때리나…" 하면서 지나칠 수가 없었다. 왜냐하면 그것은 내 문제이기 때문이다. 우리 애도 그냥 가자고 하더라. 자기는 말릴 능력이 없는데 엄마가 혹시 이 사람들한테 봉변을 당하지 않을까 염려가 되었던 모양이다. 나중에 말해 주었다. "엄마는 폭력전문가고, 이 분야에서 상담전문가다. 능력을 인정받고 있고 알려진 사람이다. 알려졌기 때문에 많은 사람들의 지지를 받을 수 있다. 그게 결국 사회적 힘이다. 엄마가 사회적 힘을 가지고 있고 이 분야에서 전문성을 인정받고 있다면 당연히 도와야 한단다." 나는 내게 주어진 사회적인 힘과 능력이 내 것이 아님을 안다. 교회는 잘 못나가고, 말로는 '기천불(基天佛)' 종합신자라고 하지만, 감히 나를 신앙적 존재라고 생각하는 근거는 내게 주어진 그 어떤 것도 내 개인의 것이라거나 내 노력의 결과라 생각하지 않기 때문이다. 그것은 나에게 부여된 것이고, 나는 그것을 수행해야 하는 도구임을 믿는다. 내가 내 아이의 장애에 대해 불행으로 받아들이지 않는 것은 장애를 가진 아이를 만난 것 또한 도구로서의 기능이 있다고 생각하기 때문이다. 바로 이런 이유 때문에 지나가다가 남자들이 여자들에게 소리를 지르면 나는 그 자리에 선다. 그리고 그걸 본다. 보면 사람들이 모이기 시작한다. 그러면 그 사람이 일단 사회적인 압력을 느끼기 시작한다. "당신들 뭐야, 왜 여기 서 있어!" 그렇게 말해도 나는 아무 말도 안 하고 거기 서 있는다. 그렇게 시위를 하는 것이다. 그런 상황을 외면하면 내가 못 견딘다. "여성운동가로 내가 이럴 수 있어?"라고 생각해서가 아니라 그냥 괴롭다. 그 여자를 외면한 것이 결국 나를 외면한 것 같고, 그렇게 했기 때문에 언젠가 그 폭력의 바이러스가 세상을 떠돌다가 나나 내 친구나 내 아이들을 괴롭힐 것 같다. 이게 점점 더 예민해지니까 이제는 "내가 끼어들어, 말어?" 하는 계산도 안 된다. 이번의 상황을 겪으면서 "내가 이렇게까지 달라졌구나" 했다. 이웃에 불리한 증언을 하지 말라고 했지만 그 순간 내 이웃은 그 아이였다.

선생은 요리와 밥상에서 새 세상을 본 것 같다.

나는 요리가 굉장히 중요한 소통의 도구라고 생각한다. 밥상이 상당히 중요한 연대를 일구어낸다고 본다. 그렇기 때문에 밥상과 요리를 중요하게 여긴다. 그래서 『부부? 살어? 말어?』에서 아버지들에게 가족과 소통하려면 요리를 배우라고 말한 것이다. 여자들이 자기가 만든 음식을 나눠먹자고 할 때, 그것은 소통의 욕구를 표현하는 것이다. 말이 아닌 음식으로 소통을 실천하는 것이다. 여자들의 밥상은 그 자체가 연대 퍼포먼스다. 숟가락을 놓고, 나르고, 차리고, 사람 숫자를 헤아리고, 누구는 밥을 푸고, 누구는 국을 떠 준다. 여자들은 절대로 누구를 소외시켜 놓고는 안 먹는다. 거의 만장일치로 먹는 것이다. 남자들은 여자들이 차리고 있어도 "먹자!" 그러고 먹는다. 여자들은 "너 와야지 먹지" 하면서 다 불러 앉히고 "애 너무 진수성찬이다, 이제 우리 먹자" 그러고 함께 먹는다. 나는 예수님이 생각하신 만찬이 그랬을 것이라 믿는다.

지행합일의 아웃사이더

"남자가 중심인 사회에서 여자라는 것, 여전히 아들을 바라는 세상에 딸만 둘 낳은 것, 아직도 사회적으로 편견이 남아있는 이혼녀라는 것이 낙인이 되어 끊임없이 내게 소외감을 강요한다. 그 다음에는 또 어떤 것들이 내 앞에 닥칠까? 그러나 나는 안정된 중심보다 불안정한 주변을 맴돌고자 한다. 거기서 어린 시절 친구를 모을 때처럼 새끼손가락을 높이 쳐들며 외치려한다. 아무 데도 못간 사람 여기 붙어라!"

오한숙희의 『그래, 수다로 풀자』라는 책에 나오는 한 구절이다. 안정된 중심을 거부하는 오한숙희의 의지는 인터뷰 중에서도 분명한 언어로 재차 강조되고 있었다. 자신의 정체성을 민초의 딸에서 찾을 뿐아니라 그 속에서 자신이 해야 할 일과 가야할 길을 전망하고 있음을 확인하던 순간의 감동을 나는 잊을 수 없다. 흥미로웠던 점은 어느 글에서 스스로 밝혔듯 그는 인터뷰 내내 자신의 수첩에 열심히 적었다. 나의 말도 적고 자신이 말하는 내용도 적었다. 인터뷰를 하러 온 것인지 인터뷰를 당하러 온 것인지 헷갈릴 정도였다. 인터뷰 중에 걸려 오는 수많은 전화가 내게는 차라리 고마웠다. 내가 던지는 질문으로는 포착할 수 없는 오한숙희의 아름다운 내면을 볼 수 있었기 때문이다. 그러나 무엇보다 강한 인상을 받은 것은 딸아이에게 죽은 학교 공부가 아니라 살아있는 공부를 시키기 위해 휴학 뿐 아니라 대학까지도 포기시킬 수 있다는 결연한 의지를 보여주던 모습 때문이었다. 내가 오한숙희를 옹호하는 것은 그가 지행합일을 통해 더러워진 우리의 일상을 다시 보게 만들고 그것이 얼마나 소중하고 아름다울 수 있는지를 드러내주기 때문이다. 오한숙희는 어쩜 그렇게 방송의 말과 일상의 말이, 인터뷰의 말과 전화 속의 말이, 글쓰기와 말이 똑같을 수가 있을까. 그러면서도 그 말은 어찌 그리 아름다울 수 있을까.

YU SIMIN

유시민 〉〉〉　　지식소매상을 당당하게 자처하면서 지식인사회의
사농공상 이데올로기에 도전하면서 사는 날까지 스
스로 팔다리 움직여 살다가 남에게 신세지지 않고 아무것도 남기지 않은 채 자취
없이 이 세상에서 사라지는 꿈을 간직한 유시민은 1959년 경북 경주에서 태어나
대구 심인고와 서울대 경제학과를 졸업했다. 독일 요하네스 구텐베르크 대학에서
5년 동안 공부하여 경제학 석사학위를 받았다. 성공회대 겸임교수로 교양경제를
강의했고 MBC 〈100분 토론〉의 진행자로 활약하기도 했다. 2002년에는 〈경향
신문〉, 〈프레시안〉, 〈오마이뉴스〉에 시사평론을 쓰다가 절필을 선언하고 노무현
국민후보 지키기 시민운동을 이끌어 냈다. 개혁국민정당 창당에 깊이 관여하면서
대표를 역임했고 고양시 덕양갑 국회의원 보궐선거에 당선되어 보건복지위원회에
소속되어 의정활동을 펼치고 있다. 올해 창당된 열린우리당에 참여하여 전자정당
위원장을 맡고 있다. 무식해서 용감하게 썼다는 『거꾸로 읽는 세계사』, 사람 냄새
나는 경제학을 찾아 헤매다가 쓰게 된 『부자의 경제학 빈민의 경제학』, 정말로 돈
을 좀 벌어볼까 해서 썼지만 별로 보탬이 된 바 없는 『내 머리로 쓰는 역사이야
기』, 글쓰는 보람을 만끽했지만 남들은 별로 돌아봐주지 않았던 『광주민중항쟁:
다큐멘터리 1980』등의 저서와 『WHY NOT? 불온한 자유주의자 유시민의 세상
읽기』, 『아침으로 가는 길』, 『경제학 카페』, 『노무현은 왜 조선일보와 싸우는가』를
냈다.

불온한 자유주의자의 불량한 정치판 바꾸기

유시민을 떠올리면 제일 먼저 그를 유명하게 만든 '항소이유서'가 생각난다. "모순투성이이기 때문에 더욱 더 내 나라를 사랑하는 본 피고인은, 불의가 횡행하는 시대라면 언제 어디서나 타당한 격언인 네크라소프의 시구로 이 보잘 것 없는 독백을 마치고자 합니다." 나 또한 "슬픔도 노여움도 없이 살아가는 자는 조국을 사랑하고 있지 않다"는 제일 마지막 문장을 얼마나 흥분하여 읽었었던가. 그 문장을 얼마나 오래 가슴에 품고 90년대를 통과했던가. 그에 대한 기억이 희미해질 무렵 유시민은 『거꾸로 읽는 세계사』의 작가로 다시 우리 곁으로 돌아왔다. 유학생활을 하던 그가 다시 한 번 우리의 주목을 받기 시작한 것은 시사평론가로 강준만과 뜨거운 논쟁을 벌였던 97년 대선이었다. 97년 대선 이후 유시민은 MBC 〈100분 토론〉의 진행자로, 또한 주요 일간지의 칼럼니스트로 시사적인 문제의 중심에 서 있었다. 그리고 지금은 열린우리당 국회의원을 지내고 있다. 나는 그를 여의도의 한 빌딩에서 만났다. 02_08_12

저서와 역사의식

분주한 나날 속에서 경제관련 책들을 출간했다. 많이 팔리기는 좀 어려운 분야가 경제학 쪽 책 아닌가.

그럭저럭 팔리고 있다. 누구든 평생을 걸고 하기에는 좀 어려운 분야가 경제학이다. 독일 가서 경제학을 다시 5년 정도 공부했다. 경제전문가라고 말하기에는 지식이 미약하고, 그런 방면에 연구를 하고 있는 것도 아니다. 지식소매상 수준에서 이야기할 수 있는 내용이라고 보면 된다. 나 혼자 알고 있기는 좀 아깝고 널리 나누어 가졌으면 좋겠다는 이야기들만 추려서 써 본 책이다.

우리가 살면서 이렇게 저렇게 부딪히는 중요한 경제적인 쟁점에 대해서 왜 어떤 사람은 A란 입장을 취하는데 다른 사람은 정반대의 B란 입장을 취하는가가 궁금했다. 그것을 추적해 본 책이 『부자의 경제학 빈민의 경제학』이다. 경제이론보다는 사람을 중심으로 쓴 책이라 보면 된다. 『경제학 카페』는 전체적인 경제현상을 바라보는 사고의 틀 내지 접근하는 방식을 중요하게 다룬 책이다.

전공이 경제학인데 『거꾸로 읽은 세계사』로 필명을 얻었다.

원래 내용이 실(實)한 책은 많이 안 팔린다. 나도 그것을 잘 안다. 『거꾸로 읽는 세계사』는 지난 15년간 팔렸고 지금도 좀 팔리고 있다. 한때는 꽤나 많이 팔리기도 했다. 이 책은 역사서라고 보기 어려운 일종의 다이제스트다. 역사를 전공하지 않았으나 매우 바쁘게 살아가는 동시대인들을 위해 꼭 알고 있어야 할 사건을 모아 한 권으로 묶은 것이다. 역사학과는 관계가 없는 책이다. 책에서 다루는 개별적인 사건들은 이미 전문적인 역사서에 다 나와 있는 유명한 사건들이다. 이 책이 큰 호응을 얻은 것은 현대사에 관해 알고자 하는 독자들이 많았음에도 불구하고 그런 요구에 부응하는 책이 적었기 때문일 것이다. 일반인들은 관심이 없지만 학자들은 대단히 심각하게 관심을 갖고 뜨거운 논쟁을 벌이는 문제들이 경제학에도 있다. 학자들이 그런 것에 몰두하다보면 일반인들이 경제에 대해 뭘 알고 싶어 하는지에 대해 망각하는 수가 많다. 이것을 덮어놓고 나무랄 수는 없다. 때문에 누군가는 그것을 읽고 이해하고 그중에서 어떤 것이 우리가 알고 이해하면 좋다는 이야기를 해주어야 한다. 역사학자들도 마찬가지다. 그러나 나는, "역사에 대한 단순한 호기심으로 이 책을 쓴 것은 아니다. 우리가 살고 있는 민주공화국이란 세상이 언제부터 이렇게 되었고, 또한 어떤 과정을 거쳐 만들어졌으며, 이 공화국 안에서 민주공화국의 질서에 어긋나는 일들이 벌어질 때 사회가 어떻게 되는가?"라는 문제의식을 가지고 이 책을 썼다. 내가 드레퓌스 사건을 맨 앞에 배치하면서 그 사건이 20세기를 열었다고 쓴 것은 전쟁과 혁명이 많은 20세기였지만 기본적으로 인권과 민주주의가 꽃을 피웠기 때문이다. 누구나 보장되어야 마땅하다는 그 권리가 보장된 것이 서양에서도 겨우 100년의 역사밖에 안 된다. 전두환 정권의 폭정은 우리만 겪은 사건이 아니고 선진 민주주의국가에서도 불과 1세기 전에 이런 사건을 겪었음을 상기시키고 싶었다. 5공은 신체의 자유가 사정없이 유린되던 시대가 아닌가. 사람이 잡혀가면 어디 있는지 모르고, 개인의 자유, 특히 신체의 자유, 표현의 자유, 공정한 재판을 받을 권리가 거부당했다. 이런 것들을 확고히 하지 않고는 우리가 미래로 나갈 수 없다는 이야기를 하고 싶었다. 많은 분들이 똑같이 그것을 느끼고 있었던 것 같다.

아직도 포기할 수 없는 관심 중 하나가 역사의식이다. 어떻게 생활 속에서 끈을 놓지 않고 살아갈 수 있는가.

우리 세대가 거시적인 국가폭력 아래 시달리면서 이 폭력이 어디서 온 것이고 어떻게 해야 이 폭력을 제거할 수 있는가를 고민하면서 역사공부를 했다면, 지금 세대는 조금 다른 각도에서 삶의 불안을 느낄 것이다. 일상적인 삶 속에서 미시적으로 다가오는 것이 그들에게는 더 중요하게 보일 것이다. 만약 우리 역사가 잘못 흘러서 그런 거시적인 담론과 의식이 필요한 시점이 된다면 우리 젊은이들도 거기에 맞게 그런 생각들을 하게 될 것이라고 나는 본다. 최루탄 냄새를 맡는 것보다는 배낭 메고 외국에 나가는 것이 아름답다고 생각한다. 젊은 세대가 알아주건 말건 그래도 이 정도라도 이루기 위해서 희생하고 헌신하고 손해를 보고자 했던 것은 헛된 꿈은 아니었다. 역사의식과 관련하여 지금 20대 젊은이들에게 느끼는 아쉬움은 배려가 좀 부족하다는 것이다. 물론 우리의 역사에서 배려가 충분했던 세대는 없다. 사회는 점점 나아지는 것이니까 우리 때보다는 젊은이들에게 남을 배려하는 마음이 좀 더 많기를 바라게 된다. 월드컵 때 보니까 거리응원하면서 뒷사람이 안 보일까봐 우산도 안 쓰고, 쓰레기 안 버리고, 자발적으로 쓰레기를 치우고 해산했다. 오줌 안 누기 위해서 물도 조절해서 마시고 그랬다. 이런 것이 중요한 것이다. 월드컵 지나고 한 달 만에 휴가철 해변에서는 폭죽 쏘고 껍데기 아무 데나 내팽개치고, 술 먹고 맥주병 아무 데나 내팽개친다. 그걸 보면 아직은 우리 젊은이들이 부족하다는 생각을 한다. 그런 면에서는 시간이 더 필요할 것이다. 80년대에는 어느 곳에서 수해(水害)가 났다 하면 일 집어치우고 학생들이 집단으로 수해지역으로 달려가 구호활동을 했다. 이런 면에서 열정이 있었다. 기본적으로 남에 대한 배려가 없이는 할 수 없는 행동들이었다. 요즘 그런 열정이 현저하게 줄어들었다. 미군 탱크 앞에 드러눕는 것도 중요하고 아름다운 일이지만 더 많은 학생들은 일손이 딸리는 농촌을 돕는다든가 재난을 당한 이웃을 돕는다든가 해야 한다. 큰 도움이 되든 적은 도움이 되든, 그것이 문제는 아니다. 이런 공백은 역사공부를 안 했기 때문에 발생하는 것이 아니다. 문제는 우리가 살고 있고 함께 가꾸어야 할 이 공동체가 서로를 배려하면서 의지해 나아가야 한다는 생각이 엷어졌기 때문이다.

살아온 길

오늘 이런 모습으로 서 있는 데 가장 중요한 동인이 되었던 사건이나 영향이 궁금하다.

상당히 우연적인 사건들이 지금 이 모습으로 살게 만들었다. 어떤 친구들은 아직도 그렇게 사느냐고 이야기한다. 어떤 친구들은 "여전히 그렇게 사는구나"라고 하면서 부럽다고 말해준다. 나는 현재 내가 걸어가는 길이 특별하다고 생각하지는 않는다. 해서는 안 될 일, 그렇기 때문에 정말 하기 싫은 일은 하지 않겠다는 생각이 이렇게 살게 만든 가장 중요한 이유다.

천성도 작용을 했을 것이고 가정환경 탓도 있다. 선친이 돌아가신 지 20년쯤 된다. 평생 학교와 집만 오가신 분이다. 6남매 공부시키면서 어떤 사람이 되어라, 어떤 직업을 가져라, 어떤 성공을 이루라는 말씀을 하신 적이 없다. 소시민으로서 틀에 박힌 것처럼 사신 분이었다. 책을 읽거나 꽃밭을 가꾸거나 집안일을 하시는 게 내가 본 선친의 모습이다. 세상에서 힘 있는 자리, 높은 자리, 성공 등 이런 것을 위해서 뭔가 하시는 모습을 본 적이 없었다. 이런 것을 어렸을 때부터 보아 왔으니까 그런 영향이 있을 것이다. 천성이 더 큰 영향일 텐데, 내게는 좌우명이 없다. 그러나 없다고는 못하니까 겨우 생각해 낸 것이 "누구에게든 폐는 끼치지 말자", "흔적이 안 남게 살다 가자"라고 말한다. 나는 좀 네거티브하다. 어떤 사람이 되는 것보다는 최소한 이런 저런 일은 하지 않는 사람이 되어야겠다는 생각을 더 많이 한다. 스스로 생각하기에 떳떳하게 할 수 있는 일이 아니면 되도록 하지 않으려고 한다. 나는 내가 죽고 난 후 땅에 묻고 봉분(封墳)을 만드는 것도 반대한다. 언제부터 왜 그런 생각을 하게 되었는지는 잘 모르겠으나 나는 그게 좋다. 이런 것들이 바탕이 되었을 뿐 아니라 이제 생각해보면 출세하자고 무엇인가를 선택할 수 있는 상황도 아니었다. 징역 왔다 갔다 하고, 쫓겨 다니는 삶이었다. 선택할 여지가 없었던 것이다. 어느 날 나를 보니까 그렇게 살고 있었다. 그게 전혀 불만스러운 것은 아니지만 다소 노후가 불안하다. 혹시 자식에게 폐를 끼치는 게 아닌가 하는 걱정 때문이다. 그거 하나만 빼면 크게 걱정할 것은 없다. 그래서 이렇게 살아가고 있는 것이다. 인생이 별 게 있겠는가.

저 유명한 프락치사건으로 고생도 많이 했는데 그 사건의 영향들은 선생에게 어떤 흔적으로 남아 있는가.

그 사건의 영향이 크진 않다. 최근에 문부식 씨가 '우리 안의 파시즘' 이야기를 해서 묵은 상처가 덧나는 느낌이 들기는 한다. 사실 별로 좋은 기억이 아니다. 직접 사람을 패고 한 적은 없지만 그것에 대한 경각심이 부족했다. 문부식 씨의 말은 상당부분 일리가 있다. 내가 두들겨 팬 것은 아니지만 학교에 와 보니까 누군가를 잡아다 놓았고, 간간히 성질 급한 후배들은 주먹으로 팬다든가 하는 일이 있다는 것도 알았다. 때리지 말라고 타이르긴 했다. 그러나 내가 없을 때 때리는 일이 있었던 것이다. 그걸 수습하려다가 얽혀 들어갔다. 조폭 두목이 손에 피 묻혀야 감옥 가던가. 그런 논리를 수사관들이 들이밀길래 그런 점에서는 책임이 있다고 생각했다. 더군다나 내가 복학생 단체의 대표로 있었기 때문에 그런 일이 일어나지 않도록 확실하게 조처를 취했어야 했다. 학생들이 그렇게 남을 팼다는 것은 그만큼 부족했기 때문이다. 우리는 완전한 인간이 아니다. 또한 정서적으로 격앙되어 있는 상황이었다. 정보원들이 수시로 왔다 갔다 했고 정치권력과 대치하고 있는 상황이었다. 저 놈들도 우리를 고문하고 툭하면 두들겨 패니까 우리도 어쩔 수 없다는 생각을 했던 것 같다. 사건이 일어났을 때도, 재판을 받을 때도 마음이 내내 편치 않았다. 마음 같아서는 내가 다 지시했고 학생들은 책임이 없다고 말하고 싶은데 그렇게 말을 해서는 안 되는 상황이었다. 징역 살고 나와서도 시국사건이자 폭력사건인 이 사건을 남들한테 설명하기가 쉽지 않았다. 공범 중에 국회의원 출마한 두 사람은 폭력이 아니고 정치적인 사건이었다고 항변을 해도 잘 받아들여지는 것 같지도 않았다. 나는 민주화운동 유공자 보상신청도 하지 않았다. 위원회에 부담을 주는 게 싫었다. 그런 부담을 주는 사건인데 꼭 신청해야 하나 생각했다. 국가가 인정을 해 주는 유공자가 꼭 되어야 하는가 하는 회의가 있었다. 나름대로 민주화운동에 헌신했으면 그것으로 족한 것 아닌가. 더군다나 국민 돈 모금해서 보상한다는 게 싫었다. 그런 찜찜함 때문에 신청을 안 한 것이다. 지금 생각하면 굉장히 불행했던 시대의 일이고, 학생들이 집단적으로 폭력을 행사한 것은 성숙하지 못했던 증거다. 아무리 그것이 대항폭력이었더라도 저쪽의 국가폭력이 이쪽의 사적인 폭력을 정당화해주는 것이 아님은 분명하다. 그건 별개의 문제다. 상대방의 잘못이 나의 잘못에 대한 알리바이가 되는 것처럼 우리는 쉽게 생각을 하게 된다. 사람은 자기를 정당화하지 않으면 견딜 수 없는 존재이니까. 그렇더라도 그때의 피해자들에게 그들의 신분과 관계없이 미안하다. 이런 사태가 더 생길 것 같아서 나는 항소이유서를 통해 강력하게 경고를 했다. 그럼에도 불구하고 그 뒤 유사사건은 터졌다. 누구의 책임이기를 따지기 전에 왜 우리는 한쪽 집이 다 불타기 전에 교훈을 얻지 못하는지 그게 무척이나 아쉽다. 개인적으로 떳떳하지 못할 것도 없지만 우리가 역시 미숙하고 불완전한 존재라는 것을 인정하지 않을 수 없다. 문부식 씨의 주장에 전적으로 공감하는 것은 아니지만, 그리고 그런 식으로 성찰을 발표할 것도 아니지만 약간 찜찜한 것도 부정할 수 없는 사실이다.

노무현과 반미

정치인에 대해 얘기하자면.

사람들은 정치를 쉽게 욕한다. 나도 정치평론을 쓰면서 정치인 욕을 많이 했지만, 정치는 최소한 둘 중 하나는 있어야 할 수 있는 일이다. 굉장한 권력욕이 있거나 굉장한 애국심이 있어야 한다. 아니면 둘 다 있던가. 내겐 권력욕이 별로 없다. 권력욕 때문에 정치하는 일은 없을 것이다. 그렇다면 굉장한 애국심은? 그것도 부족하다. 더러운 정치, 더러운 정치인이라는 욕을 먹으면서도 그래도 내가 이 사회를 위해서 무엇인가를 해야겠다는 생각으로 많은 어려움을 무릅쓰고 뛰어들어 정치를 하는 분들이 있다. 그런 분들에 비할 때 나는 굉장히 이기적이다. 정치를 하려면 돈, 그리고 정치 자체에 대한 냉소나 맹목적인 비난, 별로 만나고 싶지 않은 사람과도 인간관계를 맺어야 하는 부담감, 그리고 책 보거나 사색할 시간은 적고 사람을 만나기 위해 거리에서 많은 시간을 소모해야 한다. 안식처로서의 가정이 상당히 노출되거나 파괴되는 불이익을 감수해야 한다. 이런 것들이 정치를 하기 위해 감수해야 할 것들이다. 때문에 굉장히 권력욕이 강하거나 아주 강한 애국심의 소유자는 그 모든 것을 감수하거나 희생하더라도 권력을 잡으려고 한다. 그러나 그 모든 것을 걸기에 나는 상당히 이기적이다. 나는 내가 가지고 있는 소중한 것들을 버리고 싶지 않은 것이다.

정치에서 386세대는 어떤 기여를 했다고 보는가.

그들의 중요한 특징은 역사적 경험의 공유다. 대규모의 조직화된 행동 속에서 각자가 자기 몫만큼 맛보았던 한 조각의 연대의식이 나는 386이란 용어를 정당화한다고 생각한다. 그것은 매우 중요한 경험이다. 수백만이 거리를 질주하고, 그렇게 해서 권력을 굴복시켰다는 것은 역사적인 자산이 아닐 수 없다. 때문에 386의 정신이란 집단화된 도전정신이라고 보인다. 그것은 부패하고 폭압적인 정치권력에 대한 전면적인 도전이었다. 그러나 그 도전이 승리를 이끌어내긴 했지만 결실을 거둔 것은 아니다. 386의 기본정신은 도전정신이다. 말도 안 되는 것 같은 싸움을 저들은 온몸으로 부딪혀 들어갔다. 나는 그 지점을 주목한다. 다만 386세대는 87년에 못다 이룬 소망이라는 코드에 접속이 된 것이고 20대는 20대의 문화적인 감각이란 코드에 접속이 된 것이다. 지금 정치권 안에는 그것을 받아주는 하드웨어로 자기를 위치시키는 집단이 없다. 원칙적으로는 386 몇몇 국회의원들이나 재야출신의 국회의원들이 그 하드웨어가 되어야 하는데 그분들은 그 역할을 거부했다. 그러니까 정치권 안에는 386 정신을 받아주고, 때문에 386과 접속할 수 있는 국회의원이 하나도 없었던 것이다. 김민석도 끈이 끊어졌고 송영길, 임종석 등도 접속하려는 노력이 적극적이지 않았다. 위에서 번개가 막 치는데 뭔가 뾰족한 것이 있어야 전류가 타고 내려올 게 아닌가. 바로 그 지점에 노무현이 있었던 것이다. 우뚝하게 말이다. 그래서 대중이 거기에 다 몰렸던 것이다. 그러나 노무현이 가지고 있는 하드웨어의 용량은 그것을 지속적으로 받아서 관리하기에는 너무나 부족했다. 그것이 지금 바람을 가라앉게 한 근본적인 원인이다. 노무현이 없어진다면? 허무다, 허무! 그렇게 된다면 굉장한 정치적인 냉소, 허무주의, 부분적인 파괴적 열정이 오게 될 것이다. 매우 비극적인 사태다.

노무현의 화법에 대해 말이 많다. 어떻게 보는가.

노무현의 화법을 많이 지적하는데, 일리 있다. 그러나 화법만으로 사람을 감동시킨다는 것은 불가능하다. 노무현의 코드는 기본적으로 감동이다. 노무현의 말을 통해 사람들이 받은 것은 말 그 자체가 아니라 그 말을 통해 전해져오는 진실의 힘이었다. 다시 노풍이 불 것인가? 아마도 바람은 불지 않을 것이다. 왜냐? 노무현은 옛날부터 거기 있었다. 다만 소수의 사람만이 노무현을 눈 여겨 봤을 뿐이었다. 그러다 국민들이 대선과정을 통해 노무현을 발견한 것이다. 지금 많은 국민들은 혹시 우리가 노무현을 잘못 본 것은 아닐까, 라는 생각을 하는 것 같다. 남은 기간 동안, 국민들이, "우리가 잘못 본 것이 아니었어. 너무 흥분해서 너무 좋게 본 것은 사실이지만 다시 봐도 노무현은 괜찮은 것 같애"라는 생각을 심어줄 수 있다면 지지도는 차분하게 올라갈 것이다. 그렇게 되면 노무현도 과거처럼 정서적으로 다가가는 것만으로는 부족하고 차분하게 자기를 보여줄 수 있어야 할 것이다.

민주당의 반노정서가 너무 심하다.

그 사람들의 심정을 이해는 한다. 그 사람들이 보기에 노무현이 마음에 안 드는 것이 사실이다. 그 사람들이 생각하는 지도자의 요건과 자질이 있을 것이다. 존중해야 한다고 본다. 사람마다 그것은 다르겠지만. 결국 노무현이란 사람은 전혀 다른 스타일의 지도자다. 대다수 사람들이 자기가 알아왔던 지도자의 어떤 틀을 가지고 평가하기 때문에 그 점에 관해서는 노무현이 부족해 보이는 것이 사실일 것이다. 그래서 지지를 유보하는 것은 충분히 이해할 수 있다. 문제는 노무현이 자기 마음에 들지 않는다고 깽판을 치고, 룰을 짓밟아버리는 것이다. 노무현이 부족한 것은 그 자체로서의 문제다.

뭘 위해서 6월항쟁을 했으며 우리가 뭘 위해서 국회의원 배지를 달았느냐를 생각해보아야 한다. 나름대로 정치적인 계산이 다 있겠지만 이것은 적자, 흑자의 타산의 결과 적자, 흑자로 계산해보고 행동할 수 있는 범주로 보지 않는다. 그것은 자기 자신들의 과거를 부정하는 것이라고 본다. 자기가 누구인지를 모르는 것 아닌가.

그것은 그들이 애국심이 아니라 오로지 권력욕 때문에 정치를 하는 사람들이기 때문에 그렇다. 이것은 일종의 리트머스 시험지이다.

권력욕이나 애국심이냐? 아니면 둘 다냐? 둘 다든 애국심만이든, 애
국심이라는 요소가 한 축을 차지하고 있다고는 말할 수 없는 것이
다. 결국은 권력의지의 화신들이다. 그렇게 봐야 하는 것이다. 그런
사람들의 손에 한국정치가 맡겨져 있다는 것이 한국정치의 비극이
다. 우리 정치인들에 대해 다시 한 번 생각을 가다듬게 된다.

최근 반미시위에 대한 엇갈리는 평가들이 있다.

미국인들이야 전 세계를 상대로 장사하는 사람들이기 때문에 우리
들의 반미행동이 눈에 들어오지 않겠지만 우리들로서는 굉장히 중요
한 문제다. 최근의 촛불시위 등 반미시위는 저변의 자신감이 커진 결
과이다. 따라서 향후에 적절한 계기가 주어지면 굉장히 대중적인 반
미행동이 조직될 수 있는 가능성을 보여주었다. 최근에 그것은 굉장
히 밝은 현상이라고 생각을 한다.

**'조중동'에 편승해서, 그러니까 객관주의 우산 아래 숨어 본래 사명
을 외면하거나 묵인하는 지식인들에 대해 할 말이 많을 것 같은데.**

'조중동'의 보도만 보면 노무현이란 사람은 굉장히 형편없는 사람
이다. 내가 봐도 그렇다. 정치인들의 언행이란 언론보도를 통해서 걸
러져서 부분적으로 발췌되고 종합되고 해석되어 국민에게 전달된다.
정보를 취사선택하고 걸러내고 해석하는 과정에서 특정한 시각이 개
입되면 정치인 망가지는 것은 순식간이다. 조선일보는 기본적으로
자기 취향이 아닌 사람이 대통령이 되는 것은 눈뜨고 못 보는 신문
이다. 정치집단에 가까운 신문이다. 소위 '조중동'의 사설이나 칼럼

은 명백히 한나라당 편이다. 그러나 저들은 공개적인 지지를 보내지 않는다. 차라리 '조중동'이 우리는 이러이러한 이유 때문에 한나라당을 지지한다고 하면 유권자들도 그 신문에 대해 판단을 할 수가 있지 않겠나. 자기들의 정치적 선택에 대해서는 하나도 책임을 지지 않으면서 지금까지 신문지면을 이용하여 자기들의 정치적 선택을 국민들에게 강요하는 방식으로 진행되어 왔다. 그런 식의 보도가 반복되다 보니 다른 신문들에서도 공명현상 같은 것이 일어난 것이다. 정치과정 자체가 이렇게 되어서는 곤란하다. 이것은 반칙이다. 문제는 그것이 반칙임을 확인한 사람의 기사나 칼럼은 실어주지 않는다는 데 문제가 있다. 다행히도 요즘은 인터넷이 있어서 사정이 많이 달라졌다. 민주당의 불행은 당내 일부세력이 노무현을 끊임없이 공격하기 위해 조중동을 이용하고 있다는 데 있다. 반노 쪽 국회의원이 괴상한 기자회견문 하나 만들어서 기자들을 불러모아 돌리면 그냥 보도를 해 주었다.

선생은 "정당의 목적이 집권이라는 잠꼬대에 나는 동의하지 않는다"고 하면서 독일의 녹색당을 예로 들며 20여 년 동안 단 한 번도 집권을 하지 못했고, 전체 의석수의 6-7%밖에 안 되는 미니야당이 거대정당의 환경정책을 다 바꾸어 놓았음을 지적하였다.

지금은 국민들이 선택을 하는 것이 아니라 국민들이 신문들에 의해 세뇌를 당하는 것이다. 이런 상황에서 일주일에 칼럼 하나 쓰는 정도로 이걸 고발할 수도 없어서 절필을 선언했던 것이다. 칼럼을 쓰면서 이런 말을 하면 "너 왜 중립이 아니냐"고 한다. 그러나 사실 그 질문은 조중동에게 물어야 한다. 개별 칼럼니스트는 전혀 중립적일 필요가 없다. 중립적일 것 같으면 왜 칼럼을 싣나. 신문은 이런 시각, 저런 시각을 다 수렴해서 균형 있게 보여주어야 한다. 신문들은 통째로 편파적인 행동을 하고 있는데 개별 칼럼니스트가 정치적으로 어느 한 쪽을 편드는 발언을 하면 중립적이지 않다고 공격을 한다. 이런 황당무계한 경우가 어디 있는가. 우리가 쓰는 글은 오피니언 페이지에 실리는데 그게 한 쪽으로 쏠리는 것이 무슨 문제인가, 개인의 의견을 쓰는 것인데. 그런데 개별 칼럼니스트에게는 아주 엄격한 잣대로 그런 것을 요구하면서 신문이 통째로 그렇게 하는 것에 대해서 아무 말도 하지 않는 것은 난센스라는 생각을 한다. "칼럼니스트가 왜 그러니"라는 말을 들으면서 그런 소리를 하느니 칼럼을 안 쓰고 그런 이야기를 하겠다는 것이다. 그렇게 해서 그런 결정을 내렸던 것이다. 기본적으로 칼럼니스트는 중립적인 수가 없다. 칼럼니스트가 중립이면 그 수많은 오피니언 페이지가 왜 있는가. 그 수많은 신문이 왜 있는가. 서로 다르니까 있는 것이다. 한나라당을 지지하려면 솔직하게 드러내 놓고 하라는 것이다. 한나라당을 지지하는 칼럼니스트들은 널려 있다. 특히 조중동의 데스크 칼럼이나 논설위원들. 그런데 이 사람들은 한나라당을 편드는 것이 아니다. 노무현만 씹는다. 그런 방식으로 편을 드는 것이다. "너희들이 그렇게 하는 것보다는 내가 드러내놓고 노무현 지지하는 것이 훨씬 떳떳하다. 사람들이 헷갈리지 않을 테니까." 그런 입장에서 내가 이런 이야기를 하는 것이다. 대한민국은 이런 위선이 지배하는 세상에서 빨리 벗어나야 한다.

모든 폭력은........
그 사회의 도덕적 수준의 반영이다.

지식인과 마이너리티

지식인들조차도 왜 토론이 안 되는가.

우리 사회의 가장 큰 문제는 토론을 잘 못하는 것이 아니라 아예 토론이나 논쟁을 안 한다는 것이다. 토론은 정보의 유통이다. 각자가 가진 정보에 입각해서 자신의 해석의 틀을 제시하고 그것을 정당화하여 상대방을 비판하거나 자신을 방어하면서 서로 발전해가는 것이 논쟁이라고 나는 생각한다. '조중동'은 대한민국의 내노라 하는 거대 정보유통 산업이다. 수백만 부가 찍히는 저들 신문에 칼럼을 쓰는 사람들 중 토론의 장에 나오는 사람을 보았는가. 저들은 거대신문의 뒤에 숨어서 누가 어떻게 비판을 하든 절대 함구하면서 자신의 말만을 하고 있다. 이들은 기본적으로 지식인이 아니다. 지식인의 기본자세는 자기 말과 글에 책임을 지는 것이다. 자기의 주장에 대해 비판하는 사람이 있는데 그것에 대해서는 철저하게 침묵하면서 매주 똑 같은 이야기를 써댄다? 그것은 정보유통산업에 종사하는 업자로서 상도덕이 없는 것이고, 전통적인 관념에 비춰보면 지식유통에 종사할 자격이 없는 사람이다. 개인적으로 보자면 비열한 정보장사꾼에 다름 아니다. MBC 〈100분 토론〉을 진행하면서 신문시장개혁과 관련해서 6번이나 토론을 하는 동안 '조중동'의 현직 기자나 논설위원 중에서는 단 한 사람도 섭외에 응한 사람이 없다. 자기 말을 반박할 수 있는 사람이 바로 앞에 앉아있는 광장에는 절대 안 나오겠다는 것이다. 두더지 같은 짓이다. 지하활동하는 것도 아니고, 대체

뭐 하는 것인가. 책임질 수 없는 이야기를 부수의 힘을 빌어서 마구 행사하는 작태는 지식인의 탈을 쓴 권력남용이라는 게 내 생각이다. 기본이 안 된 사람들 아닌가. 나는 토론하는 대통령을 보고 싶다. 장관이 대통령과 견해가 다르면 예의에 어긋나지 않는 방식으로 얼마든지 면박을 줄 수 있는 게 아닌가. 높은 자리에 있는 사람은 말하고 밑에 있는 사람은 받아쓰는 풍경을 우리는 지난 50년 동안 줄기차게 보아 왔다. 이거 그만 하자는 것이다. 대체 한 나라를 이끄는 사람들이 토론조차 못한다면 그 나라가 어디로 갈 것인지는 뻔하지 않은가. 대학에서도 토론이 없다. 대학의 수업시간에 진지한 토론이 이루어지는가. 대학교수가 학생보다 훨씬 많이 알고 있는 것은 분명하다. 그러나 부분적으로는 학생의 견해가 더 타당한 경우가 얼마든지 있을 수 있다. 학생이 교수의 논리에 대해 반박할 때 "내가 참 좋은 제자를 두었구나"라고 생각하며 빙그레 미소 짓는 교수가 몇 명이나 되겠는가. 부모가 가진 철학이나 인생관에 대해 시비를 거는 자식에게 술이나 차 한 잔 하면서 진지한 대화를 하는 부모는 또 몇 명이나 되겠는가. 이처럼 대한민국 사회 전체는 토론을 허용하지 않는 아주 숨 막히는 사회다. 그러니까 문제가 이렇게 많은 것이다. 활발한 토론은 문제를 조기에 해결한다. 인간은 기본적으로 토론하는 존재이다. 모두가 다르기 때문에 우리는 어느 대목에선가 충돌할 수밖에 없다. 그 충돌 앞에서 인간이 할 수 있는 일은 대화를 하거나 권위로 짓누르는 것이다. 우리는 대화 대신에 권위로 짓누른다. 이것이 우리의 지적 풍토이기 때문에 단기간에 개선되는 것은 불가능하다. 세대가 바뀌고 문화가 바뀌어야 한다.

여성을 포함한 우리 사회의 마이너리티 문제를 어떻게 풀어나가야 하겠나.

그 문제는 이미 답이 나와 있다. 여자들이 싸움질을 해야 한다. 달리 방법이 없다. 많은 남자들이 페미니스트로 개종해서 달라질 수도 있겠지만, 문제는 누가 어떻게 개종시킨다는 말인가. 남자들이 자성 운동을 벌여서? 어느 나라 역사를 보아도 노동자들의 권리를 확보하기 위해서는 노동자투쟁이 있었고, 시민들의 권리확대를 위해서는 시민혁명이 있었다. 여성의 권리를 확보하려면 여성의 궐기가 있어야 한다. 지식인들 사이에서 페미니즘과 관련한 논란은 있을 수 있다. 그러나 여성의 권리가 실제적으로 보장받는 데 그런 논란이 얼마나 도움이 되겠는가. 문제의 핵심은 여성들이 얼마나 싸우느냐에 달려있다. 내가 볼 때는 우리 여성들은 별로 싸우지 않는다. 그래 가지고 뭐가 좋아지겠는가. 이해심이 넓은 남성 권력자가 부분적으로 개선해 줄 수는 있을 것이다. 그러나 그거야 '언 발에 오줌 누기' 아니겠는가. 여성들이 훨씬 더 드세져야 한다. 개별적으로 불만을 가지고 저항하는 것도 있어야겠지만 그보다는 여성들이 집단적으로 자기들의 불만을 조직할 수 있어야 한다. 이렇게 얌전해 가지고는 앞으로 10-20년이 지나도 별 진전이 없을 것이다. 지금보다 훨씬 더 드세고, 거세고, 공격적으로 자기의 집단적 불만을 조직화하지 못하면 페미니즘은 지식인 여성들 사이의 액세서리 정도로 남아있을 수밖에 없을 것이라고 본다.

현실적으로 서울 외의 지역에서 선명한 입장을 가진 여성이 정치판으로 진입이 불가능하다.

나는 여성 중에서 많은 수의 국회의원과 장관이 나오는 것이 중요하다고 보지 않는다. 여성의 힘이 성장하면 그것은 당연히 따라온다. 호주제 문제가 되었건 뭐가 되었건 먼저 대중적인 행동을 조직하는 게 중요하다. 안동 유림들은 지팡이 들고 이년 저년 하면서 국회의원 회관을 들쑤시고 다니는데 여성들은 뭐하고 있나. 여성 중에도 이혼녀, 그중에서도 전 남편의 아이를 양육하는 독신녀들은 더 적다. 여성 가운데서도 마이너리티다. 집단을 조직해봐야 숫자가 별로 되지 않을 것이다. 우선 그 사람들이 친양자 제도나 호주제 쟁취를 위해 조직화되어야 한다. 미혼이든 기혼이든 늙었건 젊었건, 여성들이 국회의사당을 포위하든가, 인간 띠를 두르든가, 촛불시위를 하든가 뭐라도 해야 할 것 아닌가. 그렇게 안 하는 데 남자들이 왜 도와주겠는가. 응석부려서 해결될 문제는 없다. 기본적으로 이것은 권력관계의 문제이기 때문에 싸움을 해야 한다. "이거 무시했다가는 작살나겠구나" 하는 느낌이 들 정도로 여성들이 행동을 해야 국회의원들이 움직이지 지금처럼 해 가지고는 부지하세월(不知何歲月)이다. 가정주부로부터 시작해서 전국적으로 하루 파업을 한다든지 해야 인정을 받을 수 있을 것이다. 여성 몇 사람이 국회의원 되고 총리되는 것은 문제의 핵심이 아니다. 대통령한테 임명받는 여성총리가 뭐 그렇게 대단한 것이라고……. 나는 장상 총리 해프닝이 웃겼다. 여자의 힘을 보여주지 않으면 아무 것도 바뀌지 않는다.

한국의 기독교

한국 기독교에 대해 평소 어떤 생각을 하는가.

우리 기독교라? 예수님이 하지 말라는 것 골라가면서 다 한다. 기도는 골방에서 하라고 했는데 통성기도 하고, 왼손이 하는 일 오른손이 모르게 하라고 했는데 드러내놓고 자선행위를 한다. 외식(外飾)하지 말라고 했는데 성전 엄청 크게 때려 짓는다. 얼마나 많은 교회의 설교들이 대중을 무지와 미몽 속에 묶어 놓는가. 징역 살면서 조 아무개 목사의 설교를 열성신자가 틀어주는 바람에 어쩔 수 없이 들었다. 들어보니 미국이 어떻게 불황을 극복했는지를 이야기하는데 전부 거짓말이었다. 잘 알지도 못하면서 엉터리로 이야기하더라. 그런 헛된 선전을 어마어마하게 해댄다. 대한민국에 교회가 많다는 것이 어떤 의미일까 나는 생각한다. 아무 종교도 없지만 감옥에서 성경은 많이 읽었다. 정말 한국교회는 어쩌면 이렇게 하지 말라는 것만 골라가면서 할 수가 있는가. 그런 점에서 나는 기본적으로 종교기관을 서비스업이라고 생각하는 사람이다. 정신적 안정, 그것이 장기간 지속되는 것이든 단기간에 사람을 마취시키는 것이든 그걸 주는 대가로 헌금을 받는 서비스업이라고 생각한다. 그러나 상도덕은 지키고 하자. 지금 한국교회가 하는 것을 보면 이것은 거의 절망적이다. 내가 사는 일산에는 교회 엄청 많은 데 밤에 네온사인 켜져 있는 것을 보면 엄청 무섭다. 끔찍하다.

독실한 크리스천인 한완상 전 부총리도 예수가 한국에 오면 일요일에 교회 안 갈 것이라고 했다.

다 때려 부술 것이다. 왜 교회는 사람들을 어린애로 만드는가. 나는 교회가 무섭다. 종교는 무섭지 않은데 한국교회는 무섭다. 겁이 난다. (침묵) 오늘의 대한민국 사회와 가장 닮은 데가 한국교회다. 총체적 부패, 총제적인 불투명성, 총체적인 권위주의, 총체적인 무비판, 이런 게 다 집약되어 있는 게 한국교회다. 나는 교회를 다녀보진 않았지만 곁눈질로 구경은 해 보았다.

부끄럽다, 할 말이 없다.

교회가 그렇다는 것이지 신도들 개개인이 그렇다는 것은 아니다. 내가 기독교인이라면 교회 안 나가고 그냥 혼자 신앙을 지키거나 아니면 정말 바른 신앙(이 표현도 문제지만), 그런 신앙을 가진 사람들과 조그마한 교회를 이루지 큰 교회는 안 갈 것 같다.

양심에 기초한 용기와 판단력

리영희 선생을 떠올리면 그분이 쓴 『스핑크스의 코』가 떠오른다. 리영희만큼 나의 기독교적 양심을 건드린 저자는 없었다. 나는 『스핑크스의 코』를 읽으며 기독교가 역사 속에서 저질러온 만행으로 깊은 충격과 부끄러움을 경험했다. 유시민이 다시 나를 일깨운 것은 '항소 이유서'에 담겨 있는 분노였고, 기독교적 양심이었다. 나는 오랫동안 한국 기독교를 말하기 위해 먼 곳을 응시하던 그의 눈동자를 잊지 못할 것이다. 마치 성명서를 발표하는 것처럼 거침없이 흘러나오던 한국 기독교에 대한 그의 비판과 그 투명한 눈동자를 잊지 못할 것 같다.   내가 유시민을 옹호하는 것은 자신이 옳다고 믿는 생각을 가장 정확한 타이밍에 온 몸으로 던질 수 있는 용기와 판단력 때문이다. 절필을 선언하면서 〈오마이뉴스〉와 했던 인터뷰에서 그는 이런 말을 했다.

"정당의 목적이 집권이라는 잠꼬대에 나는 동의하지 않는다. 외국의 예를 들어 미안하지만, 집권 연정의 주니어 파트너인 독일 녹색당은 1980년대 초부터 지방의회에 진출하기 시작해 20여 년 동안 단 한 번도 (주체가 되어) 집권을 하지 못했다. 녹색당은 전체 의석수가 6-7%인 미니야당이었지만, 사민당과 기민련 등 거대 정당의 환경정책을 다 바꾸어 놓았다. 녹색당이 야당으로 있으면서 환경공약을 지속적으로 내놓았고, 거대 정당들은 표를 의식해 자기 당 환경강령을 녹색당에 가깝게 수정해왔다. 정당은 이처럼 정치적인 꿈과 이상을 함께 하는 사람들의 집단이어야 한다. 집권당이 되면 그 꿈은 더 빨리 효과적으로 이룰 수 있겠지만, 야당이라고 해서 못 이루는 것은 아니다."

실천하는 지식인으로서의 유시민이 보여주었던 용기와 정확한 판단력이 아름답게 추억될 수 있도록 정치적 결과가 희망적이길 소망한다. 또한 계속해서 유시민이 우리 사회와 정치와 양심의 리트머스 시험지로서의 사명에 충실하기를 바란다.

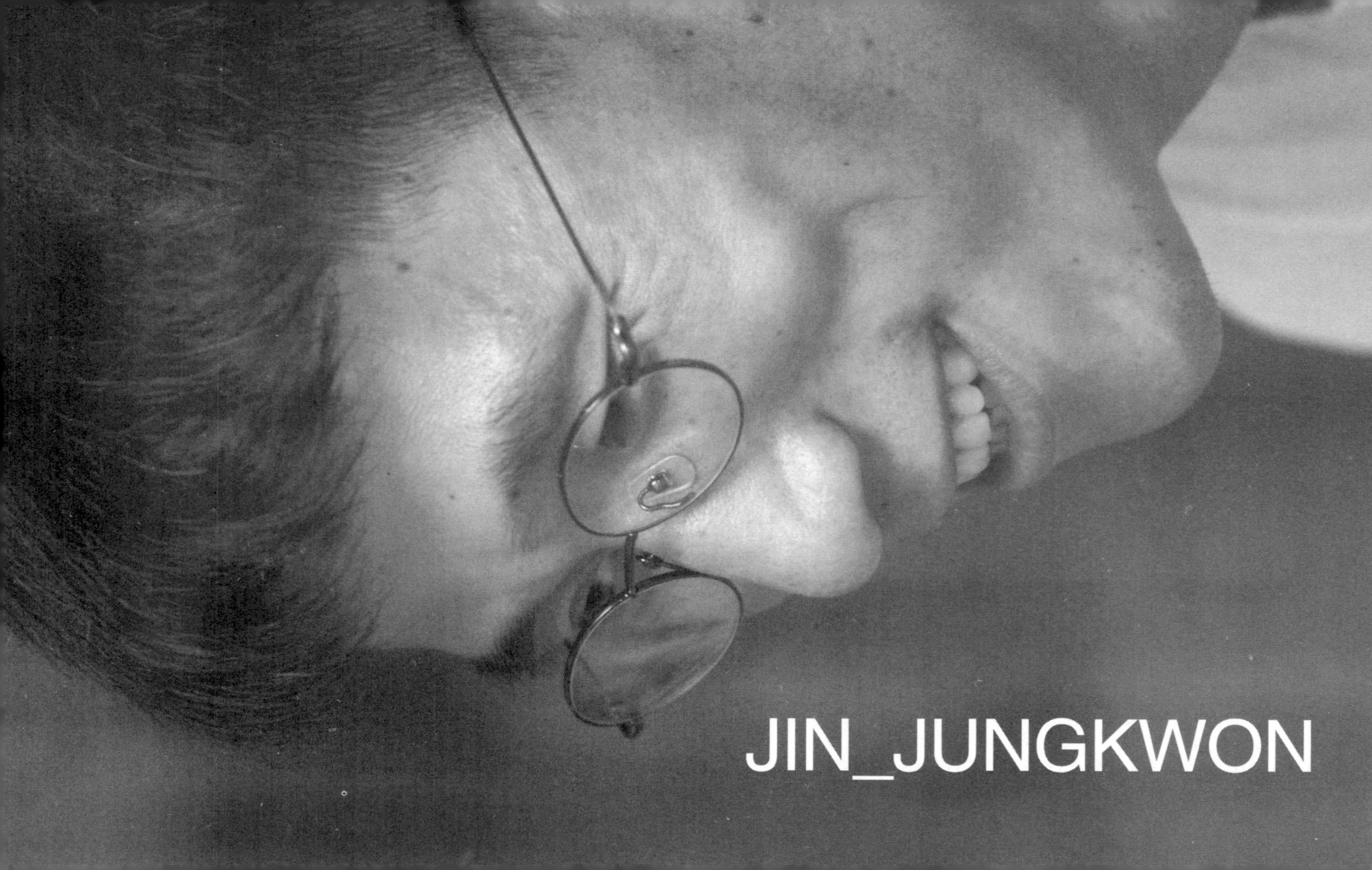
JIN_JUNGKWON

진중권 › › ›　　　진중권에게는 죽음에 천착하면서도 광대를 연상케
만드는 경쾌함과 발랄함이 공존한다. 전투적인 글쓰
기와 풍자, 그리고 인터넷을 통한 운동의 방식이 진중권 만큼 어울리는 논객도 흔
하지 않을 것이다. 우리 사회의 문화와 정치문제에 대한 그의 글쓰기는 언제나 많
은 논쟁을 불러일으켰다. 비트겐슈타인과 벤야민이 자신의 인식과 영감의 원천임
을 고백하기도 한 진중권의 목표는 철학사를 언어철학의 관점에서 조망하고, 탈
근대사상이 미학에 끼친 영향과 의미를 밝히며, 철학, 미학, 윤리학의 근원적 통
일성을 되살려 예술성과 합리성을 가진 새로운 존재를 만드는 것이다. 1963년 서
울에서 목사 집안의 아들로 태어난 진중권은 서울대학교 미학과를 졸업하고 같은
대학교 대학원에서 소련의 '구조기호론적 미학' 연구로 석사학위를 받았으며 독
일로 건너가 베를린자유대학에서 언어구조주의 이론을 공부했다. 한때 진보적 문
화운동단체였던 노동자문화예술운동연합의 간부로 활동했었고, 〈아웃사이더〉 편
집주간으로 일하기도 했다. 저서로는 『미학 오디세이』, 『춤추는 죽음』, 『네 무덤
에 침을 뱉으마』 1, 2, 『천천히 그림읽기』, 『시칠리아의 암소』, 『페니스 파시즘』,
『폭력과 상스러움』, 『앙겔루스 노부스』, 『현대미학 강의』 등이 있다.

죽음을 넘어서는 풍자의 즐거움

두세 시간의 대화를 통해 한 사람을 가슴으로 받아들이기엔 턱없이 부족하다. 인물에 대한 사전 이해가 있고, 저서나 기사들을 챙기는 과정을 거치기는 한다. 하지만 낯선 이에 대한 수줍음을 해결하지 못한 나로서는 두세 시간이 어떻게 지나가는지 모른다. 게다가 내가 파악하고 검증해야 할 대상들은 체험의 두께로 보나 지적인 경지로 보나 나의 스파링 상대가 되기에는 너무 벅찬 존재들이다. 나와 같은 플라이급은 없으니까. 그래서 만남에 대한 부담은 더욱 가중된다. 만남을 끝내고 녹취를 풀면서야 긴장이 풀리고, 머리와 가슴은 정상적인 활동을 재개한다. 언제까지 낯선 사람 앞에서 알몸을 내보이는 짓을 해야 할지 모르겠다. 그 부담을 안고 인사동의 시인학교란 카페로 향했다. 진중권을 만나기 위해서. 느린 아다지에토로, 그리고 평소보다 훨씬 더듬거리며 질문을 꺼냈다. 00_12_08

미학에 대하여

어떻게 미학 공부를 하게 되었나. 미학 공부의 매력은 무엇인가.

그냥 이름이 예뻐서 들어갔고 하다보니까 재미있어서 계속하게 되었다. 적성에도 맞는 것 같다. 미학의 매력은 스타일과 구성이다. 나는 글쓰기를 할 때 미학 쪽의 원리를 대입해 보고 여러 가지 예술언어에 따라 써 보기도 한다. 글쓰기도 일종의 창작 아닌가. 그런 것들이 재미있다. 미학은 한마디로 감각론이다. 구체적인 것들을 보는 재미가 참 좋다. 그림 보는 것을 좋아한다. 전혀 상관없는 것 같은 사물들 속에서 유사성을 찾아내는 것도 즐겁다.

독일에서는 언어철학을 공부했다. 미학과 언어철학은 어떤 상관관계가 있나.

다르고 잘 안 맞는다. 다른 멘탈리티라서. 미학에 가장 덜 기여한 철학이 언어철학이 아니던가. 언어철학은 나의 철학적 작업의 바탕이 되는 것이고, 미학은 그 바탕 위에서 예술을 바라보는 데 도움이 된다. 발터 벤야민Walter Benjamin 같은 사람들은 영미 언어철학하고는 조금 다른 언어철학을 가지고 있다. 그 사람들을 출발점으로 하면 언어와 예술이 연결된다. 하이데거도 언어와 예술의 관계를 본다. 정치비평을 할 때는 비트겐슈타인Ludwig Wittgenstin을 많이 참고한다. 비트겐슈타인과 미학은 잘 연결이 안 되지만 정치비평은 이데올로기이기 때문에 어법을 왜곡시킨다. 그럴 땐 비트겐슈타인의 언어분석적 방법으로 풀어낸다.

미술관이 등장한 역사가 생각보다 짧다. 이전의 예술활동은 생활 속에서 이루어졌다는 얘긴데, 현재의 미술관 중심의 예술에 대해서 어떻게 생각하나.

넓은 의미에서는 미학이 일상생활 속에서 이루어져야 한다는 생각이다. 지금까지의 미학은 예술론 위주였다. 이제는 미학이 감각론으로 확대되어서 사회를 미적으로 읽고 판단해야 한다고 본다. 정치를 비평할 때도 도덕적으로 성토하는 방식보다는 미적으로 풍자한다든지 패러디하는 게 훨씬 낫다고 생각한다. 가령 요즘은 한국사회를 비판할 때 오감(五感)을 가지고 한다. 시각, 청각, 후각, 미각, 촉각을 통해 한국사회와 정치가 나를 어떻게 불쾌하게 만드는지를 보여줄 수 있다. 한마디로 우리의 정치는 국민들에게 히스테리를 주지 않는가. 그걸 묘사하는 거다. 그렇게 하는 것이 정치를 훨씬 더 미학적으로 비판할 수 있게 한다. "우리 사회의 문제는 이것이다"라고 논리적으로 설명할 수도 있다. 그러나 그보다는 지하철에서 내 발을 밟아 놓고도 미안하다는 인사는커녕 "왜요?"라고 시비를 걸었다는 식으로 보여줄 수도 있다. 한국사람들 만큼 신체적 접촉이 많은 나라도 없다. 타인의 신체가 아무 때건 내 쪽으로 밀려들어올 정도로 공간의 문제가 심각할 뿐 아니라 공격적이다. 지하철 탈 때 할머니가 내리기도 전에 밀쳐 가면서 탄다. 거리의 대형간판들은 또 얼마나 짜증나게 만드는가. 자극적인 색깔의 대형간판들을 매일 봐야 한다는 건 너무 끔찍하다. 우리나라는 대단히 공격적인 나라다. 지나치게 공격적인 자본주의라고나 할까. 교회도 마찬가지다. 이런 조건들을 쭉 따지다보면 한국을 지배하는 이데올로기가 나타난다. 시립대 부근에 순복음교회 강남성전인가가 있다. 그 건물을 처음 보고는 완전히 기겁하는 줄 알았다. 교회 건물이 무슨 닷컴에나 어울릴, 완전히 통조림 깡통처럼 매끈하다. 그런데 '성전'이라고 써 놓았다. 교회 건물과 상가 건물이 똑같다는 사실은 우리에게 무엇을 말해주고 있는가. 교회를 이렇게 짓는 사람들은 어떤 사람인가. 교회에는 목적이 있어야 하고 거기에 맞는 형식을 가져야 한다. 순복음교회 강남성전이 보여주듯 한국 교회 건축물들은 우리 사회와 교회의 문제점을 그대로 다 드러낸다. 강남성전이니 강북성전이니 하는 것도 자본주의 기업형태의 지점과 뭐가 다른가. 조금만 성찰적으로 보면 순복음교회 성장과정과 한국자본주의의 성장과정이 똑같다는 것이 확연히 드러나지 않던가. 왜 교회는 조그만 신앙공동체를 만들 생각은 안 하고 확장에만 관심이 쏠을까.

교회의 추억

내친 김에 선생의 신앙에 대해서 말씀해 달라.

제도교회와 잘 안 맞기는 하지만 내게도 영성은 있다. 종교가 있으려면 제도가 있어야 한다. 교회가 필요 없다고 주장할 만큼 과격

분자는 아니다. 그러나 종교가 제도화되면 거기엔 나름대로의 부패와 탈선이 불가피해진다. 영성이 있다고 교회를 버리고 사이비 종교를 만들 수는 없는 노릇 아닌가. 오랫동안 교회에 안 나가다 요즘은 어머니 따라 주일에 한 번씩 교회 가서 앉아 있다가 온다. 목사님께서 일을 시키려고 하는데 뺀질뺀질 도망다니고 있다. 코드가 잘 안 맞는다. 일상적인 활동, 예컨대 내 전공을 살릴 수 있는 일을 맡겼으면 좋겠는데 교회에선 내 전공으로 할 게 없다. 교회 나가는 것이 나쁘다고 생각하지 않기 때문에 아이는 계속 보낼 생각이다. 성서는 "여호와는 나의 목자시니 내게 부족함이 없으리로다"로 시작하는 시편 23편을 좋아한다. 어려서 성서를 배운 게 내게는 참 다행스런 일이다. 구약의 이야기들은 스케일이 다른 이야기들이다. 스토리도 끝내 준다. 유학을 해 보니까 단순히 성서를 읽은 사람과 성서를 배운 사람하고는 많이 틀리더라. 나는 어릴 적 하도 많이 들어서 성서를 좔좔 외운다. 서양철학이 기본적으로 기독교와 연관이 있으니까 철학을 공부하는 데도 유리했고, 서양문화의 멘탈리티를 파악할 때도 많은 도움을 받았다. 찬송가 중에는 "만 입이 내게 있으면 그 입 다 가지고……"라는 대목을 못 잊는다. 식사 때마다 그 찬송을 불렀다. 지금도 그 찬송을 떠올리면 옛날 생각이 나서 눈물이 난다. 그 찬송가을 열심히 불렀던 것은 아버지가 그 무렵에 연탄가스를 마셨다. 아버지는 그 불의의 사고로 인한 후유증으로 시달리다가 우울증에 걸렸다. 몸이 안 좋으시니 믿음도 약해지더라. 감리교 목사였던 아버지는 공항동에서 개척교회를 하셨는데 교회를 다 지어놓고, 생활을 하기엔 턱없이 부족한 정식 사례비를 받기 시작한 얼마 후 연탄가스를 마셨던 것이다. 아버지가 교회로부터 봉급을 받은 지 4년이 안 되었던 시기였다. 그때 한 달 봉급이 8만원이었다. 남들은 40만원 받을 때였다. 그나마 봉급을 받지 못한 때가 훨씬 더 많았기 때문에 어머니가 돈을 벌어야 했다. 피아노 학원을 하셨다. 그 후유증으로 2년 동안 가족들을 들들 볶으시다 돌아가셨다. 그게 벌써 20년 전의 일이다. 어렸을 때를 생각하면 교회 때문에 고생했던 거 밖에 기억나지 않는다. 교회당이 없었으니까 집이 교회였다. 집안에 강대상이나 헌금 바구니 같은 이상한 물건이 있었고, 다른 애들 집과는 달리 우리 집엔 교회 간판이 붙어 있었다. 굉장히 창피했었다. 중학생이 되니 예배 참석이 너무 많아지더라. 주일 아침과 저녁예배, 그리고 수요기도회는 물론 토요일엔 학생예배까지 나가야 했는데 정말 지겨웠다. 모든 생활이 교회 중심이었다. 아버지가 돌아가시고서야 거기서 해방이 됐다!

그 교회가 기독교 세계관에 입각하지 못하여 신자들이 자유롭게 봉사할 기회를 제공하지 못하는 것 같다.

난 큰 교회는 안 나간다. 정서적으로 안 맞는다. 교회가 클 수는 있지만 정서적으로 조그만 공동체를 선호한다. 교회라는 게 원래 종교적 현상이자 문화현상 아닌가. 중세 때도 교회가 못된 짓만 한 게 아니다. 교회는 문화 전체를 가지고 온다. 그래서 중세교회는 고딕양식을 남겼고, 로마네스코 성당을 남겼고, 수많은 성화와 상징, 그리고 무엇보다 위대한 음악을 남겼다. 그걸 살려야 한다. 성가대는 고유의 목적 외에 사람들의 예술성을 발견하거나 쌓을 수 있게 만드는 몇 안 되는 가능성 중에 하나다. 건축도 제발 그 놈의 경제성, 합리성만을 따질 게 아니라 분위기를 잘 살려야 한다. 교회건축에서 중요한 게 '공동체문화'라고 생각하기 때문이다. 다른 건축은 이윤동기를 배제하기 어렵겠지만 교회는 예외일 수 있어야 한다. 이런 감각이 정말 부족한 것 같다. 지금은 교회가 어느 정도 돈도 생겼는데, 문화의 아주 중요한 부분을 담당하고 있다는 의식도 좀 가져야 되는 게 아닌가. 요즘은 절에 가도 염불 소리가 스피커에서 나온다. 금속성 스피커에서 나오는 목탁소리! 절 건물이 얼마나 예쁜가. 그런데 시뻘건 글씨의 현수막이 웬 말인가. 한국종교의 이러한 천박성 때문에 돌아버릴 것 같다.

동양의 미적 기준을 서양적인 미적 기준을 구분하는 문제에 대한 생각은 어떠한가.

서로 다르다. 관념이 다르니까. 서양은 자연을 정복대상이라 본다. 건물 같은 거 봐도 자연이 있으면 건물을 떡하니 짓고 예술이라는 건 그 위에 올라온다. 하지만 우리나라는 자연과 인공의 구별이 없지 않나. 흙이 바로 담이 된다. 이처럼 동양과 서양은 예술의지가 다르다. 서양사람들은 보기 좋겠다 싶으면 모조리 개조한다. 그러나 우리는 자연을 존중한다. 자연이 말할 권리를 인정하는 것이다. 하지만 동양에서도 일본은 좀 다른 것 같다. 일본의 종교는 다분히 서양적이다.

풍자는........
저들의 권력을 초라하게 만드는 무기이다.

풍자의 위력

조갑제 사이트에 들어가 보고 굉장히 놀랐다. 2만4천 개 정도의 글 중에 선생이 올린 글이 2천개가 넘더라. 조갑제와 극우 파시즘에 대해 할 말이 많았겠지만 짧은 기간 동안 그렇게 많은 글을 올린 것을 보면서 소통과 커뮤니티에 대해서 나름대로의 생각이 궁금했다.

우리는 글을 굉장히 점잖게 쓴다. 그러나 실제로 우리 사회를 움직이는 건 그게 아니다. 우리 사회를 움직이는 것은 택시운전사들이 손님들과 하는 이야기, 친구들과 술 먹으면서 하는 이야기, 장바닥에서 주고받는 이야기, 명절 때 시골 내려가서 친척들끼리 나누는 이야기들이다. 예컨대 공적인 글쓰기나 담론에서 남자가 여자보다 우월하다고 얘기하는 사람들은 없다. 그러나 밑으로 조금만 내려가면 엄청난 성차별이 드러난다. 실제로 우리나라를 움직이는 이데올로기는 위에 있는 글쓰기나 담론이 아니라 아래에 있는 일상적인 담론이다. 그 '아래'가 가장 잘 드러나는 곳이 인터넷이다. 인터넷에 접속하지 않으면 아래의 정체를 모른다. 우리 사회가 어떻게 움직이고 있는지 말이다. 그래서 인터넷에 들어가 실험해 보는 것이다. 인터넷에 들어가봐야 사람들의 진짜 속마음이 뭔지, 본능이 뭔지를 그대로 읽을 수 있다. 인터넷에서는 점잖게 이야기해서는 안 먹힌다. 들어가서 싸워야 한다. 싸움질도 하고 같이 욕도 해야 먹힌다. 나는 그런 구체적인 감각들을 배우기 위해 인터넷에 접속한다. 그리고 할 말이 있을 때는 어렵게 돌려 말하지 않고 대중적으로 입에 딱 달라붙는 표현을 선택한다. 짧은 기간에 어떻게 그렇게 많은 글을 올렸느냐고 하는데 간단하다. 재미있으니까 그렇게 하는 것이다.

또 하나는 인터넷 글쓰기가 아우라Aura를 깨는 효과가 있다. 나는 그 전이나 지금이나 변한 게 하나도 없고 갑자기 책을 많이 읽는 것도 아닌데 유명해지니까 사람들이 환상을 가진다. 인터넷을 통해 그런 환상을 깨뜨려주는 것이다. 나도 니들하고 똑같은 인간이라는 것을 보여준다. 같이 쌈질하고 욕질하면서 말이다. 사람들이 글쟁이에게 기대하는 것에 맞춰 살려고 하면 피곤해진다. 사람들은 인터넷에서는 쉽게 반말을 한다. 그러면 나도 함께 "왜 임마!" 해준다. 어떤 사람은 점잖치 못하게 왜 욕을 하느냐고 하는데 점잖치 않은 사람을 보고 점잖으라고 하는 게 말이 되나.

인류는 오랜 풍자적 전통을 가지고 있다. 우선 떠오르는 인물들만 하더라도 『우신예찬』을 쓴 토마스 모어, 『서민귀족』의 몰리에르, 그리고 버나드 쇼가 있다. 우리나라의 판소리는 또 얼마나 통쾌한가. 선생의 글을 읽으면 풍자를 위해 태어난 것 같다는 착각이 들 정도다.

풍자를 하려면 일단 대상이 웃겨야 된다. 〈조선일보〉를 보면 자기 말을 스스로 뒤집고 난리법석이다. 사람들은 그때 웃어야 되는데 안 웃는다. 도리어 저들의 기사나 논평을 읽으며 심각해 한다. 내가 이해하는 풍자란, 이게 진지한 이야기가 아니라 웃기는 이야기란 사실을 폭로하는 것이다. 그러니 문학적으로 가공할 것도 없다. 조갑제 씨는 절로 풍자가 된다. 기본적으로 웃기거든! 예컨대 조갑제 씨는 북한에 보내는 쌀이 군량미라고 했다. 그런데 우리나라의 경우는 박정희가 밥을 먹게 해주었으니까 어떤 의미에서 박대통령이 우리의 인권을 보장했다는 것이다. 북한 주민의 인권을 위해 싸운다는 사람이, 북한 주민에게 인권(쌀)을 보내 줬는데 어떻게 반대할 수 있느냐고 했더니 그 쌀은 군량미가 되거나 당 간부들이 먹는다고 하더라. 그럼 보내지 말자는 이야기냐고 따졌더니 그건 아니고, 풍선을 이용해서 보내주자는 것이다. 완전히 코미디 아닌가! 그래서 다시, 그 풍선이 당 간부 집에 떨어질지 아니면 일반 민중의 집에 떨어질지 어떻게 아느냐고 하면서, 혹시 풍선에 최첨단 네비게이터 시스템을 달고 전국의 북한 주민들과 당원들의 주소를 파악해서 입력을 하면 가능할지도 모른다고 야유를 했다. 이문열의 『우리들의 일그러진 영웅』에는 엄석대가 등장한다. 엄석대가 교실에서 "이 자식들 조용해" 하면서 한 놈을 불러낸다. 그러면 대개 아이들은 고개를 푹 숙이고 나온다. 그런데 엄석대가 부를 때 어떤 아이가 장난기 있게 "왜~" 하면 애들이 와르르 웃을 것이다. 그렇게 되면 엄석대는 졸지에 권력을 잃게 된다. 이렇게 태도를 바꾸면 권력을 없애거나 권력에 저항할 수 있다. 무서운 것이 있을 때 그걸 무서워하거나 진지하게 받아주는 것이 아니라 도리어 웃어버림으로, 즉 풍자함으로써 권력을 무너뜨리는 것이다. 우리가 300만 부씩 찍어내는 조선일보에 대해 껄껄 웃을 수 있다면 저들의 권력은 지금보다 훨씬 초라해질 것이다. 멀쩡한 사람을 풍자할 수는 없다. 객관적으로 풍자가 되는 사람이 있고 그렇지 않은 사람이 있다.

놀이적 글쓰기에 대하여

선생은 인터넷에서 시간을 많이 보낸다. 학문적으로 전혀 인정도 못 받는 일인데 그만큼 비중을 두는 것은 그럴 만한 가치가 있다고 판단하기 때문인가.

인터넷에서의 글쓰기는 나의 놀이이고 삶이다. 글쓰는 게 일이다 보니 쉬러 들어가는 것이다. 클릭하면 바로 열리는 게 인터넷 아닌가. 글쓰다가 막히면 들어가서 놀고 나오기 때문에 길게 쓸 수가 없다. 그리고 인터넷에서의 글쓰기는 구어와 문어의 중간이다. 너무 길게 쓰면 말이 아니라 독백을 하는 꼴이 되기 십상이다. 그게 말이려면 들어주는 사람이 있어야 하지 않나. 그런데 인터넷에서는 길다 싶으면 바로 들이받아버린다. 인터넷에서의 글쓰기가 말과 글의 중간이다 보니까, 그리고 입으로 하는 게 아니라 손으로 자판을 두드리다 보니까 오타를 비롯한 많은 오류를 범하게 된다. 그런 걸 오히려 뒤집어주는 것이다. 그게 발전이라 생각한다. 꼭 모든 것에 거창한 목적이 있어야 하는 것은 아니지 않나.

선생의 경우는 공적인 담론의 장에 발표한 글보다 인터넷의 짧은 글들이 훨씬 재미있다.

인터넷에는 순간순간의 대응이 중요하다. 순간적으로 어떻게 받아칠 것인가를 판단해야 하는데 그런 게 재미있다. 나는 인터넷 공간에서 누구와 논쟁을 할 때 설득을 목적으로 하지 않는다. 왜냐하면 설득이 안 되기 때문이다. 물론 설득이 되는 사람이 없는 것은 아니다. 그것은 척 보면 안다. 이 사람이 나와 대화를 하고 싶어서 답글을 다는지 아니면 괜히 건드려 보는 것인지. 주로 데리고 노는 사람들은 후자의 경우다. 같이 놀아주면서 다른 사람을 즐겁게 해 주는 것이다. 나의 경우는 철학을 통해 논리적인 훈련을 받았으니까 그렇게 놀아주는 게 어렵지 않다. 그런데 대개 사람들이 저지르는 실수들이 비슷하기 때문에 사람들은 다른 사람의 실수를 통해 배우게 된다. 물론 공격을 받아 웃음거리가 되는 사람이 평소 얄미워하던 사람이라면 쾌감이 배가 될 것이다.

혹시 조갑제 씨로부터 만나자는 연락은 없었나.

그런 적은 없다. 오프라인에서 한번 만나서 논쟁을 하라고 방송국에서 몇 번 연락을 한 모양인데 진중권이 나오면 안 나오겠다고 했다더라. 버르장머리 없는 놈이라서 못 하겠다나……. 〈조선일보〉에서는 몇 번 청탁이 왔었다. 물론 거절했다. 이 친구들은 항상 지면 주고는 자기편으로 끌어들인다. 생각이 다른 사람들까지도 자기들 목적에 써 먹는다. 나는 〈조선일보〉와 완전 상극이고, 조갑제를 완전 바보로 만든 저자에게 기고하라니, 참 뻔뻔하다는 생각뿐이다. 어떻게 인간들이 저럴 수 있는가. 〈조선일보〉 쪽에서 그러더라. "너는 왜 양담배 피우냐, 학생들 만날 때 죄책감 안 드냐?" 대한민국이 자급자족체제인가? 우리도 남의 나라에 물건 팔아먹고 살면, 남의 나라 물건도 사 주어야 하는 게 아닌가.

선생이 발음하는 '즐거움' 이라는 의미가 굉장히 두텁게 다가온다.

나에게 즐거움을 중요하게 생각하는 데는 대략 두 가지 요인이 있었던 것 같다. 기독교로부터 받은 코드가 하나 있고 또 다른 코드는 니체다. 니체적인 '즐거움' '쾌락' 이 기독교와 함께 내 속에 있으면서 때론 갈등하기도 하지만 두 개가 있어서 더 좋을 때가 많다. 양쪽이 견제되니까. 기독교는 즐겁고 싶은 나에게 남을 괴롭히거나 사회적으로 악한(惡漢)이 되면서까지 그러지 않게 만든다. 예컨대 내가 조갑제를 늘 욕하지만 만약 그가 결정적인 위험에 처하게 된다면 적극적으로 도울 것이다. 기독교의 영향은 조갑제와 같은 극우 파시스트까지도 인간적으로 미워하지 못하게 만든다. 어차피 세계도 하나의 연극이고, 결국은 우리 모두가 죽어서 신 앞에 설 형제라는 생각을 종종 하게 된다. 때문에 인간에 대한 기본적인 믿음은 버리지 않으려고 노력한다. 그래서 미워하기보다는 비꼬는 것이다. 마치 친구들간에 놀리고 조롱하듯 말이다.

사이버 공간에서 누구보다 험한 꼴을 많이 당하는 걸로 안다. 욕설과 인신공격이 대단할 텐데 상처가 되지 않나.

테러하겠다는 사람도 있고 내 이름으로 다른 사람의 사이트를 해킹하는 사람도 있다. 그러나 보니 항의 메일을 많이 받는다. "글 쓴다는 놈이 남의 홈페이지 해킹이나 하느냐?"는. 진중권이 원조교제를 한다는 소문도 있었고, 심지어 어떤 선배라는 자는 내가 국정원에서 매월 500만원을 받는다는 루머도 퍼뜨렸다. 종종 듣는 말 중에 하나가 "독일 가서 박사도 못 따온 놈이 까분다"는 야유다. 그런데 나는 그런 이야기에 상처받지 않는다. 그 말들이 모두 거짓말이기 때문이다. 진심이었다면 나도 상처받았을 것이다. 사람들이 왜 내게 그런 인신공격을 하는가 하면 내가 자기들보다 강하다고 생각하기 때문이다. 그래서 신경을 안 쓰는 것이다. 네 놈이 어쩌고저쩌고 할 때 "논점이 뭡니까?"라고 물으면 대개는 논점이 없다. "그러니까 한마디로 당신은 내가 싫다는 애기죠?"라고 다시 물으면서 "더 하실 말씀 있으시면 해 보시죠?"라고 하면 쑥 들어간다. 이렇게 생각하면 별거 아니다.

하지만 보통사람들에겐 그게 말처럼 쉽지가 않다. 놀랍다, 비결이 뭔가.

짬밥이다! 나는 정말 그런 욕설과 인신공격에 신경쓰지 않는다. 자신에 대한 믿음이 있기 때문이다. 특별하게 잘못했거나 감출 것이 별로 없기 때문이기도 하다. 쌓아 놓은 권력도 내게는 없지 않나. 내게 막 욕을 해대면 그래도 내가 관심의 대상이 되는구나 싶어 고맙다. 어떤 때는 욕하는 사람들에게 그 욕을 그대로 돌려준다. 그렇게 약을 올리는 것이다. 재미있는 것은 나를 막 욕하는 사람들이 한결같이 나를 싫어하는 것은 아니라는 사실이다. 끈질기게 들어오는 것을 보면 알 수 있다. 말하자면 일종의 애정표현이다. 관심이 있으니까 계속 들어와서 건드리는 게 아니겠는가. 잘못했을 경우는 명확하게 사과를 하는 게 중요하다. 그러면 두려울 게 없다. 이번에 안티조선 쪽에서 전태일 보도사건을 놓고 실수한 게 있었다. 〈조선일보〉는 보도를 했는데 이쪽에서 확인을 미처 하지 않고 보도를 안 했다고 비판했으니까 명백하게 잘못했다. 그럴 때 나는 감추지 않는다. 〈조선일보〉 독자마당에 들어가서 사과의 내용을 담은 글을 세 번 올린다. 그러면 "평소엔 그렇게 과격하고(물론 그들이 볼 때 과격한 것이다) 매섭게 비판을 하다가 자기가 잘못한 부분에 대해 깨끗하게 사과를 한다"면서 도리어 인정해주더라. 대접도 달라지고. 싫어하는 것보다 더 무서운 건 무관심이다. 인간이 갖고 있는 지식에는 한계가 있기 마련이다. 그렇다고 해서 인간이 알 필요가 없다거나 공부할 필요가 없다는 게 아니지 않는가. 노력하면 우리는 어느 정도는 사태를 미연에 방지할 수 있다. 그렇게 해도 우리는 실수할 수 있다. 그때는 바로 깨끗이 사과하면 된다. 안 할 수는 없는 게 아닌가. 그것은 비겁한 것이니까 말이다.

강단에 대하여

자유기고가나 〈아웃사이더〉 편집위원 정도(?)로는 우리 사회 속에서 살아가기에 불편한 게 한두 가지가 아닐 듯 하다. 대학 강단에서 러브콜이 있었던 걸로 안다.

학위문제가 있었고 제안을 따져보니 일단 아니었다. 혹시 대학선생이 된다 하더라도 실력을 인정받아 당당하게 들어가고 싶다. 능력도 되고 충분히 잘 할 수 있다고 생각한다. 때문에 연줄 같은 걸로 대학에 들어갈 생각은 추호도 없다. 다른 사람을 억울하게 하면서까지 자리를 빼앗는 것은 참을 수 없는 일이다. 공정 경쟁을 통해 업적을 평가받고 당당하게 들어가지 무임승차는 안 할 것이다. 학교를 뛰쳐나올 때는 왜들 저렇게 사나 싶었다. 더럽고 치사하게 말이다. 그렇게 사는 게 견딜 수가 없어서 뛰쳐나왔는데 내가 다시 그 짓거리를 하겠는가.

학교를 뛰쳐나온 이유가 박사학위 때문이었나.

서울대 다닐 때의 일이었는데 알고 보니 이미 자리는 내정되어 있었다. 자기들끼리 나눠 먹은 것이다. 자리를 얻으려면 교수한테 잘 보여야 하는데 나는 친구 앞에서 교수 욕을 했던 것이다. 그런데 자기도 같이 욕을 했으면서 담당교수에게 일러바쳤다. 교수 욕할 수 있는 거 아닌가. 아마 그 친구도 밥그릇이 걸려 있기 때문에 그랬을 것이라 짐작한다. 요즘 다시 생각하니 이해가 된다. 교수가 된 다른 친구를 만났더니 주낭 20시간 강의를 한다고 하더라. 밀이 안 되는 깃이다. 나에게 그것은 삶이 아니다. 월급이야 더 받겠지만 강의라는 게 뻔하지 않나. 학원강의 비슷한 것 아니겠는가. 나는 내가 좋아하는 글쓰고, 독자들 만나고, 그걸 통해 돈을 번다. 하고 싶은 것 마음대로 하고 산다. 자고 싶을 때 자고, 일어나고 싶을 때 일어난다. 아니꼬우면 안 만난다. 책도 좀 팔려서 일을 안 하고도 먹고 살 수 정도의 경제적 기반도 생길 것 같다. 그런데 굳이 왜 교수가 되겠는가. 거기 가면 아부해야 하고, 제자들 취직도 시켜주어야 한다. 그런 일은 적성에 맞지 않는다. 나는 개인적으로라도 진짜 제자를 가르치고 싶다. 목표가 더 높아진 셈이다. 옛날엔 교수가 목표였는데 지금은 교수가 눈에 안 찬다. 아니, 우습게 보인다. 대한민국에 교수들 많지 않은가. 그럼 된 것 아닌가. 그리고 나는 돈을 별로 안 쓴다. 김포에 있는 집안에만 있는다. 아내는 일본사람이다. 연인 같이 친구 같이 지낸다. 같이 시내 나오면 커피값 아끼기 위해 자동판매기 커피 뽑아서 쭈그리고 앉아서 마신다. 얼마나 좋은가! 필요한 만큼만 벌어 쓰는 것이다. 내가 만약 지금 교수였다면 어떻게 한달씩이나 외국여행을 나갈 수 있었겠는가. 직장인들은 이렇게 못 나간다. 동요하지 않는 내 자신의 목표가 중요한 것이다. 사회가 알아주는 것을 위해 내 삶을 희생시킬 이유가 하나도 없다. 만약 내가 그때 그 친구처럼 고자질하고 교수가 되었다면 사고가 이만큼 발전했겠나. 나는 그때 내 판단과 선택이 옳았다고 생각한다. 나는 책을 써도 교수 허락을 받고 써야 할 필요가 없다.

비슷한 시기에 고종석은 〈한국일보〉에, 선생은 〈한겨레 21〉에 21세기 전망에 대한 글을 연재했다. 고종석이 전망 쪽에 무게를 두었다면 선생의 경우는 20세기의 정리에 무게를 둔 것 같다.

전망은 미래학 쪽이니까 잘 다룰 수가 없다. 〈한겨레 21〉에서는 전망 쪽으로 써 달라고 했지만 내 생각은 달랐다. 컴퓨터를 처음 발명한 게 1950년대였다. 그때 어떤 사람이 예언하기를 20세기 말쯤 되면 컴퓨터의 무게가 '겨우' 1톤 밖에 안 나갈 것이라고 했다는 게 아닌가. 맞긴 맞았지만 얼마나 썰렁한가. 그래서 내가 그런 식의 예언을 해야 한다는 게 내키질 않아서 안 했던 것이다. 그래서 20세기를 정리해 보았다. 사실 나는 21세기가 어떻게 될 것인가에 대해서는 별 관심이 없다. 각자가 충실한 삶을 살면 되는 게 아닌가.

일상의 파시즘

김규항은 일상 속에서 검증되지 않는 진보는 허위라고 했다. 목사가 라스베이거스 카지노에 가서 돈을 잃고 교회를 위해 그랬다고 말하고, 성도들은 그 얘기에 아멘, 하는 형국이고 보니 신앙인의 몰상식에 개탄하지 않을 수 없다. 우리의 신앙을 일상 속에서 어떻게 상식적이 되게 하느냐에 개인적으로 관심이 많다. 선생은 일상의 중요한 실천으로 꼽는 게 무엇인가.

특별하게 실천하는 것은 없다. 일상 속에서 나의 가장 큰 적은 남성우월주의다. 나도 페미니즘에 적극적으로 찬성한다. 문제는 입으로는 되는데 실천이 빈약하다는 것이다. 몇 십 년간을 남성우월주의적 환경에서 살았기 때문에 그게 말처럼 쉽지 않다. 그래서 페미니스트라 내세울 자신이 없다. 집에서도 설거지를 못 거든다. 그래서 페미니즘에 관한 글을 써달라고 하면 계속 뺀다. 말 따로 행동 따로인 내가 괜히 페미니즘에 대한 발언을 했다가 실천이 안 되면 이중인격자란 느낌이 들지 않겠나. 그래서 가능한 한 이 문제로는 이야기를 잘 안 한다.

살면서 커다란 차별을 당한 기억은 없다. 내가 교회의 건강성을 따질 때 중요하게 생각하는 것은 사람을 차별하느냐 그렇지 않느냐 하는 것이다. 건강한 교회는 사람을 사람으로 대하는 교회라고 생각한다. 선생은 한국 교회의 가장 병적인 요소가 무엇이라 생각하나.

교회를 잘 나가지 않는다는 걸 전제로 이야기를 해 보자. 우선은 조그만 교회를 다니다 보니 피해가 덜한 것 같다. 한 번은 대형교회인 광림교회의 김선도 목사가 베를린에 와서는 설교시간에 교회 헌금으로 선교를 이렇게 많이 한다고 자랑을 하는데 듣고 있을 수가 없었다. 왜 하나님의 돈으로 자랑을 하는지 모르겠다. 정말 큰 교회 목사들 설교를 들어보면 남대문 장사꾼들이 물건 파는 것 같다. 정형화된 패턴의 설교에 목소리까지 정형화되어 있다. 완전한 상품이다. 쉽게 말하면 김용옥과 크게 다르지 않다. 그리고 왜 성서의 말씀에 자꾸 이상한 해석들을 붙이는가. 심지어 어떤 목사는 흑인들은 구약에서 저주를 받았기 때문에 피부가 검정색이 되었고, 오늘날에도 스프츠 밖에는 할 줄 아는 게 없다는 식의 인종주의적 발언을 서슴없이 한다. 이것이야말로 완전한 파시즘이다. 교회의 대형화도 문제고 교회가 서울에만 몰리는 현상도 지적되어야 한다. 목사들이 촌에는 잘 가려고 하지 않는다.

거기다 세습까지 서슴없이 감행한다.

말도 안 된다. 교회가 북한의 김일성 왕조인가? 교회에서 권력이 세습된다는 것은 담임목사가 하나님이 되기 때문에 가능한 것이다. 사실은 목사가 재림예수가 되는 것이다. 그것이야말로 불경죄 아닌

가. 목사의 권한은 철저하게 하나님으로부터 위임받은 것이다. 세습이란 그것에 어긋난 것이고. 목사는 하나님의 도구에 불과하다. 자기가 잘난 게 아니다. 자신의 능력이니 뭐니 하는데 한마디로 웃기는 이야기다. 잘 나간다는 목사들 낙도에 갖다 놓으면 별 볼일 있겠는가. 그리고 한국 교회가 너무 공격적이다. 내가 가끔 나가는 교회도 보면 남의 교회 전도지가 자꾸 들어오는데, 뭐 하는 짓인지 모르겠다. 교회는 충분히 있다는 게 내 생각이다. 사람들이 교회에 안 나가는 것이 교회가 있다는 사실을 모르기 때문인가? 그런데 자꾸 길바닥에 나와서 선교한다. 참 보기 안 좋다. 심지어는 파리의 퐁피드 센터 같은 곳에서도 한국에서 온 신자들이 손 율동을 한다. 얼마나 유치한가. 한국도 모자라 외국까지 나가서 망신주는 크리스천들. 그것은 타인에게 피해를 주는 것이다. 왜 그런 에티켓 하나 못 지키는가. 명동에 나가면 아줌마들이 찬송가를 부르며 신앙을 강요한다. 그런 것들이 교회 이미지만 나쁘게 하는 것을 왜 모를까. 이웃에 절이 생겼다고 절 없어지게 해달라고 기도를 하지 않나! 진정한 선교란 장사를 하든 학교에서 가르치든 사람을 만나든 기독교인 티가 전혀 안 나야 하는 것 아닌가. 잘 사는 모습을 주위 사람들한테 보여주는 것 이상의 선교가 어디 있는가.

얼마 전 한양대에서 동성애 문제로 강의를 했던데.

기독교인들의 또 하나의 문제는 그 도덕에 있다. 교인들의 도덕이 자신들에게는 타당하다고 해도 이걸 사회적으로 강요하면 안 되는 게 아닌가. 그걸 자꾸 망각하는 것 같다. 도덕은 사람마다 다 다르다. 그것을 인정은 해야 한다. 도덕 말고 윤리라는 게 있다. 다른 생각을 갖고 다른 도덕을 가진 사람들이 서로 피해주지 않고 합리적으로 살아가게 하는 것이 윤리다. 문제는 대다수 한국 교회의 신자들이 자기들이 가진 주관적인 도덕을 객관적인 윤리처럼 내세운다는 것이다. 동성애 문제에 대해서는 교회가 굉장히 반성을 해야 한다고 생각한다. 왜냐하면 교회가 동성애자들을 화형시킨 그림들이 아직 남아 있다. 한양대에서 그 그림을 보여 주었다. 나치들은 동성애자들을 가스실에 보냈다. 그때 동성애자들을 가스실에 보낸 SS친위대의 60%가 가톨릭 신자였다. 기독교인들이다. 히틀러가 몰락한 다음, 교회가 나치를 죄다 남미로 빼돌렸다. 이런 게 모두 교회의 죄악이라 생각한다. 교회가 이렇게 하는 구실로 내세우는 게 기껏해야 소돔과 고모라의 이야기고 구약 레위기에 나오는 몇 구절이다. 레위기에 보면 절름발이를 비롯한 사람들은 제단에 나오지 말라고 되어 있다. 누가 봐도 그것은 현대사회와 맞지 않는다. 당시 그렇게 한 것은 다른 이유가 있거나, 아니면 그 당시 사람들이 갖고 있는 통속관념이었을 것이다. 그걸 오늘에 그대로 유지하겠다는 것은 분명 문제가 있다. 그리고 동성애는 선택의 문제가 아니다. 본인만 안 하면 되는 게 아닌가. 그 기준을 가지고 다른 사람들을 차별하는 것은 죄악이라 생각한다. 인종차별과 다름없는 죄악이다. 아무 이유 없이 멀쩡한 사람들을 죄인이라 부르면서 왕따시키고, 사회적으로 매장시킨다. 미국에서도 기독교 정체성을 가진 동성애자 청소년들이 자신의 성적 정체성과의 충돌을 견디지 못하고 자살한다. 굳이 왜 그래야 하느냐는 것이다. 이럴 때 적극적으로 기독교가 시대에 맞는, 아니 시대에 맞는다기보다는 인류에 맞는 방향으로 나갈 수는 없는 것인가.

이 땅의 젊은이들에게

젊은이들에게 어떤 책을 추천하고 싶나.

필립 아리에스의 『죽음 앞에 선 인간』을 우선 추천한다. 종교적 관점에서도 좋은 작품이다. 친구로부터 그 책을 건네받고 꼬박 3일 동안 손에서 놓을 수가 없었다. 한동안 죽음의 문제에 매달려 살았다. 굉장히 감동 받았다. 제임스 프레이저의 『황금가지』와 요한 호이징가의 『호모 루덴스』, 그리고 노베르트 엘리아스의 『문명화 과정』도 아주 좋은 책이라 생각한다.

『춤추는 죽음』은 일상생활을 역사학의 중요한 연구주제로 끌어올린 아날학파의 필립 아리에스로부터 자극을 얻은 것으로 안다. 대다수 독자들은 진중권 하면 재미, 경쾌, 풍자를 떠올리기 쉽다. 그런데 죽음에 대한 책을 두 권이나 쓴 걸 보면서 생각을 바꿔야 했다.

필립 아리에스가 『죽음 앞에 선 인간』을 통해 이미 터전을 닦아 놓았다. 그는 역사학자였기 때문에 유언장, 묘비 등등에 나타난 사료(史料)를 바탕으로 죽음의 문제를 훌륭하게 그려냈다. 나는 예술적인 가치들이 풍부한 도판(圖版)들을 다시 수집, 정리, 선별하는 과정을 새롭게 했고, 미약한 현대편을 좀 더 보강했다. 작업하는 과정이 굉장히 재미있었다. 성서도 다시 읽었다. 사실 바로크시대까지의 유럽은 모두 기독교적인 죽음에 대한 관념의 변화사라 해도 과언이 아니다. 우리가 생각하는 천당과 지옥이라는 개념이 중세 말에 생겼다는 것을 알게 되면서 충격을 받았다. 죽음의 문제를 공부하다보니 서양철학이 이해가 되더라. 영육이원론은 성서에서 이미 사도 바울이 이야기했다. 그런데 그 관념이 명확하게 드러나는 것은 중세 후기다. 우리에게 익숙한, '육체는 썩어도 영혼은 불멸한다'는 관념은 중세 말에 생긴 것이다. 바로 그 영혼이라는 개념이 데카르트가 말하는 정신이다. 기독교적인 도식이 세속화된 것이 영육이원론이다. 근대라는 것이 갑자기 하늘에서 뚝 떨어진 게 아니라 중세 말부터 준비되었다는 사실이다.

서경식의 『나의 서양 미술 순례』를 읽고 깊은 감동을 맛보았다. 그 이후 죽기 전에 꼭 유럽 미술관 순례를 하겠다는 꿈을 새롭게 가지게 되었다. 둘 다 할 수 없다면 이스라엘 성지 순례를 포기하고 싶다.

내가 서양화를 좋아하는 것은 그게 서양 문화기 때문이다. 좋아하는 작가는 자꾸 다양화되기 때문에 꼭 집어서 이야기하기가 곤란하다. 좀 좁혀 말하자면 나는 바로크 시대의 그림을 좋아한다. 재미있기 때문이다. 현대화 중에는 파울 클레가 좋다.

젊은이들이 무책임한 개인주의적 처세로부터 자유롭지 못하지만 아직도 모래시계 세대의 멘탈리티로 21세기를 살려고 눈물겨운 노력을 하는 젊은이들도 있다. 이들에게 어떤 이야기를 들려주고 싶은가.

지금의 청년들은 관리된 세대다. 우리 때도 마찬가지였지만 지금은 그 정도가 더 심한 것 같다. 우리 때는 과외 하는 사람이 일부였는데 이젠 거의 다 한다. 모든 것을 짜여진 룰에 매달리다 보니 이 친구들에겐 자기 목표가 없다. 목표를 세우더라도 소위 사회에서 일반적으로 내려오는 표상들이나 위계질서만 보는 것 같다. 법대, 의대 또는 서울대, 연세대 등 위계서열을 따른다. 이런 서열의 가장 높은 곳으로 올라가야 한다는 생각뿐이다. 졸업한 다음에도 사회 속에서 직업의 위계질서를 충실하게 따른다. 오로지 거기에만 맞춰서 살아간다. 하지만 그건 자기가 설정한 목표가 아니다. 사회가 강요하는 목표이다. 나는 이런 것들이 아닌 자기만의 가치관과 목표를 한번 세워보라고 권하고 싶다. 요즘 젊은이들은 맨날 토플이나 토익 같은 영어책만 본다. 다들 영어를 열심히 하는데 정말 살면서 영어가 필요한 사람이 몇 퍼센트나 되는지 모르겠다. 나머지는 사회적 낭비다. 읽는 책들이라는 게 겨우 그 놈의 처세술이다. 그건 아니다. 존재의 미학이란 게 있지 않나. 자기 삶 자체를 작품으로 끌고 나가는 것이다. 눈치나 보면서 높은 위계로 어떻게 올라갈 것인가에 대한 기술만을 습득하는 게 아니라. 자기 목표를 스스로 세우고 그 목표에 따라 삶을 이끌어나가야 한다. 그것이 진정으로 자신의 주인이 되는 것이다. 그렇지 않으면 노예가 되는 것이다. 결국 아무리 높은 지위에 올라서 사람들을 부리고 잘 먹고 잘 살아도 노예의 삶이다. 왜냐하면 그것은 자기가 원하는 대로 사는 게 아니기 때문이다. 스스로 목표를 정할 뿐 아니라 가능한 한 삶을 작품처럼 꾸미는 존재의 미학을 가질 것을 부탁하고 싶다.

존재의 미학을 가지는 삶

내가 생각하는 진중권의 미덕은, "다시 '운동'을 한다면 그것은 '돈 되는 운동'도 아니고 '이기는 운동'도 아니고, 즐거운 운동이었으면 한다. 즉 대의라는 의무감에 묶인 운동이 아니라 제 존재의 자연스런 표현으로서의 '운동', 즉 자기가 할 수 있는 만큼, 자기가 할 수 있는 방식으로, 자기가 좋아하는 분야에서 즐겁게 하는 조그만 운동. 그것이 하고 싶다"고 말하는 것이다. 그러나 우리 사회 속에서 그 미덕을 말할 뿐 아니라 그 미덕을 지킨다는 것은 얼마나 힘들고 주목받지 못하는 일이던가.

관리된 세대이길 거부하는 삶, 스스로 목표를 세우고 관철시켜 나가는 삶, 이름하여 '존재의 미학을 가지는 삶'을 제도권 밖의 진중권을 통해 확인하였다. 그 목소리 또한 내 가슴 속으로 소중하게 다가오는 것은 그가 죽음이 터부가 된 이 가벼운 시대에 죽음을 사유할 뿐 아니라 그것을 넘어선 삶의 환희에 대해, 경쾌함과 즐거움과 발랄함을 말하고 있기 때문이다.

내가 사랑하는 예수는 말했다. 지혜로운 자의 마음은 잔칫집에 있는 것이 아니라 초상집에 있다고 말이다. 나는 진중권이 말하는 죽음의 문제를 해결하는 방식에 모두 동의할 수는 없다. 그러나 그가 죽음 앞에 우리를 세우고자 하고 사유하게 하는 것이 퍽이나 고맙다.

"죽음의 공포를 이기는 유물론적 전략이 있다면, 아마 인간과 인간간의 연대, 세대와 세대 간의 연대에 있으리라. 삶이 있으려면 죽음이 있어야 한다. 앞서 살았던 사람들이 내게 세계를 물려주고 갔듯이 나 역시 언젠가 후세에게 이 세계를 넘겨주고 가야 한다. 그래야 인류는 새로 태어날 생명들과 함께 영원히 젊음을 유지하며 계속 살아갈 수 있다. 이 점을 인식하고 아집을 버릴 때, 나의 죽음은 비로서 어떤 '의미'를 가질 수 있지 않을까? 삶도 마친가지다. 죽음의 의미든, 삶의 의미든, 그것은 오로지 인간과 인간의 관계, 세대와 세대의 관계 속에서 찾아야 할 것이다. 죽음 앞에 선 인간. 죽음을 맞는 여러 가지 방식들. 과연 죽음을 어떻게 맞을 것인가? 여러분 각자가 대답해야 할 문제다."

『춤추는 죽음』에서 진중권이 결론으로 했던 말이다. 그의 죽음을 통과한 발람함과 경쾌함이 우리 사회에 새로운 활력을 불어 넣기를 희망한다.

HONG_SEHWA

홍세화 〉〉〉

홍세화는 영원한 사병으로 남고 싶어 한다. 나이를 먹어봤자 사병일 뿐인 삶을 고집하는 것은 실제 전투가 사병에 의해 이루어지기도 하지만 모두가 장교를 동경하기 때문이기도 하다. 그럼에도 불구하고 그는 즐거운 아웃사이더의 삶을 동경한다. 그런 삶에 걸맞게 그는 대중교통으로 출퇴근을 하고 주민등록 날인을 거부하고 언론인이지만 당당하게 진보정당에 참여하고 있다. 1947년 서울에서 태어난 홍세화는 경기중·고를 졸업하고 서울대 금속공학과에 입학했으나 그만두고 다시 외교학과에 들어갔다. 72년 '민주수호선언문' 사건으로 제적을 당하기도 하였지만 순탄치 못한 대학생활 끝에 77년 졸업했다. 79년 '남민전'에 가담, 활동하다가 해외근무 때문에 유럽에 나갔다가 남민전 사건으로 발이 묶여 20여 년간의 이방인 생활을 하다가 2002년 영구귀국하였다. 〈한겨레〉 기획위원으로 있으면서 신문사가 한국사회의 토론문화 활성화를 위해 할애한 '왜냐면'을 맡아 깊이 있는 칼럼을 우리 사회에 제공하는 한편 〈아웃사이더〉 편집위원으로도 활동하고 있다. 저서로는 단행본 『나는 파리의 택시운전사』, 『쎄느강은 좌우를 나누고 한강은 남북을 가른다』, 『악역을 맡은 자의 슬픔』, 『빨간 신호등』과 번역서 『진보는 죽은 사상인가』, 『왜 똘레랑스인가』, 『세계는 상품이 아니다』, 『보거를 찾아 떠난 7일간의 특별한 여행』 등이 있다.

즐거운 아웃사이더로 살기

김정란 선생으로부터 홍세화 선생을 꼭 만나야 한다는 이야기를 들었을 때만 해도 인터뷰가 성사될 가능성은 거의 제로였다. 프랑스로 날아갈 처지가 못 되는데다 일시 귀국하였다고 싸우듯 인터뷰 승낙을 받아낼 뜻이 없었기 때문이다. 기필코 인터뷰를 따내는 것으로 능력을 인정받는 것보다는 하고 싶은 일을 즐겁게 하는 것을 더 소중하게 지키고 싶었기 때문이다. 만나지 않고도 탁월한 인물론이 가능하다는 사실은 이미 강준만과 정혜신에 의해 충분히 입증된 바 있다. 그러나 아직도 나는 인터뷰라면 눈과 눈이 마주치고, 서로의 숨결이 나누어져야 한다고 생각한다. 문장으로 말할 수 없는 것이 존재하고, 공적 담론에서 매우 하찮게 보이는 일상이 사실은 매우 중요하다고 믿기 때문이다. 인간을 구원하는 신의 빙법 또한 인격을 배제한 채 정보를 처리하듯 되는 것이 아니라 인격적인 만남 속에서 이루어지고 있다고 확신하기 때문이다. 영구 귀국의 결과로 홍세화 선생의 인터뷰가 확정되었을 때 나는 너무 기뻤다. 2002년 2월 8일, 어딘지 모르게 선생과 닮았다고 느껴지는 막스 부르흐의 교향곡을 들고 홍세화 선생을 만나기 위해 한겨레신문사로 향했다. 02_02_08

즐거운 아웃사이더로 살기

프랑스의 언론과 교육

내겐 신문을 통해 프랑스를 보고 자신의 지평을 넓혔다는 선생의 경험이 퍽 이채롭다.

내가 프랑스사회를 보았다면 그것은 매체를 통해 본 것이다. 그중에서도 TV보다는 〈르 몽드〉를 비롯한 일간지와 진보적인 잡지들이었다. 프랑스는 한국인으로서는 거리 두기가 가장 좋은 나라다. 한국은 미국의 영향이 강하게 작용하는 나라다. 미국과 거리두기를 하면서도 세계를 균형 있게 만나게 하는 프랑스가 매우 좋은 위치에 있는 것 같다. 프랑스는 우리와 달리 언론과 교육이 진보적이고 균형 잡힌 생각을 하도록 도와준다. 그리고 프랑스 사회는 진보적인 경향이랄까, 일반 서민 내지 대중들이 처해 있는 사회경제적 조건에 맞는 정치의식이 자리 잡고 있다. 프랑스에 머무는 동안 그러한 정치의식이 어디에서 온 것일까를 많이 생각했는데 내가 내린 결론은 프랑스의 교육과 언론이 많은 역할을 했다고 보인다. 언론에 있어서 중요한 것은 자본으로부터의 독립인데 프랑스에서는 완벽하지는 않지만 그것이 어느 정도 이루어져 있다. 정리하자면 프랑스가 가지고 있는 축적된 역사적 경험이 교육과 언론에 충분히 녹아 있는 걸 보았던 것이다. 물론 프랑스의 신문도 완벽한 체제 속에 있다고 생각지는 않는다. 그러나 거리를 두고 읽는다면 균형감각을 충분히 키울 수 있다. 〈르 몽드 디플로마티크〉는 월간지이지만 뛰어난 학술논문이라 해도 손색이 없는 논문들이 실리는 격조 높은 잡지다. 프랑스의 아주 중요한 자산이라고 생각된다.

우리 언론은 공정성과 심층성이 부족할 뿐 아니라 기자사회가 학연이나 지연과 같은 파벌로부터 자유롭지 못하다. 이 점에 있어서 프랑스 기자사회는 어떤가.

거기서도 유명한 신문의 기자가 되려면 시앙스포를 거쳐야 한다. 시앙스포는 대학입학 자격시험만을 통과해서는 갈 수가 없다. 시험을 쳐서 공부 잘하는 아이들이 간다. 거기에 또 기자학교가 있다. 여기 까지 끝내야 한다. 이처럼 프랑스의 기자들은 엘리트적 성격을 갖고 있다. 워낙 엘리트교육이 철저한 나라가 아닌가. 한국과 다른 것은 좌우 구도가 뚜렷해 같은 학교 출신들이라도 좌우 성향에 따라 완전히 나누어진다. 물론 거기도 문제가 없는 것은 아니다. 피에르 부르디외 같은 사람은 언론이 어떻게 자기들끼리 뭉쳐서 서민의 문제를 외면하는지를 TV에 나와서 이야기했었다. 보다 더 중요한 것은 기본직으로 한국 지식인에 비해 프랑스 지식인의 평균 수준이 매우 높다는 점이다. 우리의 경우, 대부분의 교수들이 사물과 현상에 대한 깊은 이해 없이 암기 잘 해서 대학 나오고 미국 가서 학위 따서 대학교수가 되면, 그때부터 공부 안하는 소위 철밥통이 된다. 거기에 비하면 프랑스 지식인들의 수준은 굉장히 높다. 가령 인문과학 쪽의 대학입학자격시험의 경우 철학에 굉장한 비중을 둔다. 영어의 배점이 3인데 철학은 8이니까. 작년의 경우, 세 개의 문제를 주고 그 중 하나를 골라서 4시간 동안 논술하라는 것이 철학의 시험문제였다. 예를 들자면 "모든 권력은 폭력을 동반하는가?"라는 문제를 놓고 4시간 동안 논술하는 것이다. 중고등학교 과정에서 사회과학적, 철학적 소양이 생기지 않았다면 도저히 풀어낼 수 없는 문제가 아닌가. 일찍부터 사회와 사물현상에 관한 많은 토론을 하고, 글을 쓰는 훈련을 철저하게 받는 것이다. 프랑스는 좌우 구분이 분명하다. 예컨대 총리를 하고 있는 사회당의 조스팽과 대통령인 자크 시라크가 한 학교 출신인데 한 사람은 좌고 한 사람은 우다. '악령'이니 '홍위병'이니 하는 따위의 말도 안 되는 이야기를 함부로 꺼내는 것이 한국의 현실인데, 프랑스에서는 상상도 할 수 없는 발언이다. 결국 이러한 차이가 프랑스와 우리 사회의 다른 점이 아니겠는가.

프랑스의 교육은 토론을 어떻게 가르치는가.

프랑스의 학교는 대학교까지 거의 공립이며 교육비가 무료다. 가톨릭계에서 운영하는 10% 정도의 전문학교만이 사립일 뿐이다. 그러나 이러한 전문학교들도 공립학교에 준하는 모든 교육을 하게 되어 있다. 의무교육은 6살부터이지만 대다수 사람들은 3살부터 유치원에 보낸다. 프랑스 아이들은 유치원 3년 동안 쓰기와 읽기는 배우지 않는다. 말하기와 듣기만 배울 뿐이다. 화초를 기른다든가 시를 들려주고 그림 그리기를 하게 하면서 인문적 소양을 일찍부터 길러준다. 자기를 표현하는 것을 일찍부터 가르쳐주는 것이다. 초등학교에 들어가면 글쓰기와 셈본을 가르치며 학년이 올라갈수록 작문이 많아진다. 중학교에 들어가면 벌써 책을 읽고 거기에 대해서 독후감을 써야 하는데, 중학교 3학년짜리에게 에밀 졸라의 『제르미날』을 읽힐 정도다. 고등학교에 올라가면 루소나 볼테르처럼 사상적인 글을 읽힌다. 때문에 사물과 사회현상을 보는 눈이 일찍부터 떠지고 거기에 대해서 토론이 이루어지는 것이다. 고2가 되면 솔제니친에 대해 토론을 한다. 그가 서방세계 속에서 어떻게 이용되었는가에 대해서 토론을 벌인다. 고3이 되면 프랑스어 시간이 없어지는 대신 일주일에 8시간씩 철학을 공부하게 된다. 프랑스어 과목만 고등학교 2학년 말에 대학입학자격시험을 보기 때문이다. 한국에서는 초등학교 때부터 영어를 배운다, 글쓰기를 한다, 피아노도 쳐야 한다면서 기능적인 것을 가르치지만 프랑스의 교육은 그렇지 않다. 프랑스 교육의 또 다른 특징은 역사공부를 하는 데 있어서의 현대사의 비중이 높다는 점이다. 국사와 세계사 구분을 하지 않는다. 1학년이 프랑스대혁명 전까지의 역사를 배우고, 2학년은 1939년까지 공부한다. 3학년이 되면 1940년부터 현재까지의 현대사를 배우게 된다. 현대사 비중이 엄청 높은 것이다. 고등학교 때에 이미 알제리전쟁에 대한 토론을 한다. 우리의 역사교육은 거기에 비춰볼 때 현대사를 거의 무시하는 수준이다. 그나마도 아주 잘못된 역사를 가르친다. 고등학교 아이들 가운데 조봉암 선생을 알고 있는 아이들이 얼마나 되는가. 우리는 오늘을 있게 한 가까운 과거에 대한 인식이 전혀 되어 있지 않다. 이런 것이 자양분이 되어서 토론문화를 이루어 나가는 것 같다. 그것이 참 부럽다. 다시 말하지만 그 체제도 완벽하지는 않다. 그러나 사회구성원들은 자신의 사회경제 조건에 맞는 의식을 교육과 언론을 통해 제공받는다. 그들은 자신이 어떤 사회적 신분을 가졌고, 내가 누구인지, 그리고 나의 처지를 개선하기 위해서는 어떤 의식을 가져야 하는지에 대해 교육과 언론으로부터 끊임없이 도움을 받는다. 그것이 부러웠다.

우리의 토론문화

왜 우리 지식인들은 양비론에서 헤어나지 못하는가.

프랑스에서는 지식인들이 좌표선상에 있다. 시소게임이 벌어질 때 어떤 쪽에 무게를 실어주어야 한다는 사실을 분명하게 알고 있다. 그러나 대다수 한국의 지식인들은 좌표선상이 아니라 그 위에 있다. 좌표선상에 있다는 것은 그 자체가 참여를 의미한다. 이에 반해 대다수 우리 지식인들은 평가만 하려든다. 양비론이나 양시론으로 흘러가는 것은 자연스런 이치다. 프랑스 대선에서는 1차, 2차 투표를 하는데, 1차에는 10명 정도가 후보로 나온다. 대통령이 되려면 2차 투표에서 과반수를 넘겨야 하기 때문에 1, 2위가 결선 투표를 한다. 그 과정이 참 재미있다. 우리나라도 그런 과정을 거쳤으면 좋겠다. 예컨대 우리는 노무현이나 권영길이냐를 두고 고민을 많이 하게 되지만 프랑스에선 그런 고민을 하지 않아도 된다. 프랑스식으로 하면 1차 투표에서 노무현을 찍든 권영길을 찍든 그 표는 이회창의 표가 50%가 안 되게 작용하는 표다. 그렇기 때문에 자기가 선 좌표에서 가장 가까운 후보를 찍는 데 전혀 고민할 필요가 없다. 프랑스에서는 이런 방식의 선거가 국회의원 선거 뿐 아니라 선출직까지 폭넓게 적용

된다.

〈한겨레〉를 통해 펼쳐 나가고 있는 구상은 어떤 것인가.

〈한겨레〉가 한국의 지식인과 시민사회에 토론공간으로 그 지면을 제공하는 것이다. 따라서 그 지면은 한겨레의 노선에서 독립되어 있다. 나는 〈한겨레〉의 녹을 먹지만 〈한겨레〉와 한국의 지식인 사회의 중간에서 조정하는 역할을 하고 있다. 대담으로 지면을 채우지는 않는다. 대담을 하면 서로 좋은 이야기만 하게 된다. 중요한 것은 자기가 생각하고 있는 것, 정말 한국사회를 향해 하고 싶은 심연의 말들을 드러내는 것일 텐데 대담이라는 방식은 그에 적합하지 않다. 그것을 극복하는 방안으로 마련된 게 시차토론이다. 〈한겨레〉에 하루 두 꼭지나 세 꼭지를 게재하게 될 것이다. 지금까지는 길어야 기껏 원고지 12매 정도(보통은 보통 5-8매 정도)였지만 이 토론지면은 긴 글은 20매 정도까지 허용하려고 한다. 중요한 것은 글쓰기다. 내 판단으로는 나를 포함한 한국 지식인들의 글쓰기가 너무 엉망이다. 대학교수라는 사람들이 쓴 칼럼들도 읽기 피곤한 경우가 허다하다. 이번 지면에 실리는 글은 고등학생도 쉽게 읽을 수 있어야 한다. 합리적 논고가 담겨 있어야 하고 글쓰기의 기본이 되어 있어야 하며 인신공격이 없어야 하는 것이 기본 전제다. 이 지면은 고등학생들에게까지 열려 있다. 지식인들은 물론 많은 네티즌들의 참여를 기다린다. 이를 통해 우리 사회에 진정한 토론이 활성화되기를 희망한다. 지금까지 한국 언론의 토론은 TV에 나와서 말로 하는 형식이 주를 이루었다.

'너 전라도지'라고 말하는 것은
'너 조센징이지'라고 말하는 것과 다르지 않다.

그 경우는 시간제약의 문제도 있고, 충분한 의사개진이 불가능하다. 그런 시스템은 참석자들에게까지도 만족스럽지 못한 경우가 허다하다. 신문의 경우는 하나의 의제를 놓고 찬성이냐 반대냐의 병렬식 토론을 벌여왔다. 그러나 병렬식 토론은 주장만 늘어놓을 뿐, 찬성과 반대가 상호침투하지 못한다. 시청자들은 기존의 생각을 확인할 뿐 변화에 이르지 못하는 것이다. 그런 토론은 토론의 의미를 제대로 살려내지 못한다. 토론이란 의견을 개진하는 과정에서 동감했던 부분이 어떻게 비판되는지를 확인하는 과정에 다름 아니다. 시차 토론의 장점은 어떤 주제에 대해 반론을 제기하는 사람이 충분히 자기주장을 펴기 때문에 먼저 글의 주장에 공감했던 독자라 하더라도 반론을 통해서 생각을 수정할 수 있게 되는 것이다. 덧붙이자면 〈한겨레〉가 어렵다. 좌우에서 욕을 먹고 있지 않나. 구조상 그럴 수밖에 없다. 나는 그 불만을 가진 분들이 적극 참여하기를 희망한다. 극단적인 것과 인식공격을 빼곤 다 받아 줄 것이다.

살아온 발자취

가정으로부터 받은 영향은 무엇인가.

부모님과 같이 산 기억을 가지고 있지 않다. 6.25가 발발할 때까지만 부모님과 살았으니까. 한국 나이로는 4살이었지만 생후 2년 6

개월 동안만 부모님과 함께 살았다. 자랄 때의 기억은 할아버지와 할머니뿐이다. 세 식구가 살았었는데 그것이 가장 먼 기억이다. 할아버지는 중앙고등학교 출신이었다. 그렇게 선진교육을 많이 받은 분은 아니었지만 그분으로부터 올곧은 선비적 전통의 영향을 받은 것 같다. 중학교에 들어가면서부터 생활이 곤궁해졌다. 『나는 파리의 택시 운전사』에서도 밝혔지만 20대 초, 나는 6.25가 우리 가족에게 남긴 엄청난 상처로 인하여 심한 자기분열을 경험했다. 대학에 들어간 후 아버지의 고향에 내려갔다가 엄청난 이야기를 듣고 가치관이 붕괴되었던 것이다. 그런 과정 속에서 실존의 경험을 중요하게 여기는 법을 배웠다. 그때 읽었던 사르트르와 카뮈의 영향은 지금까지 남아 있다. 삼각형의 구조가 얼마나 튼튼한가. 나는 일찍이 내 인생의 삼각형의 꼭지점을 실존과 성실과 겸허로 채우겠다고 결심을 했고, 그때 세운 뜻은 지금도 유지되고 있다.

선생을 말하면서 남민전 사건을 피해갈 수는 없다. 선생이 오늘날 생각하는 남민전 사건의 의미나 교훈을 듣고 싶다.

나는 중요한 활동가가 아니었다. 실제 별로 한 일이 없다. 삐라 뿌리는 정도였다. 물론 두려움을 가지고 가담했던 일이긴 하다. 훨씬 더 중요한 역할을 했던 분들로부터 더 많은 증언이 나와야 한다고 생각한다. 지난 번 그분들을 만났을 때 그걸 주문했었다.

대단한 결단은 아니었다. 그 상황에서 그렇게 하는 것이 옳다는 생각이 들었을 뿐이다. 물론 두려웠다. '고문이 고문인 것은 그 고문이 언제 끝날지 모르기 때문'이란 말이 있다. 끔직한 결과가 두려워 행동하지 못한다고 하지만 그것은 아니라고 생각한다. 일제 때 "부역하지 않은 사람이 어디 있느냐"고 하면서 자신의 행동을 정당화시키는 것에 나는 분노한다.

많은 사람들이 선생을 파리의 택시 운전사로 알고 있다. 어떻게 그 오랜 시간을 견뎠는가.

80년 초부터 83년 가을까지 굉장히 어려운 시간을 보냈다. 피폐해지는 것이 자각될 정도였다. 생존문제도 그랬고 대화할 상대도 없었다. 엄청난 외로움과 무력감에 시달렸다. 동료나 선배들과 달리 자유로웠지만 그 마저도 영혼의 피폐함과 겹치면서 부담으로 작용했다. 다행이었던 것은 내가 술에 약했다는 것이다. 포도주가 값싼 나라였지만 술에 약했고, 어린 자식들과 활달한 아내가 완전하게 허물어지지 않도록 버팀목이 되어 주었다. 마치 영혼이 앙상한 뼈만 남은 상태에서 쇠갈퀴 같은 것으로 긁어대는 것 같이 괴로운 시간이었지만 그게 소중한 것은 그만큼 허물어졌었기 때문이다. 그 결과 어떤 상황 하에서도 나를 지킬 수 있을 것 같은 자신감을 얻었고, 사회구조가 구성원의 영혼을 피폐하게 할 때는 맞서 싸워야겠다는 앙가주망을 더욱 확고히 할 수 있었다. KAL에 동창이 한 명 있어서 관광안내를 할 수 있었다. 내게는 참으로 어려운 일이었다. 모두가 한국사람이었는데 내 상황하곤 전혀 맞지 않는 일이라고 생각했었다. 같은 이야기를 계속 반복해야 했는데 내가 매춘부와 별로 다르지 않다는 생각이 들었었다. 그럼에도 일을 하지 않을 수 없었고, 연락이 안 오면 불안해하던 나날이었다. 이삿짐을 나르기도 했다. 먹물현상이라는 게 참으로 무서운 것이다. 처음부터 몸으로 때우는 일을 해야 했다. 그러나 나는 어떻게든 머리 쓰는 일을 할 수 있지 않을까 하고 희망했다. 거기서 헤어나는 데 많은 시간이 걸렸다. 먹물 근성은 아주 끈질겼다. 엘리트 의식도 그랬다. 나름대로는 20대 때부터 엘리트 의식은 필요 없다, 버려야 한다는 생각을 많이 했고, 자기 암시도 많이 주었지만 극복하기는 어려웠다. 관광안내를 하면서 느꼈던 자괴감은 서울대 출신이라는 엘리트 의식과 무관하지 않았으리라.

문화와 종교

선생의 글에 나타나는 문화에 대한 섬세함은 어디에서 나오는가.

사실 내게는 프랑스사회의 문화를 관찰하거나 끼어들 여유가 별로 없었다. 프랑스 친구도 없었다. 프랑스 말을 유창하게 하지 못하면서 프랑스 친구를 사귄다는 것은 불가능했다. 때문에 프랑스문화의 깊이나 섬세함을 느끼기 시작한 것은 시간이 많이 지나고 난 후부터다. 나는 프랑스문화의 우수성을 기후에서 찾는다. 지중해성 기후와 대륙성 편서풍 기후가 지역적으로 프랑스에서 만난다. 그래서 강렬한 태양과 축축한 비가 어우러진다. 그래서 감성과 이성이 잘 조화를 이루는 게 아닐까 생각한다. 반면 독일은 기후가 항상 칙칙하고 잿빛이어서 관념론이 나올 수밖에 없다고 생각한다. 프랑스는 정치와 문화의 관계에서 확실히 문화가 우위에 있다. '아름다운 나라'를 만들자는 김구 선생의 말씀을 잘 따르는 나라가 프랑스다. 사회와 경제의 관계도 균형을 이루어야 하는데 우리는 프랑스와 달리 경제가 완전히 우위를 점하는 사회가 아닌가. 우리는 너무 돈에 환장들 하는 것 같다. 소비가 미덕이라는 정말 어처구니없는 자본주의적인 논리에 맹종하는 동물들의 각축장이 되어버린 곳이 한국사회이다. 그 점에서 인간성이랄까 인문적인 기초가 역사 속에 축척되어 있는 프랑스는 한국사회와 너무 대비된다.

예술이 경제논리에 의해 좌지우지되는 것도 지적되어야 하겠지만 보다 작은 일상 속에서 문화를 어떻게 가꾸어가야 할 것인가도 중요하다. 안티조선 운동도 해야겠지만 간판문화를 바꾸어 나가는 것도 필요하다고 보는데 이런 문제를 어떻게 조화시켜 나가야 하나.

참 어렵다. 교육만 하더라도 보통 심각한 게 아니다. 아동을 그렇게 학대할 수 있는 사회는 없다. 한마디로 광란이다, 광란! 온 사회가 병들어 있다. 모든 게 상업적 가치로 판단되고 규정된다. 인간적 가치는 그에 완전히 압도되어 버렸고 내면적 성찰이 완전히 실종된 세상이 되었다. 젊은이들에게 부탁하고 싶은 것은 아직 내면적 가치와 성찰을 잃지 않은 사람들끼리의 연대를 통한 확인과정을 가져달라는 것이다. 사회라는 것이 시소게임 같아서 굉장히 절망적인 것 같아 보이다가도 어떤 새로운 흐름이 나타나면 또 쉽게 바뀌기 때문이다. 절망적으로 본 것 중 하나가 한국의 개신교 현상이다. 프랑스에서는 보수적인 가톨릭이 최근까지도 사회투쟁의 대상이었다. 그 결과 요즘은 어느 정도 균형 잡힌 모습을 보이고 있다. 가톨릭의 기본적인 사상은 이웃사랑이다. 바로 예수님 말씀이다. 합리주의자이고 이성주의자인 나의 판단으로는 구약과 신약의 어법이 다른 것은 당대의 이성의 성숙단계에 맞추기 위함이었다. 구약은 유아기니까 어린아이에게 이야기하듯 씌어진 것이고 예수님이 오신 때는 이성의 성숙 단계가 청소년기에 왔기 때문에 이웃사랑, 산상수훈 등의 내용으로 씌어진 것이라 들었다. 이것이 이성주의자들이 생각하는 구약과 신약의 어법 차이에 대한 해석이다. 그런데 한국의 개신교 현상은 이성의 성숙단계가 신약시대 이전에 머물러 있는 게 아닌가 하는 의구심을 갖게 만든다. 하드웨어는 21세기를 달리고 있지만 이성은 신약시대 이전이다. 어쩌면 유아기에도 못 미치는 것인지도 모르겠다. 한국사회 전래의 기복성과 합쳐져서 이분법적인 사고가 아주 공격적으로 표현되는 곳이 한국의 개신교다. 그러면서 한편으로는 굉장히 물질적이다. 한국사회의 병든 모습이 개신교에도 반영된 것 같다. 나는 실존적 자아로서 이런 상황에서 내가 할 수 있는 일을 할 뿐이다. 정말 어렵다.

우리 사회의 뻔뻔스러움을 극복하는데 신앙이 할 수 있는 역할이 있다면 무엇이겠나.

내가 할 수 있는 이야기는 예수님 말씀대로 이웃사랑을 실천해 달라는 것이다. 한국은 전혀 그렇지 않아 보인다. 굉장히 이기적인 가족중심주의와 한국사회가 요구하는 만인에 대한 투쟁만 느껴질 뿐이다. 프랑스와 견주어서 하나 파악되는 것이 있다. 드레퓌스 사건 때 가톨릭은 반 드레퓌스 편에 섰었다. 드레퓌스파가 승리하고 정의와 진실이 승리하던 1901년에 시민단체법이 생긴다. 그런데 그 법에 대해 가톨릭만 불법으로 간주했었다. 대단히 웃기는 이야기다. 지금 프랑스에는 70만 개의 시민단체가 있다. 스포츠도 하고 이웃도 돕고 엠네스티 활동도 한다. 성인의 반이 기부금을 내거나 시민활동에 직접 참여한다. 인간은 사회 속에 살면서 무엇인가를 표현하고 싶어 한다. 그런 표현의 본능적 욕구를 개신교는 잘못된 방향에서 충족시키고 있는 것은 아닌지 모르겠다. 거기에 기복성이 합쳐져서 교회의 융성으로 나타났다면 잘못된 지적인가. 어떤 의미에서 한국 교회는 건강한 시민사회의 발전을 부정적인 욕망으로 대체시킨 것이 아닌가 하는 생각이 든다. 다른 종교도 마찬가지지만 교회가 장례나 결혼에 관심을 갖는 것은 당연하다. 사회적 표현욕구를 가진 신도들을 이기주의적인 기복성과 이분법 속에 가둬 둔 것은 아닌지 모르겠다.

언론의 광기

선생의 중요한 목표 중 하나인 극우와 보수 갈라놓기는 정권교체로 단초가 마련되었다고 보이지만 극우의 대표라고 해도 과언이 아닌 조선일보를 비롯한 언론과의 싸움은 치열하기만 하다. 극우와 보수

갈라놓기를 어떻게 전망하는가.

전망은 불투명하지만 내가 무엇을 할 것인가는 대충 정리가 되었
다. 끝없는 패배 속에서 계속 그 일을 해 나갈 수밖에 없을 것이다.
조선일보의 문제는 힘의 논리가 관철되어온 현상 중 하나이기 때문
에 그 싸움은 계속되어야 한다. 강준만 선생은 그런 면에서 굉장히
중요하다. 내 판단으로는 뛰어난 균형감각을 가진 분이다. 진보와 보
수를 보는 시각이나 한국의 진보지형이랄까 지평에 대해서도 한국의
진보주의자들보다 뛰어난 균형감각을 가지고 있다. 나는 감성주의자
이고 사회주의자이다. 때문에 인간이 어떻게 살아야 하는가의 문제
든 사회가 어떻게 조직되어야 하는가의 문제든, 자본주의는 대안이
아니라는 생각이 기본적으로 깔려 있다. 우리는 지난날 어떤 사회를
만들어야 할 것인가 하는 토론으로 너무 많은 시간을 보냈다. 중요
한 것은 현실에서 출발하는 것이다. 더 중요한 것은 몇몇 사람의 깨
어있는 의식이 아니라 사회구성원의 집단적인 의식이 단 한 발자국
이라도 앞으로 나아가는 것이다. 공화주의 이야기를 많이 하게 된다.
공화주의의 요체는 '우리는 사회의 불의보다는 무질서를 택한다'는
말 속에 함축되어 나타난다. 우리의 헌법도 제1조에서 민주공화국이
란 사실을 적시한다. 그러나 왕 대신 대통령을 뽑는다는 이야기 말
고는 어떤 토론도 없다. 프랑스 사람들은 공화주의를 얻기 위해서 두
세기 이상을 싸웠다. 수천 년 계속된 신분질서를 깨기 위해 공화주
의자들은 많은 피를 뿌렸다. 이 점을 의식하기 때문에 나는 우리 사
회의 진보적인 사람들의 조급성을 지적하지 않을 수 없다. 유럽의 좌
파 인식에 어떻게든 한국의 현실을 꿰맞추려 하는 데 급급할 뿐, 프

랑스에 있었던 나보다 한국의 현실을 잘 모르는 것 같다는 생각이 들 때가 종종 있다. 결국 언어가 소통되어야 한다. 학습이 중요하다. 서로가 서로를 계몽하는 것이 필요하다. 그 길은 끝없는 패배의 길이다. 편리함과 부유함과 유복함을 추구하는 사회 속에서 진보를 말하는 사람은 불편하게 살아야 한다. 가난하게 살 각오가 되어 있어야 한다. 나는 이것이 기본 전제라고 생각한다. 조급하게 생각할 것이 아니다. 늘 비유적으로 사용하는 말이지만 택시의 손님들은 누구나 아주 쉽게 행선지를 말하지만 그 길을 가는 것은 택시운전사다. 택시운전사가 되는 것이 중요하다. 힘의 논리가 극우헤게모니 아래서 관철되는 사회에서는 사실 토론이 필요 없다. 힘으로 누르면 되는데 왜 토론을 하겠는가. 박정희기념관도 아무리 극렬한 반대의 목소리가 있어도 힘으로 밀어붙이면 되지 않던가. 이렇게 의견이 묵살되는 풍토와 사회에서 얼마나 토론이 가능하겠는가. 지금까지 토론이 안 되었던 것은 경쟁의 관계가 아니라 부정의 관계였기 때문이다. 극우와 싸운다는 것은 극우의 우산 속에 들어 있는 보수를 끌어내서 그들과 경쟁하자는 것에 다름 아니다.

양심수들이 감옥을 많이 갔다 오지 않았나. 그런데도 우리의 지식인들에게서는 감옥의 현실에 대해 한마디 문제제기도 나오지 않는다. 지식인들에게 몹시 불만스러운 것은 미셸 푸코를 그토록 많이 인용하면서도 프랑스 감옥을 감시했던 푸코의 실천을 잘 받아들이지 않기 때문이다. 모든 면에서 힘과 권력의 논리가 관철된다. 사회가 없이 존재할 수 없는 엘리트들이 자기를 엘리트가 되게 해 준 사회에 대해 전혀 책임의식이 없다.

조선일보의 정체를 어떻게 파악하고 있나.

조선일보는 경쟁대상이 아니라 극복대상이다. 한마디로 사회진보의 적이다. 저들의 힘은 신문 판매부수에 있으니까 부수를 줄이는 것 이상의 전략이 없다는 게 내 생각이다. 드레퓌스 사건 때도 오늘의 우리 사회처럼 반대파가 모든 권력을 다 가지고 있었다. 거대신문들도 다 드레퓌스의 반대파였다. 당연히 프로이센-프랑스전쟁에서 진 뒤라 쇼비니즘이 강했고, 유대인은 간첩이다, 군사정보를 흘리고 있다 하면서 몰매주기에 딱 좋은 조건이었다. 유대인이 적국과 내통했다는 뉴스만큼 신문 팔아먹기에 좋은 뉴스가 어디 있었겠는가. 당시의 거대신문의 기사를 보면 완전히 광기에 휩싸여 있었다. 역사적인 상황 속에서 지식인이란 말은 그러한 지배권력을 견제하는 힘으로 등장했던 것이다. 그런데 한국사회의 지식인들은 오히려 권력 자체에 통합되어 있다. 그런 현상이 힘의 논리가 관철되게 하는 것이고, 그렇기 때문에 조선일보 기고반대 지식인 서명 같은 것은 지식인 본래의 위치를 찾는 데 있어서 너무도 당연한 일이다. 심지어 조선일보에 기고함으로써 조선일보를 바꿀 수 있지 않느냐는 논리도 나타나는데, 우스운 일이다. 어떻게 지식인들이 본질을 그렇게 못 볼 수가 있나.

저들이 종교를 포함한 한국사회의 물적 토대를 완전히 장악하고 있는 상황 하에서의 조선일보 문제는 조선일보 하나의 문제가 아니라 극우 헤게모니 전체의 수구기득권과 싸우는 것이기에 단기간에 성과를 기대하기는 어렵다. 귄터 그라스의 말처럼 진보는 느린 걸음이다. 한두 사람의 생각을 바꾸기는 쉽다. 그러나 많은 사람의 생각을 바꾼다는 것은 지극히 어렵다. 배움이란 배우는 것을 배우는 데서 출발해야 한다. '조중동'을 보는 사람에게는 그것이 없다. 배울 자세가 안 되어 있는 것이다. 끝없이 패배해야 한다. 시지프스와 같은 이야기다. 그래야 부상할 때의 기쁨도 알지 않겠는가. 끝없이 패배하는 삶은 자체로 가치가 있다.

다름과 인권

우리 사회의 가장 심각한 문제는 집단이기주의와 다름을 인정하지 못하는 태도라 보는데…….

다름을 인정한다는 것은 이성에 호소하는 것인데 우리는 역사 속에서 이성에 호소해 본 적이 거의 없다. 다름에 대해 이해하고 용인하는 자세가 안 되어 있는 것이다. 가톨릭이라는 이질적인 종교가 들어왔을 때 그냥 박해해버린 것이 그랬다. 그런가 하면 우리와 다른 일본과 만났을 때는 완전히 침탈당했고, 바로 6.25가 왔다. 이런 과정 속에서 톨레상스가 아니라 앵톨레랑스가 아비투스 내지 습속으로 우리 속에 자리 잡은 것이다. 나와 같지 않으면 안 되었다. 특히 개신교에 아직도 그런 현상이 많다고 본다. 문제는 진보세력조차 이에 대해 자유롭지 못하다는 점이다. 많은 진보주의자들은 보수건 합리적 보수건 진보가 아니면 모두 극복대상으로 생각한다. 일단 경쟁하는 관계여야 연대가 가능한데 그것조차 안 되는 것이다.

한편 국민작가 이문열은 자기와 의견이 다르다고 부산의 화덕헌 씨를 찾아가서 "너 전라도지" 했다. 이 얼마나 무서운 말인가. 사람이 선택할 수 없는 것이 있다. 종교나 사상은 성장해서 자기가 선택한다. 그러나 출생지란 선택이 불가능하다. 사람이 선택할 수 없는 다름조차 용인하지 못하는 사회가 어떻게 성인이 되어 선택한 다름을 용인하겠는가. 무서운 이야기다. "너 전라도지"라고 말할 수 있는 사회, 그리고 그것이 용인되는 사회는 마치 일제 때 "너 조센징이지"라고 말하는 것과 다르지 않다. 유대인에게 "너 유대인이지", 흑인에게 "너 흑인이지"라고 확인하는 것과 다를 바 없다. 이런 상황 하에서 연대는 불가능하다. 우리 사회의 이러한 습속에 진보주의도 함정에 빠진 형국이다! 도무지 아량이 없다. 프랑스에서 교육비를 국가에서 얼마나 부담하는가 하는 것은 좌파와 관련이 없다. 그야말로 공화주의적 원칙에서 해결한다. 프랑스 국민의 65%는 자기 소득의 일부로 가난한 사람들의 의료비를 부담하는 것을 찬성했다. 이와 대조적으로 지역보험과 직장보험 사이에서 직장인들이 손해를 본다고 반대하고, 또 그것을 정치적으로 이용하려는 세력을 보면서 우리 사회의 집단이기주의를 확인할 뿐이다. 같은 내국인인 전라도 사람도 공격적으로 차별하는데 이주노동자나 조선족에 대한 차별은 충분히 짐작할 수 있지 않나.

우리나라의 인권상황에 대한 생각이 궁금하다.

우리도 비록 불완전한 것이긴 했지만 남아프리카공화국처럼 '진실과 화해 위원회' 같은 것을 할 수 있었지 않았나 하는 아쉬움이 있다. 진실을 밝혀내자는 의문사 진상조사는 수사력이 없으니 열매를 맺을 것 같지 않고, 보도연맹 사건이나 제주 4.3 사건 등의 문제도 끝이 보이지 않는다. 아직 알려지지 않는 학살문제도 엄청나다. 그 동안 억울한 사연을 숨기고 말도 못하면서 지냈는데 기회를 다 놓쳤다는 생각이 들어 안타깝다.

한마디로 진보와 보수의 차이가 무엇인가.

보수는 왼쪽과 연대하지 않지만 진보는 오른쪽과 과감히 연대하기 때문에 진보다. 진정한 진보는 부드러워야 하고 겸허해야 한다. 내면적으로 강해야 하지만 진보이기 때문에 더 부드럽고 겸허해야 한다. 진보는 어느 시대이건 변화를 생각하기 때문에 항상 물적 토대가 부실하여 열악할 수밖에 없다. 우리 시민사회의 진보운동은 아직 낮은 단계에 있다. 프랑스의 좌파는 기본적으로 의료문제나 교육문제에 대해 정부가 충분히 책임을 져주기 때문에 우리처럼 팍팍해지지는 않는다. 도덕성 문제는 스스로 간직해야 할 문제지 겉으로 강조해서는 안 된다.

요즘 부시만 생각하면 열불이 난다.

그들은 인디언, 멕시코, 2차대전, 한국전쟁과 베트남전쟁, 심지어 할리우드에서는 외계인까지 등장시켜 마치 미국이 지구를 구하는 구도를 보여주고 있다. 선악의 이분법에서 한 번도 실패해 본 적이 없는 미국은 역사에 대한 오만함을 가지고 있다. 그런 맥락에서 악의 축 같은 발언도 나오는 것 같다. 미국의 군산복합체, 미국의 역사, 그리고 백인중심의 중산층 사회가 가진 성격이 민중에게 더 많이 인식되어야 한다. 부시의 발언 이후 국회의원 몇 분이 미 대사관을 찾아가서 항의했다는 사실을 조선일보는 보도도 안 했다.

어떻게 해야 젊은이들이 역사의식의 칼을 날카롭게 할 수 있겠나.

가장 많이 공부해야 할 것이 현대사 공부다. 정말 중요하다. 왜곡되어도 보통 왜곡된 게 아니기 때문이다. 젊은이들이 우리의 현대사를 너무 모르고 있다. 분단 이후의 역사를 만나는 사람들마다 강조하는데 문제는 올바른 역사에 대해 누구도 가르쳐 주지 않는다는 점이다. 학교도 잘못된 역사를 가르치고 있다(현대사보다는 고조선에 보다 더 비중을 두고 있다). 프랑스의 경우는 엄청난 비중을 현대사에 두고 교육시킨다. 정말 청년들이 역사 공부를 많이 했으면 좋겠다. 하다 보면 더 하게 될 것이다. 우선은 신뢰할 만한 그룹이나 학자들이 추천하는 현대사를 많이 읽기를 권한다.

즐거운 아웃사이더로 살고 싶다고 하셨다.

〈한겨레〉 기자들에게 당신들은 특권층이라고 말한 적이 있다. 한국사회처럼 시민사회의 물적 토대가 일천하고 허약한 사회 속에서 자기 생각을 펼치면서 동시에 의식주가 해결될 수 있다는 것은 아무나 누릴 수 없는 특권이다. 거기에는 엄숙한 책임이 따른다고 본다. 나도 마찬가지다. 하고 싶은 능력껏 일을 하며 녹을 먹는다는 것은 정말 즐거운 일이다. 뭘 더 바라겠는가.

부드러운 것이 강한 것을 이긴다

홍세화 선생을 만나고 돌아오는 길에 내 머리 속에 떠오른 것은 소위 기독교 청년들 중에 회자되는 '고지론'(기독교인이 성공을 하여 높은 곳에 올라야 하나님이 영광을 받을 뿐 아니라, 세상 사람들이 기독교를 잘 받아들인다)과 '미답지론'(기독교인은 예수가 세상에서 소외되고 가난한 자의 친구가 되셨던 것처럼 저 낮은 곳으로 나아가야 한다)이었다. 홍세화 선생은 자신이 우리 사회의 특권층에 편입된 것으로 받아들이고 있었다. 그러나 내가 만난 홍세화 선생이 서 있는 자리는 고지가 아니었다. 지문 날인을 거부하고 소수자의 자리에서 불편을 감수한다는 점에서, 대중교통을 이용하고, 변두리의 전셋방을 당연하게 받아들인다는 점에서. 김상봉 선생이 그러했듯 홍세화 선생 또한 우리 안에 아직 남아있는 편견 하나를 건드렸다. 그의 태도와 목소리는 우리가 이해하고 있는 전사의 것이 아니었다. 아니 우리 시대의 전사의 모습과는 너무도 달랐다. 홍세화 선생의 말과 태도는 겸허함 그 자체였으며 그의 눈은 전투를 쉬지 않는 영원한 사병의 정신에 고정되어 있었다(홍세화가 우리 식으로 무늬만 세련된 지식인이나 전사였다면 처음 만난 인터뷰어 앞에서 커피에 넣을 설탕을 두세 봉투씩 카페 주인에게 요구할 수 있었을까). 진보주의자는 부드러워야 한다는 당위를, 그러니까 목적의 선함을 내세워 상대 인간/집단에 대한 존엄과 권리를 너무 쉽게 짓밟아버리는 무례가 얼마나 자가당착적이고 위험한 것인지를 그보다 더 잘 보여줄 수 있는 사람이 있을까. 부디 홍세화를 통해 우리 사회의 언어의 바벨에, 학벌의 바벨에, 극우에 바벨에, 또한 이 모든 몰상식의 바벨에 균열이 가게 되기를.

PARK_HONGGYU

박홍규 〉 〉 〉

르네상스적 인물로 평가되고 있는 박홍규는 노동법을 전공한 진보적인 법학자로서 영남대학교 법학과에 재직하고 있으며, 전공 뿐 아니라 정보사회에서 소외되어 있는 인문, 예술학의 부활을 꿈꾸며 왕성한 저술 활동을 하고 있다. 영국의 진보적 사상가 윌리엄 모리스의 생애를 조명한 『윌리엄 모리스의 생애와 사상』, 빈센트 반 고흐의 삶과 예술세계를 새롭게 해석한 『내 친구 빈센트』, 그리고 풍자만화의 아버지 오노레 도미에의 평전 『오노레 도미에-만화의 아버지가 그린 근대의 풍경』, 한국 최초라 해도 과언이 아닐 오페라의 사회사를 살핀 『비바 오페라-오페라의 사회사』를 집필하였다. 미셸 푸코의 『감시와 처벌』과 에드워드 사이드의 『오리엔탈리즘』은 그가 국내에 처음 번역하여 소개한 책이다. 노동법 전공 교수로는 예외적으로 『그들이 헌법을 죽였다』로 헌법학계에 파문을 일으키기도 했다. 그는 얼마 전부터 루쉰, 카프카, 오웰, 카뮈, 사이드, 프롬, 피카소 등의 평전을 엄청난 열정으로 쏟아내고 있으며 미국의 패권주의로 인해 전세계가 곤욕을 치루는 2003년에는 '반전과 평화의 미술'이란 부제가 붙은 『총칼을 거두고 평화를 그려라』란 책을 내기도 했다. 1952년에 태어났고 전교조를 하시던 아버지와 전태일 열사의 죽음, 그리고 어렸을 때 목격했던 가족과 이웃의 가난으로 인해 당시 아무도 관심을 갖지 않았던 노동법을 전공하게 되었다. 1997년에는 유명무실한 국선 변호인제도라든지 노동자를 억압하는 노동관계법 등을 다룬 『법은 무죄인가』로 백상출판문화대상 저작상을 받았다. 박홍규는 삶과 유리된 예술을 혐오하고 삶과 예술을 통합시키려는 열망의 소유자이다. 시골에서 손수 농사도 지으면서 자유, 자치, 자연이라는 3자주의를 실천하는 겸허한 지식인이다.

상놈을 위한 법, 삶을 위한 예술

내게는 법조인에 대한 지독한 편견과 의문이 있다. 이회창을 비롯한, 이름을 다 열거할 수도 없는 법조인 출신의 정치인과 권력의 시녀 노릇을 한 판검사들, 그리고 내가 옆에서 본 사법고시생들 때문이다. 그 편견의 시작은 이 땅에서 법을 공부한 사람들로 인해 생긴 것이었지만 그 병이 너무도 깊다보니 법이란 학문 자체를 의혹의 눈초리로 볼 정도였다. 그 오래된 의문과 편견으로부터 해방되기 위해 박홍규 교수가 있는 대구로 내려갔다. 박홍규 교수는 40~50분이 소요되는 거리를 자전거로 출퇴근을 한다. 그에게는 휴대폰도 없고, 운전면허도 없다. 그는 30여권이 넘는 저서 중 교보문고에서 낸 『오리엔탈리즘』을 제외한 인세를 모두 포기한 것으로도 유명하다. 이유는 그 돈을 다른 사람을 위해 의미 있게 사용하기 위함이기도 하지만 카피레프트(copyleft), 즉 지적 재산권을 반대하여 정보의 나눔과 공유에 기반한 정보화운동에 뜻을 같이 하기 때문이다. 02_06_11

아나키즘과 사회

윤건차 선생에 의하면 선생은 아나키즘을 주장하는 급진적 민주주의자로 분류된다.

그렇게 보면 그럴 수도 있다는 정도로 정리하자. 우리나라의 법이나 정치·사회생활 일반 뿐 아니라 개인생활까지 국가권력이 무모할 정도로 뿌리를 내리고 있다는 게 평소 생각이다. 국가권력에 대한 가장 철저한 부정의 사상이 아나키즘이기 때문에 우리의 현실에서는 한번 음미될 필요는 있다. 그러나 나를 아나키스트라는 부르는 것에 대해서는 조심스럽다. 아나키즘이나 아나키스트가 무엇을 의미하느냐에 대한 논의 없이 그렇게 단정을 하면 내가 무정부 테러리스트로 오해받을 수도 있지 않겠나. 그런 오해는 사양한다.

우리 사회에서는 단 한 번도 아나키즘에 대한 진지한 논의가 없었던 게 아닌가.

그렇다. 『아나키스트 이회영과 젊은 그들』이란 책도 나왔고 『아나키스트』라는 영화도 나왔지만 아직까지 아나키즘은 일제 식민지의 권력에 대해 저항하는 애국주의적인 식민지 해방을 추구하던 독립운동 노선 중 가장 격렬했던 테러리즘이었다는 인상이 강하다. 물론 19세기 말의 러시아혁명 전에 아나키스트들이 그렇게 활동을 했다는 이유도 있다. 그러나 아나키즘의 맥락 속에서 극단적인 폭력주의자로서의 아나키스트는 극히 예외적인 경우다. 기본적으로 국가권력에 대한 개인의 자치나 자유, 그리고 자연에 대한 친화를 강조하는 것이 아나키즘이란 사실을 염두에 둘 때 우리나라에서는 아직도 아나키즘이 제대로 이해되지 않았다는 느낌이 든다. 국가권력이든 사회권력이든 가정권력이든 권력이 갖는 여러 가지 의미를 종합적이고 총체적으로 이해하기 위해서는 아나키즘에 대한 이해가 필수적이다. 해방 이후 아나키스트들은 북쪽으로 넘어갔다가 거기서 대부분 숙청당했다. 남한에 남았던 소수의 사람들은 협동조합운동과 같이 지엽적인 부분에 치우쳐버렸기 때문에 아나키스트라고 할 만한 사람들이 없었다. 세계적으로 봐도 냉전체제 하에서는 아나키즘이 거의 목소리를 내지 못했다. 그들의 목소리가 다시 들려오기 시작한 것은 1968년도 프랑스 학생운동 이후 포스트모더니즘 논의를 통해서다. 나와 아나키즘의 만남은 10여 년 전에 네덜란드 사람이 쓴 법과 아나키즘이란 논문을 우연히 읽으며 시작되었다. 법이 정의를 추구하는 것이고, 정의가 인권을 보장해야 하는 것이라면, 그리고 인권에 대한 가장 큰 침해는 역사가 증명하듯 국가권력으로부터 발생한다면, 법을 가지고 개인의 인권을 지켜주어야 할 법률가는 당연히 국가권력에 저항할 수밖에 없다는 논지였다. 따라서 진정한 법조인이란 아나키스트일 수밖에 없다는 이야기였다. 그러나 우리 사회에는 아나키즘에 대해서 대단히 단순한 편견으로만 가득차 있다.

『무정부와 기독교』나 『법의 신학적 기초』가 빠지긴 했으나 젊은 크리스천 사이에서 자크 엘룰 읽기가 붐을 이룬 적이 있다. 아나키즘의 요즘 흐름은 어떤가?

엘룰이 자신을 아나키스트라고 주장한 적은 없다. 그러나 기본적 발상에서 그의 사상은 아나키즘에 가깝다. 마르틴 부버**Martin Buber**의 『유토피아 사회주의』라는 책이 있다. 그 책은 그야말로 아나키즘적 유토피아에 대한 논의이다. 그의『나와 너』는 다양한 측면에서 읽을 수 있는 책이지만 나는 인간관계나 사회를 형성하는 데 있어서 그 책만큼 아나키즘적 시각을 분명하게 보여주는 책도 드물다고 생각한다. 앙드레 말로는 스페인 내전에 참여하고 난 뒤에 스페인 내전이라는 게 사실 아나키즘 대 프랑코 국가권력의 대항이었다고 말했다. 켄 로치의 〈랜드 앤 프리덤〉 같은 영화가 그걸 극명하게 잘 표현해주었고. 앙드레 말로는 아나키즘 대 프랑코 독재 국가권력의 대항이었던 스페인 내란에 참여하고 난 뒤,『희망』이라는 다큐멘터리 수법의 소설을 썼다. 그 책의 마지막에서 말로는 인류의 역사에서 유일하게 성공한 아나키스트는 예수님 밖에 없다고 말했다. 로마권력의 재판에 의해 처형을 당했지만 그분이 부활했고 그분의 가르침을 인류가 따르고 있다는 것은 그야말로 승리가 아니냐는 것이다. 언젠가 불교 잡지에 부처님은 아나키스트라고 썼더니 공감하는 스님이 계시더라. 부처님이든 예수님이든 인류의 해방자에게는 아나키즘적 요소가 있다. 나는 예수님이나 부처님이 권력에 복종한 분이라고 생각하지 않는다. 예수님이 돌아가신 것은 권력에 저항했기 때문이 아니던가. 바쿠닌이나 크로포트킨, 그리고 마르크스가 신을 어떻게 이야기했느냐를 떠나서 적어도 역사 속의 성인들의 삶은 현실 권력을 부정한 것은 명백하다. 아나키즘 이론을 주창하진 않았지만 내 기준으로 보자면 아나키즘과 뜻이 같은 이야기를 하는 분들은 많다. 대표적인 경우가, 우리나라에서 한때 유행했던 에리히 프롬이다. 그의 후기 작품인 『건전한 사회』는 자유로운 개인들이 평등하게 자치적인 연대를 형성해서 이루는 사회조직을 말하는데 그것도 아나키즘이라 할 만하다. 80년대에 내가 몇 권을 번역, 소개한 이반 일리치Ivan Illich도 그 범주에 넣을 수 있다. 아나키즘에 대해 소개할 만한 좋은 책이 별로 없다. 고전이라고 할 수 있는 크로포트킨이나 프루동의 책이 60년대에 몇 권 번역이 되었지만 번역이 매우 안 좋다.

『103인의 현대사상』에서 이반 일리치를 소개하는 선생의 글을 읽고 법을 전공하시는 분이 이런 책도 소개하는구나 싶었다.

법을 공부하는 선생이 이런 책을 소개했다는 말은 칭찬이지만 어떻게 들으면 좀 그렇기도 하다. 종종 학생들에게 법을 공부한다는 것은 결국 세상을 공부하는 것이란 이야기를 한다. 법이라는 게 결국은 사람이 죄가 있다 없다, 책임이 있다 없다라는 것을 따지는 것인데 그것은 기본적으로 인생과 사회에 대한 공부이다. 어떤 법조문을 적용할 것이냐 따위는 이미 다 나와 있다. 결국 법을 공부하는 사람이 먼저 가져야 할 것은 인간에 대한 따뜻한 이해이고 세상에 대한 넓고 깊은 관심이다. 르네상스를 공부해 보면 르네상스를 뒷받침해 준 사람들이 법률가이다. 이 사람들이 그 당시에는 힘도 있고 교양도 있었다. 권력에 붙던 이들이 어떤 중간층 시민을 대표하는 계급으로 권력과 예술가들을 매개하는 것이다. 사실 르네상스라는 게 12세기의 고루한 법기술자나 권력에 붙어먹는 그런 법률가를 떠나서 시민들이 법률가로 성장해가는 과정에 다름 아니다. 12세기부터 로

마법에 대한 재해석을 하게 된다. 법률가들이 대단히 중요한 계층이
된다. 우리나라도 옛날에는 재판을 하던 사람이 특별한 사람이 아니
었다. 교양을 가진 선비들이 재판을 하고 정치를 했다. 미국이나 유
럽도 마찬가지다. 우리나라에서는 판사나 대법원장이 지혜로운 사람
이라고 생각하지 않지만 미국이나 유럽에서는 그러한 사람들이 일종
의 선각자요 지혜로운 사람으로 통한다. 너무도 유명한 홈스나 더글
러스 판사가 수십 년 동안 개인의 인권을 지키기 위해 소수 의견을
계속 써내는데 그 사람들이 써낸 판결문이나 소수 의견들은 명실공
히 한 사회의 가치 판단을 결정하는 사상이자 철학이다. 미국에서 공
부하면서 대법원 판결문을 보니 성경과 셰익스피어가 망라된 완전히
하나의 사상논문이더라. 예를 들어 노동자의 인권에 대한 재판이나
낙태문제라든가 여성인권을 다루는 판결문을 보면 그 자체로 정말
감동스러운 사상이다. 역사도 그들의 판결을 그렇게 평가한다. 그들
이 중요한 의미를 갖는 것은 한 사회의 가치를 주도하고 그 사회가
나아가야 할 방향을 생각하는 사상가로서의 법률가이기 때문이다.
법률가들은 마땅히 그래야 한다. 그런데 우리나라의 불과 7-8년 전
의 대법원 판례를 보면 대법원 판사들이 슬라브와 슬레이트 집을 구
분하지 못한다. 세상에 대해 그만큼 무지하다는 이야기다. 그런 사
람들이기 때문에 성공한 쿠데타는 심판할 수 없다는 식의 발상이 가
능한 것이다.

법학을 하게 된 이유

몇 년 전 서강대 강정인 선생의 『소크라테스, 악법도 법인가?』를 잘 읽었다.

이제는 아이들에게 '악법도 법이다'라고 가르치지 않는다. 교과서에서 없어졌다. 소크라테스는 그런 말을 한 적이 없고, 따라서 사실에 어긋나기 때문이다. 나도 95년도인가 96년도에 그에 대해서 글을 쓴 적이 있다. 학계에서도 그것은 분명한 사실로 인정되기 때문에 교육부가 없앴다. 그야말로 코미디 같은 이야기였다.

그러나 군사정권은 악법도 법이라는 논리를 전가의 보도처럼 휘둘렀지 않았나.

모든 법은 다 정당하기 때문에 그 법에 복종해야 된다는 식의 이야기는 소크라테스는 물론 그 누구도 이야기한 적이 없다. 그것은 법사상이기는커녕 궤변이고 억지인데 군사정권은 법의 절대라고 하는 신화를 조작했다. 그래서 '악법도 법이다'라는 생각이 굳어졌다. 노동자 출신의 노동부장관은 민노총 위원장을 구속하면서, 또는 여러 차례의 파업에 대처하면서 항상 현행법을 어겼기 때문에 어쩔 수 없다고 강변했다. '악법도 법'이기 때문에 구속이 불가피하다는 게 아닌가. 법의 만능을 주장하는 법절대주의는 존재하지 않는다. 독재자의 편의주의 내지 기회주의에 불과한 것이다. 그것은 법을 정의나 인권이나 하는 본성의 측면과는 관계없이 권력의 수단으로만 악용할 뿐인 것이다. 군사정권은 반대자를 처형하고, 억압하고, 탄압하면서 항상 법의 이름으로 자신들의 행동을 미화시켰다. 그것은 법실증주의가 아니다. 이것은 국가만능주의가 빚어낸 하나의 희극이고 코미디이다. 그런 상황 속에서 법학자들이 법이 갖는 보편타당성에 대한 추구를 했어야 하는 데 그걸 못했다. 독재시절 법대 학생들은 절대 데모하지 않았다. 지난 30년간의 군사독재 시절, 법학자 또는 법대생이 학생운동이나 시민운동이나 정치운동에 참여한 적은 거의 없다. 그들은 오로지 사법시험에 매달려 있었다. 사법시험이라는 것도 서울대 법대 몇몇 법과대학의 교수들이 쓴 교과서가 독점했다. 그들이 쓴 교과서(헌법이든 노동법이든)에는 현실의 '현' 자도 안 나온다. 그저 법조문 해설에 불과하다. 신림동에 처박혀서 그걸 몇 년씩 외워서 판검사가 되니 우리의 법현실은 악순환이 될 수밖에 없는 것이다. 나는 법학 교육을 고쳐야 한다, 사법시험제도를 고쳐야 한다는 이야기를 계속해 왔다. 상식적인 시민들이 유무죄를 결정하는 것을 전제로 법률가가 법적인 판단을 내리는 시민의 사법참여, 다시 말해 배심제도도 주장해왔다. 판사나 검사를 국민들이 뽑을 수 있는 공선제도도 마찬가지다. 아무도 그에 대해 관심이 없다. 대한변협신문을 보니 노무현 씨는 시민의 사법참여제인 배심제의 도입 필요를 느끼는 것 같아 반가웠다. 나는 노무현 씨 지지자는 아니다. 그래도 노동당을 살려야 한다는 입장이다. 작년 말부터 부산 YMCA가 매달한 번씩 모의배심법정을 열고 있다. 시민단체들이 사법제도의 개혁을 주장하고 있다는 사실이 반갑다. 나도 시민단체에서 강연도 하면서 돕고 있다.

어떻게 노동법을 하게 되었나.

내 나이에 노동법을 한 사람은 우리나라에 매우 적다. 영남대에서 노동법을 한 사람이 나 말고는 없었다. 당연히 지도교수도 없었다. 뿐만 아니라 노동법에 대한 저술이나 논문 또한 거의 없었다. 이래 저래 공부하기가 쉽지 않았던 시절이다. 당시 노동법을 공부해서는 교수되기도 힘들었다. 서울 연세대학교에 노동법 교수가 부임한 게 몇 년 되지 않는다. 우리나라 100여 개의 대학이 있지만 지금도 노동법 교수가 없는 대학이 반 수 이상이다. 법을 전공해서 교수가 되려면 사법시험의 기본과목인 헌법이나 민법이나 형법을 해야 한다고 생각한다. 하다못해 고시학원 선생 노릇을 하려고 해도 셋 중 하나를 해야 한다. 내가 법과대학을 들어가기 직전에 전태일 사건이 있었다. 근로기준법 책을 안고 분신자살을 한 전태일이 당시의 내게는 큰 충격이었다. 장래가 보장되지 않는 노동법이지만 그것을 해야 한다고 나름대로의 뜻을 세웠다.

노동법을 전공하기 이전 형성된 선생의 약자에 대한 관심과 배려는 어디에서 기인하는가.

내가 기억하는 가장 오래된 기억은 초등학교 3학년 때다. 낙인처럼 찍혀 있는 장면은 5.16 직후의 여름이다. 아버지가 전교조 운동을 하다가 구속당한 것이다. 교도소 앞에서 머리가 빡빡 깎이는 장면을 철조망 밖에서 보면서 많이 울었던 기억이 난다. 내 아버지는 투쟁적인 분도 과격한 사회주의자도 아니었다. 평범한 시골선생이었다. 그러나 나에게는 한없이 좋은 아버지였다. 어린 내게 그 사건은

깊은 상처를 남겼다. 감옥에서 나온 아버지는 몇 년 간을 실업자로
사셨고 그러다 보니 어머니는 나물을 팔러 시장에 나가야 했다. 어
린 시절부터 가난을 겪었다. 내가 중고등학교 시절을 보낸 동네 또
한 대구의 빈민지역이었다. 왕복 4시간을 걸어야 학교를 다녀올 수
있었다. 차비가 없었기 때문이다. 어린 시절 내가 본 것은 가난뿐이
었다. 양복이라는 것을 결혼할 때 처음 입어 보았다. 노동법을 공부
하게 된 것은 전태일의 죽음이 준 충격과 아버지의 노동운동, 그리
고 내가 체험한 가난 때문이었다고 생각된다.

**내친 김에 어떻게 일본에서 공부를 하게 되었는지에 대해 말해 달
라.**

81년에 창원대에 전임이 되어서 2년 정도 선생노릇을 하다가 여
름방학 직전에 노동법 강의시간에 한 현실비판이 문제가 되어 총장
에게 불려갔다. 말조심을 한다고 했는데 강의를 듣던 ROTC 학생들
이 총장에게 고자질을 했던 것이다. 전두환시대 아니었나. 중앙정보
부 마산지부에서 연락이 왔는데 사표를 내던가 1년 외국을 가라는
얘기였다. 그때만 해도 미국이나 유럽유학은 쉽지가 않았다. 일본은
꿈에도 생각을 안 했었지만 촉박한 시간 때문에 선택의 여지가 없었
다. 지금도 그렇지만 일본의 동경대나 경도대와 같은 일류대학은 굉
장히 보수적이다. 거긴 가기가 싫었고 제일 과격한(노동자 편에 서
는) 시립대학에 맘에 드는 교수가 있어 그곳으로 갔다. 거기서 일본
좌익과 사회주의를 공부했다. 일본 사회주의자들이 써놓은 글은 치
밀하기 짝이 없었다. 몇 달 지나고 난 뒤 이 사회주의자들이 일본 현

실에 대해 뭐라 이야기하는가가 궁금해졌다. 제국주의시대 때 일본의 사회주의자들은 한국 식민지에 대해 어떤 이야기를 했는지도 궁금해졌다. 무척 놀랐던 것은 그토록 철저한 사회주의자들이 하나 같이 식민주의자라는 것이었다. 그 중에는 내 선생의 선생도 있었다(일본 법학 쪽에 사회주의자는 거의 없다). 일본 사회주의 노동법학을 세운 그도 다르지 않았던 것이다. 그래서 몇 권 책을 들고 선생을 찾아갔다. "난 당신의 선생이 말한 독일노동법이나 일본노동법에 대한 진보적인 견해는 인정한다. 그러나 나는 당신의 스승을 인정할 수가 없다. 이 사람의 전집 7권을 다 읽었다. 국내에서는 사회주의자이고 외국에 대해서는 식민주의자라는 게 말이 되나?" 어떻게 대표적인 사회주의자가 일본 밖을 향해서는 제국주의의 앞잡이 노릇을 할 수 있느냐고 따졌던 것이다. 일본 학자들의 대부분은 신문이나 잡지나 강의시간에는 아주 극단적인 사회주의이다. 그러나 집에 가면 철두철미하게 봉건주의자이다. 교수사회 내에서는 집단이기주의자이고 외국에 대해서는 철두철미한 국주수의자들이다. 일본에 살면서 그런 다면성(다양성이 아니다)을 얼마나 자주 보았는지 모른다.

선생께서 법대 학장을 지냈다는 사실이 흥미롭다.

어쩌다 학장이 되었는데 다시는 하고 싶은 맘이 없다. 이젠 하잘 것 없는 학교권력에도 참여할 생각이 없다. 그래서 마음먹고 거절했다. 그럼에도 나에게는 집사람하고 애들에 대한 권력이 있다. 국가권력에 대해 저항하기 위해서는 정말 철저하게 탈권력적이어야 하는데, 일상 속에서는 참 어렵다. 권력으로부터 일정한 거리를 유지할 수 있어야 문화나 예술의 자주성을 보장할 수 있다. 조금도 권력 가까이에 갈 생각이 없다.

상식으로서의 헌법

『그들이 헌법을 죽였다』에서 헌법이 상식이어야 한다고 했는데 무슨 의미인가.

그 책을 쓴 동기는 조선일보 문제 때문이었다. 조선일보는 세무조사가 언론자유에 대한 침해라는 주장을 했다. 일부 지식인들은 조선일보가 세무조사를 당한 것을 대단한 언론탄압인 양 떠들어댔다. 이것은 상식적인 것이 아니다. 세무조사를 받을 수밖에 없는 상황이라면 조선일보가 아니라 그 누구라도 수용해야 한다. 언론자유란 신문사주의 자유가 아니지 않는가. 민주화를 위해 그토록 피를 많이 흘린 우리가 이제 민주화시대가 되었다고 해서 이런 식으로까지 언론자유를 주장하는 것은 맹랑한 이야기가 아닌가. 게다가 신문사가 세무조사를 안 받을 자유를 헌법상 보장된 재산권의 자유라고 주장하는 것을 보면 기가 막힌다. 이러한 잘못된 절대 사유재산권의 주장은 서양 같으면 17세기 이전에나 먹힐 수 있는 이야기였다. 김종필 씨가 헌법개정을 이야기하는 것도 매우 불만이다. 내각제였던 4.19 이전의 헌법을 자기 손으로 뜯어고친 사람이 김종필 씨 아닌가. 영국은 1215년의 마그나 카르타*Magna Carta* 이래 800년 동안 헌법을 지키고 있다. 그러나 우리는 4-5년마다 개정을 해댔다. 헌법이 국민의 기본적 믿음, 국민의 삶의 근간을 형성하는 것일진대 그렇게 생명력이 짧아서야 어떻게 헌법이 국민의 상식일 수 있겠는가. 나의 책은 그런 것을 지적한 것이다. 이미 1939년에 ILO가 40시간제 노동 조약을 만들어 냈는데 우리 사회가 2002년에 일주일 40시간제를 못 지킨다면 70-80년 뒤쳐진 것이 아닌가. 유럽의 경우는 35시간제를 하고 있는 데 우리만 일주일 44시간제를, 현실적으로는 그보다도 장시간 노동을 시키는 것은 국제적인 상식에서 어긋나는 게 아닌가. 사형제도를 보자. 범세계적으로 사형제도는 철폐되고 있다. 또한 국제 인권규약의 선택 의정서에서도 사형철폐에 대한 규약이 이미 발효가 되었고 170-180여 개 나라 중에서 100개국이 사형을 없앴으며, 사형을 규정하고 있는 나라라고 하더라도 대단히 예외적인 경우에만 사형을 인정하고 있다. 매일 전쟁이 터져서 불안하기 짝이 없는 이스라엘도 사형범죄로 규정하고 있는 것이 서너 가지 범죄이다. 그런데 우리나라는 군형법, 국가보안법, 특별형법을 포함 형법 자체가 가지고 있는 사형범죄에 해당하는 조항이 170개나 넘는다. 다른 나라의 경우, 살인, 강간, 윤간, 가정폭력과 같은 예외적인 경우에만 사형을 인정한다. 정치적인 이유로 사형은 인정되지 않는다. 악용될 소지가 있기 때문이다. 이처럼 문명국가에서는 사형폐지가 전반적인 추세요 상식이다. 사형을 유지하는 것이 극악한 범죄를 억제하는 데 별 효과가 없다는 것도 이미 학문적으로 판명된 상태다. 우리나라의 경우는 사형이 정치적으로 악용된 적이 많았다. 그렇다면 사형제도의 폐지에 대해서 적극적인 논의가 필요한 시점이 아닌가.

임의동행을 요구할 때 당당하게 자기 권리를 주장하라고 언급했는데 헌법의 정신을 일상생활 속에서 어떻게 실천하여야 하는가.

초중등교육에서 권리교육, 사회교육, 인권교육이 무시되고 있다. 입시 영향 때문인지 대학생들에게 물어봐도 기본 권리의식에 대해 무식하다고 말할 정도로 모르고 있다. 국민의 권리의식이 기본 의무교육 차원에서 학생들에게 가르쳐져야 하고 교사들이 앞장서서 아이들을 인권의 주체로 교육시켜야 한다. 어린이날에 전교조 주체 강연회에 갔었다. 그때 나는 전교조가 노동조합으로 인정받는다는 것 자체가 교육현실을 변화시키는 것은 아니라고 말했다. "전교조 교사라면 설령 꽃다발로라도 아이들을 때리면 안 된다. 그것은 교사가 인권의 침해자와 가해자로서 순간적으로 아이들에게 수치감이나 모독감을 주는 차원에 그치지 않고 아이들을 때리는 인간으로 만든다. 어떻게 살아야 하는지에 대한 모범이 되어야 할 교사가 인권을 침해하면서 어떻게 아이들에게 인권의 향유주체 또는 주장주체가 되라고 할 수 있나. 전교조가 노동조합을 결성해 교사들의 인권을 주장할 것이 아니라 학생들의 인권을 주장할 수 있는 인권교육이 가장 선행되어야 하지 않겠는가." 이런 이야기를 했더니 어떤 교사가 "당신은 대학교수니까 그런 소리를 하지만 학교에 한번 와 봐라, 그게 가능한가"라고 했다. 일본이나 유럽을 가면 동사무소, 구청, 시청 같은 곳에서 가장 쉽게 접할 수 있는 팸플릿이 인권교육 팸플릿이다. 인종차별에 대한 교육, 그리고 불법적인 임의동행을 요구받을 때에 어떻

게 하라는 내용을 그림을 곁들여 배포한다. 그걸 보면서 우리 시민
단체들 뿐 아니라 교회가 그런 인권교육에 앞장섰으면 좋겠다는 생
각을 했다.

헌법사랑하고 헌법이 나의 신앙이란 언술에 충격을 받았다. 김훈 선
생에게서 경건성을 보았는데『그들이 헌법을 죽였다』에서도 같은 느
낌을 받았다. 일부 사람들은 뜬 구름 잡는 이상론만 펼치는 반면 선
생의 헌법사랑은 경건하게 느껴졌다.

나는 경건한 사람은 아니다. 나도 김훈 선생의 글을 좋아한다. 내
가 헌법사랑 이야기를 하고 신앙이란 표현을 쓴 것은 잘못한 것이
다. 내 자신이 헌법에 대해 한때 허무주의에 빠진 적이 있었다. 대
체 이런 게 있어봐야 현실에선 먹히지도 않으니까. 그러면 어떻게 할
것인가.

1919년 나치가 세력을 확대해가고 있을 때 독일의 기독교인은 물
론이거니와 사회주의자나 자유주의자들까지 누구도 나치가 집권하
리라고는 상상하지 못했다. 바이마르헌법이 만들어진 게 1919년이
었다. 그야말로 좋은 헌법이었다. 그러나 이 헌법에 대해 다들 욕했
다. 결국 더 큰 이상에 대한 집착 때문에 그 헌법은 무너졌고, 나치
에 의해서 침탈당하는 과정을 독일 지식인들은 처연하게 지켜봐야
했다. 지금도 그렇다. 가령 사회주의자나 아주 극단적인 복음주의자
를 자처하는 사람들은 "헌법, 그게 뭔데"라고 이야기한다. 그들이 그
리는 이념과 천당은 현재의 헌법과 무관할지 모른다. 그러나 그렇기
때문에 헌법이 9번이나 정치적으로 악용당했고 개정당한 것이 아닌

가. 지금도 여전히 그러한 준동이 일어나고 있다. 이래서는 안 되겠다는 생각을 했다. 현재의 헌법이 이상적인 헌법은 아닐지라도 우리가 믿음으로 선택한 이 규범을 사랑하지 않고 비판한다는 것은 지식인으로서 기만이라고 생각했다. 헌법과 헌법 운용에 부족한 점이 많지만 기본적으로 더 깊은 사랑이 전제된 후에 그런 이야기를 할 수 있는 게 아닌가. 이제 내 나이 50이다. 작년에 헌법에 대한 책을 쓰고 양쪽에서 비난을 많이 받았다. 헌법학자들도 비난했고 평소 같이 학회활동을 했던 진보적인 사람들도 비판했다. 북한에 대해 언급한 부분이 틀렸다는 것이다. 네가 헌법을 비판하는 것은 좋은 데 북한에 대한 이야기는 실수였다는 것이다. 그 부분 때문에 많은 후배들, 이른바 좌익경향이 있는 사람들에게 욕을 많이 먹었다. 나는 통일을 부정한 것도 아니고 통일에 대한 노력을 부정한 것도 아니다. 유신헌법에 대해 반대했던 것과 마찬가지로 김일성헌법에 대해 반대한 것이었다. 남북대화나 통일에 대한 노력을 그만두어야 한다고 주장하는 것은 아니다. 다만 북한헌법과 북한정치에 대해 처음으로 명확한 선을 그은 것이다. 1년 동안 일본에 있을 때 북한에서 나온 신문이나 조총련 계열 사람들을 만나면서 "이것은 정말 아니구나. 이것은 유신헌법체제보다 더 나쁘다"는 생각을 하게 되었다. 나는 극좌도 극우도 싫다고 썼다. 그들은 헌법의 포용범위 속에 들어가지 않는다. 적어도 사유재산 자체를 완전히 부정하는 공산주의자나 사유재산 절대주의자는 싫다. 적어도 그런 것은 배제되어야 건전한 좌우가 공존할 수 있다. 다양성의 차원에서 좌우가 동거할 수 있는 것이 헌법의 의미이다.

아마추어리즘의 옹호

노동법을 전공한 선생이 어떻게 헌법에 관한 책을 쓸 수 있느냐는
지적이 많았다.

내가 좋아하는 필립 아리에스Philippe Aries도 아마추어 역사가였
다. 그는 소르본 대학을 나왔지만 평생 대학 밖에서 아마추어로 살
았다. 니체도 그렇고 쇼펜하우어도 그랬다. 이제는 대학이라는 것,
상아탑이라는 것, 그리고 그 안에 살아가는 전문가들을 가리켜 엘리
트라고 하지 말았으면 좋겠다. 다른 사람들의 삶에 대해 폭넓고 다
양하게 관심을 갖는 것이 예술이나 문학의 형식으로 나타날 때 전문
화될 수 있다. 자신의 삶을 위무하고 열정적인 충동을 가져다주는 다
양한 관심 영역에 대해 이야기하는 것을 두고 왜 전문이다 비전문이
다 하며 따져야 하는가. 어느 영역이든 누구나 쉽게 접근할 수 있도
록 열어두는 것이 지식인의 역할이 아니겠나. 그래서 나는 에리히 케
스트너를 좋아한다.

희곡 『독재자 학교』를 지은 시인 아닌가.

그렇다. 그는 아동문학가였다. 그의 특징은 독자대상으로 아동과
성인을 구분하지 않을 뿐 아니라 장르를 구분하지 않는다는 것이다.
그는 모럴리스트였다고 생각된다. 몽테뉴나 니체처럼 케스트너도 지
적인 측면에만 함몰되는 것이 아니라 항상 정(情)적인 측면과의 합
일을 추구한다. 그리고 그것을 표현하는 방식으로 웃음을 택했다. 쉰

살이 넘었는데도 여전히 그의 책이 재미있다. 이런 책이 좋은 책이
아닌가. 나는 책이 아동용, 성인용, 대학생용, 전문가용으로 구분되
는 것을 용인하기가 힘들다. 자신이 아는 것을 용도에 따라, 계급에
따라, 사람에 따라, 직분에 따라 구별하는 것은 허위라고 생각한다.
이런 나를 아마추어라고 이야기하든 아웃사이더라고 이야기를 하든
관계치 않겠다. 우선 내가 좋아해야 한다. 사랑이 전제되지 않은 지
식은 생각할 수 없다.

그렇다면 학문과 현실의 괴리도 못 견딜 것 같다.

일본사람들에게는 편집광적인 측면이 있다. 독일에는 마르크스 전
집이 네 종류가 있다. 그러나 일본은 7종이 나와 있다. 번역 또한 그
때마다 최고의 학자들이 참여했다고 말한다. 동독에서 통일되기 전
에 가장 방대하게 나온 마르크스 전집이 60권인데 일본사람들은 20
권이나 더 많은 80권짜리 전집을 만들어냈다. 이렇게 일본사람들은
대단히 부지런하고 치밀하다. 그러나 마르크스 연구가 최고로 발달
된 나라이기는 하지만 마르크스와 가장 먼 나라가 일본이다. 일본에
는 철학교수가 몇 천 명 있지만 철학자는 단 한 사람도 없다는 말이
있다. 이 세상의 모든 철학사상이 연구되는 곳이 일본이지만 일본사
상은 없다고 이야기한다.

**우리 젊은이들이 우리 헌법에 대해 기본적으로 어떤 시각을 가져야
하겠는가.**

사실 성경에 비교할 수는 없지만 민주시민으로서 헌법은 가장 기

본이 되기 때문에 우선 잘 이해하기 위해 가깝게 다가갈 필요가 있다. 우리 사회의 법에 대한 불신이 너무 크다. 조사통계의 의할 때 국민의 80% 이상이 우리 법에 대해 불신하고 있는 것으로 나타나는데 그것 역시 우리 자신에게 책임이 있다. 우리가 헌법을 사랑하지도, 믿음을 가지지도 않고 도리어 그것을 경멸하는데 누군들 그것을 지키겠는가. 청년들이 헌법을 생활화할 수 있는 지혜가 필요하다. 헌법이 추상적인 말로 씌어 있고 구체적인 삶의 지침을 주기에는 대단히 모호한 표현이 많지만, 필요한 경우 그것들을 하나하나 음미하다 보면 생활의 측면에서나 사회의 기본이념에서나 중요하다는 것을 누구나 느끼게 될 것이다. 임의동행은 물론이거니와 작은 권리찾기운동 같은 측면에서도 그런 것들이 생활 속에서 이루어질 수 있도록 자발적으로 나서주는 것이 필요하다고 생각한다. 다른 데는 똑똑하고 이기적일 정도로 개인주의적인 청년들이 권력에 대해서는 대단히 방심하고 무조건 복종한다. 나는 그런 순간마다 자기 권리에 대해 생각해보고 인권에 대해 자기 자신을 훈련시키는 과정을 스스로 만들 줄 알아야만 민주시민으로서의 자격을 갖는다고 생각한다. 사실 헌법에는 인권에 대해 대단히 구체적으로 말하고 조항들도 많이 있다. 청년들이 대화나 토론과정에서 좀 추상적인 예술이야기보다 헌법이야기도 나눌 수 있었으면 좋겠다.

〈사회비평〉의 기고자는 선생의 글쓰기에 두 가지 비판을 했다. 하나는 실명비판이고 또 하나는 극단적인 진술이라는 것이다. 이런 비판에 대해서는 생각이 어떤가?

나는 글을 쓸 때 다양한 독자들을 겨냥한다. 대한변협에 쓰는 글은 변호사들한테 쓰는 글이기 때문에 법을 모르는 일반시민들에게 쓰듯 하지 않는다. 그런데 대한변협신문에 게재되는 글을 읽다보면 법학 공부를 20년 한 내가 읽어도 잘 모르는 내용이 많다. 법률가들 글쓰기가 개판이다. 이것이 암호인지 기호인지……. 나도 이해할 수 없는 글을 일반 시민들이 어떻게 이해하겠는가? 나는 글쓰기 재주가 있는 사람은 아니다. 내가 쓴 단행본들은 4천 5백만 인구 중에 1만 명도 안 되는 사람들이 읽는다. 그런 글을 쓸 때는 고등학교를 졸업한 대학 1-2년생 정도 수준의 독자층을 상정하고 쓴다. 나도 모든 민중이 읽을 수 있는 글을 쓴다고 생각하진 않는다. 쉽고 간단하게 글을 써야 한다는 생각에는 변함이 없다. 나는 교수나 지식인들이 불필요하게 어렵고 난해하게 쓰는 것을 보면 (어떤 경우는 스스로 알고나 썼을까 의심이 간다) 화가 난다. 읽어서 이해가 안 되고 모호한 것보다는 좀 더 확실하게 알기 쉽게 쓰려고 노력한다.

법과 노동

노동법에서 노동이 인간의 삶에 미치는 가치도 다루는가.

법학에서는 다루지 않는다. 노동의 의미에 대해서는 아나키스트 푸리에나 푸르동, 윌리엄 모리스가 이야기를 많이 한다. 나는 노동법 첫 강의 때 이런 이야기를 한다. "여기 상놈 후손 있으면 손 들어봐." 의아해 하면서 아무도 손을 들지 않는다. 나는 혼자 손을 들며 이런 말을 한다. "상놈이라고 생각하지 않으면 노동법을 공부할 필요가 없다. 노동법은 상놈의 법인데 상놈의 의미를 모르고 공부해 뭐하려고 하느냐. 그런 놈들에게 노동법 가르쳐봐야 직장에 들어가 인사계나 노무계나 정보계원이 되어 사장 편에 붙어서 노동조합 까부수고, 어떻게 하면 퇴직금 작게 줄까, 어떻게 하면 산재 돈 덜 줄까 고민하면서 노동자 착취할 뿐이다. 너희들에게 노동법을 가르쳐봐야 노동법을 아는 나쁜 놈들 밖에 안 될텐데 왜 가르쳐야 되는지 모르겠다." 영남대에 온 지 11년이 되었다. 80년대에는 노동조합 만들기가 힘들고 노동자가 상담을 받기도 어려워서 열심히 뛰어다녔다. 노동야학도 했었다. 그렇지만 노동을 해 본 적은 없다. 아는 사람에게 부탁을 해서 한일합섬에서 하루 노동을 해본 것이 전부다. 그러나 노동법학계에서 나는 완전히 아웃사이더다. 내 이론은 민주노총 정도에서만 선호할 뿐이다.

변화를 거듭하는 세계관이 어떻게 법에 수용되는지, 혹은 법이란 사람들의 의식과 세계관에 어떤 영향을 주는지 궁금하다.

법은 급변하는 사회의 가치관에 영향을 받기도 하고 영향을 주기도 한다. 우리의 경우는 법이 워낙 권력기관의 하수인이 되었기 때문에 법이 갖는 정의관념이나 형평관념, 세계관이 정립될 새가 없었다. 헌법재판소가 만들어진 이후 국민의 인권에 대해 여러 가지 변화가 있었던 것이 사실이다. 개인의 자유를 존중해야 한다는 민주주의적 세계관이 조금은 신장된 것도 부인할 수 없다. 그러나 외국의 판사들처럼 시대의 가치를 선도하는 사상가로서의 역할을 하는 법률가가 우리에겐 없다. 헌법은 세계관과 사회관에 결정적인 영향을 미친다. 나치가 멸망하고 난 후의 독일이나, 제국주의가 멸망하고 난 후의 일본 같은 나라에서 헌법의 역할은 매우 중요한 것이었다. 일본헌법에서 군대를 갖지 않는다든가, 전쟁을 하지 않는다는 평화조항은 중요한 실례다. 일본이나 독일의 헌법구조나 인권조항은 극우 보수적인 히틀러주의자들이나 또는 일본 제국주의자들을 막아내는 방패로서 중요한 역할을 했다. 그러나 우리는 히틀러 같은 보수주의자들이 많음에도 불구하고 헌법이 효과적으로 막지 못했다. 막기는커녕 대법원이나 헌법재판소가 가장 보수적인 입장을 취하고 있다. 그 원인은 기본적으로 법률가들에게 있다고 생각한다. 물론 국민들도 헌법에서 말하는 인권사상을 체현하고 있다고 보기는 힘들다. 나는 기독교 신자는 아니지만 기독교의 가르침이나 불교의 가르침이 헌법에서 규정되어 있는 기본적인 인권사상과 같다고 생각한다. 헌법의 인권은 기본적으로 서구헌법의 인권사상에서 나온 것이고 서구의 법사상은 기독교에서 나온 것이다. 그런 의미에서 헌법의 인권사상이라는 것은 단순히 법률적인 차원에서 그치는 것은 아니라 종교적인 차원, 사상적인 차원, 윤리적인 차원, 세계관의 차원까지 맥이 닿아있다.

법과 인권

흉악한 사형수들의 인권을 다룬 미국영화들을 보며 깊은 인상을 받는다. 어떤 설교도 인간에 대한 고귀함을 내게 그 영화들만큼 가르쳐주지 못했다. 미국의 법 현실이 정말 그러한가.

미화되었다고 본다. 영화 중에는 실화를 바탕으로 하는 것도 있기 때문에 현실이 전혀 그렇지 않다라고 단정할 수는 없다. 물론 제소자 내지 피고인을 다루는 태도는 우리보다 낫다. 그러나 영화에서처럼 인도적이지는 않다. 흑인이나 유색인종에 대한 난폭할 정도의 인권침해는 흔히 보고되고 있다. 인종차별의 측면에서 미국의 사법현실은 여전히 문제가 많다. 9. 11 테러 이후 유색인종에 대한 차별은 더 심해졌다. 아직도 우리의 재판에는 변호사도 없는 경우가 허다하고 피의자 단계에서 죄수복을 입힐 뿐 아니라 얼마전까지는 포승줄까지 묶었다. 아직까지도 0.7평의 감옥이 문제가 되고, 일제시대 때 설치한 선풍기도 안 튼다. 벽초 홍명희 선생은 서대문 형무소에서 매일 『임꺽정』을 집필해서 아침에 조선일보에 보냈다고 하는데 작고한 김남주 시인은 80년대 해방된 대한민국에서 집필이 철저하게 거부되었다는 게 말이 되는가. 교도행정은 정말 문제가 많다. 미국영화를 보면 살인범도 깨끗한 양복을 입고 나와서 재판받지 않던가. 그야말로 죄수의 최소한의 인권이 존중된다는 의미다.

작금의 노동현실을 어떻게 보는가.

아직도 근로조건이 열악한 곳이 많을 뿐 아니라 근로기준법은 5인 이하의 사업장은 가족적인 분위기이기 때문에 건드리지 않는다. 세상에 이런 법이 어디 있는가. 산재라든가 임금체불이 가장 많이 발생하는 곳이 그러한 사업장 아닌가. 그런 현실을 보고 있으면 무엇 때문에 써먹지도 못할 공부를 했나 하는 생각이 들기도 한다.

대한민국 국민으로서 나를 가장 치욕적이게 만드는 것은 외국인노동자 문제이다. 남의 나라를 한 번도 침략하지 않은 백의민족의 일원이란 사실에 행복해 했던 어린 시절이 있었다. 어릴 적 일제 만행을 공부하면서 저게 어떻게 인간 사회인가 했었는데 지금 우리가 외국인노동자들을 착취하는 것을 보면서 그 보다 더 한다는 생각이 들어 얼마나 충격이었는지 모른다.

12년 전인가 인종차별에 대한 글을 쓴 적이 있다. 한국에 인종차별적 요소가 없는 것 같지만 사실은 많다는 내용이었다. 그 글을 읽은 미국인 교수가 말이 안 된다고 했다. 외국인노동자 문제는 노동법의 문제 이전에 인종차별의 문제다. 법무부나 노동부는 불법체류자이기 때문에 외국인노동자들을 보호할 수 없다고 하는데, 이것은 법적으로도 말이 안 되는 이야기다. 불법체류는 출입국관리법 상의 문제다. 노동이 현실적으로 제공된 이상 그에 대한 대가를 주고 그것을 보호해야 한다는 것은 법적인 상식이다. 이미 노동을 했는데 임금을 안 주어도 좋다? 이것이 우리 정부의 태도다. 상식 이하다. 팔잘리고 다리 잘린 외국인노동자들이 명동성당에서 농성을 하니까 정부는 그제야 산재만은 인정해 준다는 기회주의적인 태도를 취했다.

외국인노동자를 착취하는 기업주들도 문제가 있지만 더 큰 책임은 현실을 외면하는 정부에 있다. 외국인노동자들에 대한 우리의 범죄는 히틀러가 저지른 만행 이상이다. 정부가 외국인노동자 문제에 대해 책임을 회피한다는 것은 반인도적, 반인간적, 반국제적, 반세계적인 짓이다. 이것은 야만이다. 법의 원칙은 내국인이든 외국인이든 평등한 보호를 전제해야 한다.

이런 현상은 정부가 재벌에 의존적이기 때문인가?

외국인노동자 문제는 재벌의 문제는 아닌 것 같다. 영세한 중소기업의 문제다. 보스니아 내전에서 이루어졌던 인종학살 사건의 기록을 책으로 낸 워싱턴포스트지 기자가 있는데, 그 기자가 보스니아 내전을 취재하기 전에 한국에 있었다고 한다. 그의 말에 따르면 내전 직전에는 세르비아계와 비세르비아계, 그러니까 기독교인과 회교인 사이가 매주 좋았다고 한다. 20-30%의 통혼(通婚)이 있었고 양 민족 간의 구별 없이 잘 지냈다고 한다. 그러나 내전이 터지자마자 짐승처럼 돌변해 학살을 자행했다는 것이다. 그 이야기를 하면서 한국에서도 이런 일이 일어날 가능성을 염려했다. 백의민족이란 말도 없애버려야 한다. 아직까지 민족주의가 야만이라고까지 생각하진 않지만 민족주의를 가장한 인종주의나 국가주의는 야만이다. 국가 영역 속에서 하나의 민족 뿐 아니라 여러 개의 민족이 공존할 수 있다는 것이 전제되어야 한다. 그게 전제되지 않는다면 그것은 나치주의와 다를 바 없다.

일본의 사회주의자들이 하나 같이
식민주의자라는 사실은 충격 그 자체였다.

종교와 가정

월드컵 때 스님들이 우리 팀의 승리에 열광하는 것을 보면서 충격을 받았다. 국가주의를 부추기는 상업주의에 스님들까지 열광하는 것을 보면서 종교까지 천박해지는 것 같았다.

나는 호국불교란 말이 싫다. 호국불교라는 말 자체가 성립되는가. 일부 기독교 목사들이 조찬기도회를 빙자, 자유당시절 권력에 붙어먹었었다. 그것을 합리화시켜주는 것이 과거 호국불교 전통이었다. 기회가 된다면 호국불교가 얼마나 허구적이고 기만적이고 반불교적인지에 대해 쓰려고 한다. 나아가 그것이 진정한 호국불교인지도 묻고 싶다. 불교인들이 민족독립에 앞장 선 것, 그리고 식민지 치하와 해방 이후 종교인들이 민주화를 위해 적극적으로 참여한 것에 대해서는 높이 평가한다. 그것은 호국이 아니라 국가권력에 대한 저항이었다. 한국 불교가 일본 불교식으로 전환되어 대처승이 생기고, 일제시대에 승려들이 일본군 입대와 정신대 동원에 앞장섰던 역사에 대해서는 왜 규명과 참회가 없는지 의문이다. 기독교나 천주교는 이런 문제에 대한 일정한 반성과 논의가 있었던 것으로 알고 있다. 호국불교는 부처님의 가르침이 아니다. 시간이 된다면 일제시대를 거쳐 지금까지 불교가 산중 재벌로서 했던 행각을 밝혀보고 싶다.

한국 기독교에 대해 평소 느끼던 점을 말해 달라.

오강남 선생의 『예수는 없다』를 재미있게 읽으면서 공감했다. 기복신앙을 극복하자, 성서절대주의가 아니어야 한다, 교회가 좀 더 폭넓은 성서 해석을 받아들이자는 게 주된 내용이었다고 기억된다. 기독교를 비판하면서 북한 마르크시즘도 비판하더라. 기복신앙 전통이 미국과 캐나다의 특정 종교가 건너 왔기 때문이라는데, 나는 생각이 다르다. 내가 보기에는 그 이전부터 문제가 있었던 것 같다. 이단을 용인하지 않았던 조선시대의 전통이 그렇다. 일제시대와 해방 이후의 어지러운 정치적인 상황, 그리고 전쟁과 쿠데타를 겪어오면서 기독교인들이 개인적인 기복에 매달릴 수밖에 없었던 사정이 이해는 된다. 과거에는 그런 것이 못마땅하고 창피스럽고 왜 이럴까 하는 생각만 했었다. 그러나 나이를 먹고 보니 그럴 수 있었겠다 하는 생각이 든다. 나는 젊은 신도들이나 젊은 목회자들이 기독교의 가르침을 통해 여러 가지 사회적 정치적 현안들을 재조명하고 재해석할 수 있기 위해서라도 인문학적인 지혜나 토론이 필요하다고 생각한다. 내가 군대에 있을 때만 하더라도 읽을 수 있는 책이 성경 밖에 없었다. 신앙을 갖고 있지는 않지만, 그때도 성경 읽는 게 좋았고, 지금도 신부님이나 스님이나 목사님 가운데 좋아하는 분들이 많다. 법학, 오페라, 미술, 문학, 서양문화를 이해하기 위해서도 성경을 읽지 않으면 안 된다. 신앙이 개인적인 차원에 머물 것이 아니라 인권이나 평화, 외국인노동자 문제로 확대된다면 할 일이 많을 것이라고 생각한다.

이혼이 점점 심각해진다. 아무리 사회가 변해도 사회나 학교가 대신할 수 없는 영역이 가정에 있는 게 아닌가 싶다. 물론 현대 가정의 역기능과 폐해도 있기는 하지만.

나도 가정이 중요하다고 본다. 어떤 진보주의자라도 결혼이나 자녀의 중요성을 부정할 수는 없을 것이다. 문제는 가정이 문제가 아니라 가족주의다, 가부장적인 가족주의. 호주제가 빚어내는 역기능이나 자본주의 생산기제로서의 가족주의는 부정적이다. 그러나 가족 자체는 그야말로 생물학적인 요구이다. 자유와 평등을 전제로 하는 가족 간의 연대나 사랑은 필요하다. 가족이나 가정이 절대적이라고 것은 아니지만 사람에게 중요한 요소임은 부정할 수 없다. 특히 한국사회에서 가정이 차지하는 비중은 어떤 사회보다 크다. 인권, 자유, 평등의 기본적인 출발이 가정이다. 알베르티가 쓴 가정론에 따르면 르네상스시대의 이탈리아사회는 기본적으로 가족을 단위로 구성되어 있을 뿐 아니라 가족이 대단히 중요시된 사회였다. 15-16세기의 가족관계는 우리와 비슷한 면이 많아 논의에 참고가 될 수 있다. 가족주의가 파시즘의 토대가 될 수 있음도 간과해서는 안 되며, 가정에 대한 논의는 그 자체로 대단히 중요하다.

사이드의 오리엔탈리즘을 번역한 후 선생의 삶에 나타난 변화나 영향은 무엇인가.

세계에 대해 새로운 인식을 하게 되었다. 우리의 민족주의나 국학에 대해 반성할 기회를 가질 수 있었다. 예술이나 학문이라는 게 권력의 반영일 수 있구나 하고 생각하게 되었다. 공부하고 있는 법학이나 인문학, 예술이 권력으로부터 거리를 두는 노력이 얼마나 중요한지도 배웠다. 나는 사이드의 글에서 '망명'이란 단어를 좋아한다. 고향을 사랑하지만 고향을 떠나서 고향을 바라볼 수 있는 망명자적인 시각 말이다. 사이드는 피아니스트는 아니었지만 피아노도 꽤 잘 쳤고 문학이나 철학이나 역사에 대해서도 대단한 경지에 올랐던 사람이다. 내가 좋아하는 학자는 하나의 이데올로기에 빠지지 않고 전방위적인 관심을 가지고 사유를 심화시킨 사람들이다. 르네상스적 인간형 말이다. 그들의 인생이나 학문에는 분화가 없다. 전공분야의 경계도 없다. 나는 에드워드 사이드를 스승으로 또는 사표로 모실만한 분이라고 생각한다.

노동자를 위한 예술

클래식 음악을 가진 자들의 사치품으로 치부하는 일부의 시각과 클래식을 알아야 교양인이라는 생각에 동의할 수가 없다. 예술이 전시회장이 아니라 일상 속에서 향유되길 희망하기 때문이다. 예술에 관한 책을 많이 낸 선생의 예술에 대한 생각이 궁금하다.

내가 예술에 대해 이야기하기 시작한 것은 노동자들에게, "예술은 당신들의 것입니다, 예술가들도 당신들을 생각했다"는 이야기를 해주고 싶었기 때문이다. 많은 예술가, 인문학자, 법률가들이 생활 속에서 살아 있는 교양을 전제로 진정한 의미의 법률가, 진정한 의미의 정치가, 진정한 의미의 예술가가 되었다고 생각한다. 이제는 조금 더 노동자들이 시간과 마음의 여유를 가지고 예술을 즐길 수 있게 되었다고 생각하지만 아직도 오페라 같은 것은 대단히 사치스럽게 느껴지는 것이 현실이다. 그럼에도 불구하고 내가 오페라에 관한 책을 쓴 것은 오페라가 귀족적이라는 편견을 깨기 위해서였다. 학기 중에 학생들에게 오페라 비디오 몇 편을 보여주고 토론도 했다. 그런 시도가 우리 사회에 확대된다면 노동현실이나 사회현실을 다루는 오페라가 나올 수도 있을 것이다. 나는 법과 예술을 일원화시키고 보편화시키고자 한다. 예술, 문화, 법, 정치가 누구나 쉽게 이해하고 접할 수 있어야 한다. 개인적 취향과 보편성이 인간의 존엄성 차원에서 통일되는 것은 어떤 의미에서 남북통일보다 더 중요하다고 생각한다. 지휘자, 성악가, 화가, 정치가의 전문성은 필요하겠지만 그것이 그들만의 전유물이라는 것은 아니다. 전문성은 독점을 의미하는 것이 아니다. 프로와 아마추어 또는 전문가와 시민이 교통하고 대화하며 연계되어 있어야 한다. 관중이 존재해야 예술이 가능한 것 아니겠는가. 그것이 생활 속에 침윤되고 정착되어 누구나 예술이나 문학을 쉽게 볼 수 있고 자신의 이야기로 느낄 수 있는 문화를 생성하기 위해 노력하는 것은 당연한 일이라고 생각한다.

선생께서 추방당한 문화와 예술을 현실로 끌어옴으로써 균형 잡힌 진정한 교양인을 만들려는 노력이 무척 의미 있어 보인다.

종교인이든 법률가든 학자든, 예술이 다루고 있는 폭넓은 인간사에 대해서 모르고서 자기 분야의 일을 잘 하는 것은 불가능하다고 생각한다. 예술에서 표현되는 것은 또 하나의 종교현상이고 또 하나의 법 현상이고 또 하나의 정치현상이다. 우리의 고달팠던 삶이나 우리의 입시 교육상의 문제점이 결국은 서양예술과 문화를 대단히 고급화시키는 경향을 초래했다. 그래서 예술을 충분히 접할 기회가 없었다. 예술가들은 마치 예술을 더욱 고급화시키는 것이 위신을 세우는 것인 양 생각하게 되었다. 오페라 책을 내고 제일 반가웠던 것은 오페라를 하시는 분들에게서 이 책의 출간으로 오페라에 대한 관심이 좀 더 넓어질 것이라는 이야기를 들었을 때이다. 오페라 하시는 분들은 이런 책을 무시할 줄 알았다. 이렇게 서로의 교감이 이루어지고 있다는 사실은 중요하다. 예술에 대한 사회적인 재인식이 예술을 풍요롭게 한다고 생각한다.

현실이 빠져 있는 음악의 공허함에 찬성할 수 없다. 한국의 음악은 너무 기교에 치우쳐 있고 삶이 농축되어 있지 못해 수명이 짧은 경우가 허다하다. 예술 오용에 대한 이야기를 듣고 싶다.

영화와 문학이 그런 경향이 심하다. 특히 할리우드영화의 오락적 요소는 허황된 영웅주의와 아메리칸 드림을 심어준다. 음악이나 미술은 아름다움을 추구하기 때문에 순수하고 비정치적이라는 주장은 틀리다. 순수음악과 순수미술이라는 것이 탈정치적인 분위기를 조장하는 것이야말로 예술의 오용이다. 좀 더 적극적으로 모차르트의 음악을 사랑놀이 정도로 축소하는 것에 반대한다. 나는 아직 사회주의에 대한 믿음을 버리지는 않았다. 그러나 이젠 구조적인 사회주의는 싫다. 모든 것을 받아들일 수 있는 열린 사회주의, 열린 인간주의가 우리가 추구해야 할 믿음이고, 헌법의 이념이다. 내가 공부하는 노동법이나 예술의 대한 기본적인 믿음이 그로부터 나온다고 생각한다.

권력 자체를 부정하는 야인의 정신

한 사람의 사상가나 문인에 대해 모든 책을 완벽하게 다 읽고 싶은 충동을 느끼는 사람은 그렇게 많지 않다. 대개의 경우는 필자와 첫사랑을 시작하여 몇 년 그의 글을 따라가다 보면 게을러지기도 하고 더 신선한 것이 없을 것이란 판단에 글 읽기가 중단된다. 그러나 존 스토트의 경우는 그런 의미에서 나에게 확실하게 예외적인 존재였다. 요즘 박홍규 선생이 무섭게 쏟아내는 책을 접하면서 나는 선생의 모든 저작에 도전해 보고픈 욕망을 느낀다. 또한 나는 박홍규 선생을 떠 올릴 때마다 '진정한 아웃사이더의 삶은 생육신에 더 가까운 게 아닐까' 하는 생각이 든다. 나는 다음 문장 속에서 박홍규 선생의 영혼과 만났다.

"지난 세월, 우리에게도 재야는 있었다. 그러나 '벼슬을 하지 않고 민간에 있음'이라고 하는 국어사전식의 재야는 나에게 무의미 했다. 나아가 특정 권력을 비판하기만 하는 재야도 무의미했다. 그런 재야도 곧잘 다른 권력에 빌붙었기 때문이었다. 옛날 선비처럼 좋은 임금이면 봉사하고, 나쁜 임금이면 물러난다는 전통이 지금까지 유지되고 있다. 그러나 나에게 진실한 재야는 오웰처럼 권력 자체를 철저히 부정하는 재야였다. 아니, 일시적으로 들에 머무는 재야가 아니라 영원한 야인 그 자체를 뜻하는 것이었다. 태어나서 죽기까지 들판에 사는 야인을 뜻했다. 죽을 때까지 붓 한 자루로 모든 권위에 맞서는 야인 정신이야말로 찬양할 만한 것이었다. 그러면서도 고귀함을 잃지 않는 품성, 그야말로 수정같이 맑고 강한 품성이야말로 참된 야인 정신이었다. 오웰은 그래서 나에게 언제나 감동 그 자체였다. 내게 그 정도의 감동을 준 사람은 오웰 말고는 중국의 루쉰 뿐이었다."

이 보잘것없는 인터뷰가 박홍규 선생의 몸과 영혼을 통해 발산되는 진정한 아웃사이더의 정신과 향기를 이 땅의 젊은 꽃들에 실어 나르는 한 마리의 벌이 될 수 있기를 희망한다.

NSUK

김진석 〉〉〉 김진석은 철학교수란 자신의 직업이 더럽다고 고백
한다는 점에서, 국가와 개인의 모든 위기를 철학의
부재 때문이라고 굳게 믿지 않는다는 점에서, 철학과가 문을 닫을 지경이 된 현
실의 원인을 인문학의 위기 내지 대학을 자격증 공장으로 만든 우리 사회의 천박
성이 아니라 철학선생들의 잘못된 가르침에서 찾고 있다는 점에서, 분열되어 있
는 자신을 그대로 드러낸다는 점에서, 한때 그림으로 직업을 바꾸기 위해 프랑스
로 떠났었다는 이야기를 서슴없이 한다는 점에서, 그러면서도 남다른 애정으로 한
국어로 철학의 개념화 작업을 꾸준히 하고 있다는 점에서 특이한 철학자다. 1958
년 강원도 홍천에서 태어난 그는 서울대 철학과와 독일 프라이부르크 대학을 거
쳐 하이델베르크 대학에서 박사학위를 받았다. 〈문학과 사회〉 편집동인, 〈포에지〉
편집위원, 〈사회비평〉 편집주간을 지냈다. 현재 인하대학교 인문학부 철학과 교수
이고 얼마 전 계간 〈인물과 사상〉 편집위원으로 합류했으며 법무부 정책자문위원
회의 전문위원으로 위촉받았다. 저서로는 『탈형이상학과 탈변증법』, 『초월에서 포
월로』 전3권, 『문학과 철학의 만남』(공저)이 있으며 최근 『폭력과 싸우고 근본주
의와도 싸우기』를 출간하였다.

세상 구원을 등진 거룩한 포월의 길

인하대 김진석 교수가 계간 〈인물과 사상〉의 새 편집위원이 되었다. 강준만 일인 저작물에 가깝던 〈인물과 사상〉이 강준만, 고종석, 김진석 편집위원이 돌아가면서 특집을 기획할 뿐 아니라 다수의 필자가 참여하는 체제로 전환된 것이다. 운명을 좌우할 수도 있을 법한 이 중대한 기로에서 〈인물과 사상〉은 체제전환의 새로운 모델을 제시했다고 보인다. 그런데 세 편집위원이 만나지도 않고 이런 결정을 했을 뿐 아니라 앞으로도 정기적인 편집회의가 잡혀 있지도 않다는 것이다. 기존의 잡지체제로는 상상도 할 수 없는 파격이 아니겠는가. 고종석은 김진석이 "자신의 철학적 사유가 고답적인 이론주의의 덫에 빠지는 것을 늘 경계하며 이론 속에서 일상적 실천의 실마리를 끄집어내기 위해 애써온 중견학자"이며 "그의 글쓰기 밑에 깔린 지행합일(知行合一)의 마음가짐은 〈인물과 사상〉이 지금까지 간직하려고 애써왔고 앞으로도 애써 견지해야 할 공심(公心)의 알짜를 이룬다"고 말하면서 그의 합류를 반겼다. 03_07_29

근황과 글쓰기

최근 우리 사회의 자살 신드롬을 어떻게 보나. 이 자살문화의 극복 단초를 어디서부터 찾아야 하나.

한 재벌 회장이 죽었는데 국민들이 슬퍼하는 것은 이상한 상황이다. 영혼이 깨끗한 사람들만 죽고 뻔뻔한 인간들은 끄떡도 안하는 문제가 겹치기 때문에 문제가 더 심각한 것 같다. 우리 사회가 자꾸 죄와 책임의 문제를 영혼과 정신의 문제로 환원시키는 것은 분명 철학적으로는 문제가 있다. 정몽헌 씨의 경우도 답답한 게 있거나 분노할 만한 일이 있으면 터뜨려놓고 당당하게 해결하는 게 좋은 것 같은데 자기를 파멸하는 쪽으로 갔다. 서민들의 투신도 마찬가지다. 사회적으로 해결하려면 싸우고 따져야 한다. 그 정도의 열정이 있으면 누가 내 영혼을 이렇게 만들었나를 따져보고 거기에 대한 분노를 폭발시켜라.

우선 징후 같은 것을 분석하자면 나는 도덕적 근본주의가 가장 심각한 문제라고 생각한다. 그렇게 영혼의 문제 내지 윤리로 해결하다 보니 자꾸 목숨을 끊게 만드는 것 아닌가! 안중근 의사가 이토 히로부미를 살해한 것을 가톨릭은 불과 10년 전엔가 복권시켰다. 종교로서는 나름대로 고민할 부분이 없지 않을 것이다. 교회는 그렇다 치더라도 사회가 그런 시스템인 것이 정말 문제다. 물론 나도 가끔 죽을까 생각하는 사람인데 투신자살 소식을 접하다보면 반대로, "괜히 죽지 말고 잘 살자"는 다짐을 하게 된다.

반민특위가 부활될 것 같다는 보도가 있었다.

그렇게라도 정리를 해야 할 것이다. 지난번에 〈한겨레〉에 기업위안부라고, 징용으로 끌려간 한국사람들을 상대한 위안부 여성들에 관한 기사가 실린 적이 있다. 그런 위안부도 상당수 있었다는 것이다. 그냥 어물어물 넘어가거나 고해성사 하듯 끝낼 수 없는 문제들이 이제 밝혀지고 있다. 사회적으로 책임져야 할 사람들은 피를 흘려야 한다는 게 내 생각이다. 정리를 해야, 우리 영혼이 그나마 깨끗해질 수 있다. 우리 문학도 자꾸 슬픈 애상을 떠는 것은 사회적으로 청산을 못하므로 오히려 결과가 자꾸 본질로 탈바꿈하기 때문이다. 마치 슬픔이 존재론적 근원인 것처럼 이야기를 하는데, 문학이든 사상이 자꾸 그런 쪽으로 가는 것은 나쁜 것이다. 처벌이야 법적으로는 공소시효가 지나서 힘들겠지만 진상이라도 밝혀져야 한다. 그러나 그것조차도 싸워야 할 것이다.

얼마 전 〈한겨레〉 문학칼럼을 시작했다. 〈한겨레〉 문학칼럼은 연거푸 역사청산 문제를 다루고 있던데.

문학칼럼이 너무 딱딱하다고 할 테니까 계속 그런 이야기만 할 수는 없을 것이다. 나는 한국문학이 지나치게 애조를 띨 뿐 아니라 슬픔의 주제가 너무 많다는 점이 좀 그렇다. 그것의 나름대로의 역할을 부정하고 싶지는 않다. 그러나 그것은 우리 사회가 과거 문제를 제대로 청산하지 못한 후유증이고 지나치게 과장하는 것이다. 나는 이 점이 매우 중요하다고 본다. 독일에서 돌아온 90년대 초는 포스트모더니즘과 해체론에 대해 지금하고 다른 생각을 가지고 있었다.

우리 사회가 너무 청산도 안 되다보니 극단적으로 과거를 시시콜콜 따지지 말고 차라리 덮는 게 낫지 않겠나 하는 생각이 있었다. 청산해서 엄벌에 처할 수 없다면 과감하게 씻김굿을 하고 가자고 했는데 지금 와서 보니 그것은 아닌 것 같다. 그래서 문학칼럼에서 "탈역사적 망각을 조장하는 당시 '포스트' 분위기에 부분적으로 일조를 했었"던 걸 부끄럽다고 한 것이다. 물론 잘 되면 그것도 괜찮은 방식이다. 진상을 잘 밝히되 이미 지난 일이니까 앞으로는 맑은 영혼이 되어서 가자! 문제는 그게 계속 헛돌고 싸우니까 좋지 않은 생각인 것 같다. 처벌은 못하더라도 진상은 알고 영혼이 맑아질 때가지, 앞으로 더 이야기를 하자는 생각이다.

지행합일에 대한 천착은 말과 삶이 일치하지 않는 기득권층에 대한 반발과 혐오로 읽힌다. 미당에 대한 비평 또한 그 연장선에서의 작업이었나.

반발과 혐오? 그렇다. 혐오를 넘어 증오까지다! 우리 사회 지식인과 기득권층의 말이 실천과 행동을 벗어나서 남용되고 있다. 아름다운 말과 아름다운 영혼을 가지고 있는 사람은 사회적으로는 어떤 관계를 맺는가에 대해 나는 관심이 있다. 물론 어떤 사람이 사회에 관심을 가지지 않고 순수한 영혼으로 아름다운 말만을 할 수도 있다. 하지만 그가 사회적인 역할을 할 때는 관계가 드러난다. 이것만큼은 제대로 살펴보아야 한다. 미당의 경우는, 그의 말이 독특하게 아름다운 말이라고 하는데 아름답다는 미적 의식과 정치적인 관계가 복잡했다. 물론 권력자도 아름다울 수 있다. 문학적인 것 이외를 보자면 그런 것 같다. 이것은 단순한 문학적인 문제가 아니다. 이것이 미당의 글을 다루는 나의 기본입장이었던 것 같다.

예술의 아름다움과 삶을 분석하는 흐름이 문학사 쪽에 있는가?

전혀 없진 않겠지만 매우 드문 경우다. 대개는 텍스트만 따지고 이야기하든지, 아니면 사회적인 것만을 가지고 이야기하는 것이 주된 흐름이다.

마약문제로 가수 전인권 씨와 했던 인터뷰가 퍽 인상적이었다.

전인권 씨에게는 두루뭉술하게 무슨 사건 때문에 마약을 했다는 식 말고 생각하는 것을 다 이야기하고 당당하게 나가자고 했다. 차분하게 할 때는 하지만 확실하게 할 때는 솔직하고 분명하게 가는 것이 좋다는 입장이다. 보수와 진보를 따질 것 없이 주제가 비슷비슷한 계간지에서 안 다룬 주제가 마약문제였다. 사회의 상황도 그렇고 정신의 영역에서도 너무 금기시되었던 문제이기 때문에 다룰 가치가 있다고 판단했다.

〈인물과 사상〉의 가장 큰 장점 중 하나가 강준만의 쉬운 글쓰기 스타일이었다.

부분적으로는 이미 변화가 나타나는 것 같다. 강준만의 글이 대체적으로는 쉬웠지만 가끔은 주제에 따라 깊이 있는 글들도 썼던 게 사실이다. 가장 큰 장점이라면 역시 실명비판이다. 인물 위주로 가는 것도 중요한 덕목이라고 생각한다. 이제까지 여타의 잡지들이 인물비평도 했지만 주로 주제를 가지고 이야기를 해왔다. 반면 〈인물과 사상〉은 인물에서 이야기를 끄집어냈다. 주제식이라는 게 잘 쓰면 주제를 복합적으로 차분하게 드러내지만 잘못하면 두루뭉술한 이야기가 된다. 그러나 인물 위주는 지나치게 단순해질 위험이 있다. 아직은 인물에 대해 집중적으로 이야기하는 것이 필요하다. 하지만 나는 모두 인물 위주로 할 자신은 없다. 인물 위주로 가겠지만 어떤 사태에 대해서는 주제로 갈 수도 있을 것 같다.

역사인식과 철학자로서의 정체성

국민의 역사인식이 우리 사회에 어떤 영향을 끼치고 있다고 보는가.

역사란 복잡한 문제다. 역사의식이 많은 게 꼭 좋은 것이라고 생각지는 않는다. 삶이 잘 될 때 과도하게 역사의식에 관심을 가질 필요는 없다. 한국의 경우, 역사와 관련하여 가장 큰 문제는 과거청산이다. 우리의 현 상황은 과거청산이 제대로 안 되고 있을 뿐 아니라 전근대적인 것, 근대적인 것, 포스트모더니즘적인 게 섞여 있다. 우리 영혼이 뒤엉켜 있어서 생기는 문제들이 많다. 대체적으로 우리 사회는 문제를 너무 단순화시켜서 이야기한다고 생각한다. 우리는 식민지를 겪었고, 유례가 없을 정도로 강대국 사이에 낀 나라다. 우리가 죄값을 치러야 하는데 그것을 못했기 때문에 사람들의 영혼이 더

러워질 대로 더러워진 것 같다. 그것과 현대화 과정이 겹치다보니까
이렇게 되었다고 본다.

**구약성서는 청산되지 않은 과거가 자연에 심각한 영향을 끼친다고
가르친다.**

구약은 분노하는 하나님, 또는 하나님의 분노에 대해 자주 말한다.
하나님을 무서워한다면 역사는 청산되어야 한다. 만약 한국의 기독
교가 하나님의 분노를 진지하게 받아들였다면 다른 결과가 왔을 것
이다. 교회만큼은 우리 역사의 잘못된 점들에 대해 크게 분노하고 넘
어갔어야 했다. 그랬다면 우리 영혼이 맑아졌을 것이다. 그런 점에
서 나는 많은 성장과 발전을 했다는 한국 기독교에 대해 크게 의아
하게 생각하고 있다.

역사문제에 집요하게 매달려야 하는 이유를 어디에서 찾나.

나도 그 문제를 깊이 고민하고 있다. 몇 가지 층위가 있는 것 같
다. 기본적으로 정치·경제라면 생태가 우선이냐 성장이 우선이냐의
문제가 있을 수 있겠고, 철학적·인문적으로 말하자면 한국사회에서
는 생태를 우선해야 하느냐고 제안할 수도 있을 것이다. 나도 노자
를 좋아했고 그 생각에 지금도 변함이 없지만 학문하는 사람들이 노
자적인 삶을 이야기하고 그것을 사회로 끌고나오는 것에는 반대다.
지금 한국적인 사회에서, 그리고 지식인이 노자와 관련하여 별로 할
말이 없을 것 같기 때문이다. 물론 풀뿌리 민주주의로 나가서 생태
주의자로 소박하게 살 수는 있을 것이다. 그러나 그렇게 살지 않는

지식인이 노자를 텍스트의 차원에서 이야기하는 것을 나는 비판적으로 본다. 운동의 차원에서 생태주의를 실천하는 사람들은 존경하지만. 진짜 생태적인 관심이 있다면 생의 태도를 바꾸어야 한다. 지식인으로서 지적 명예를 가지고 있으면서 노자를 말하는 것은 잘못된 것이라고 생각한다. 그러나 시민으로서는 생태문제에 관심을 많이 가져야 한다.

어떤 계기에 의해 문학평론을 하게 되었나.

독일에서 독문학을 전공하긴 했다. 하지만 전공 때문만은 아니고 언젠가부터 문학에 대한 관심이 있었던 것 같다. 몸이 잘 돌아가지 못하긴 하지만 미술에도 관심이 있어서 미술비평도 했고 미학적인 관점으로 건축에 관련된 글도 썼다. 그래서 미술사 공부도 했다. 초반에는 주로 이청준과 이인성, 그리고 윤흥길 씨에 대해 썼다.

교수, 문학평론가, 잡지 편집자 중 어떤 것에 정체성을 두고 있나.

잘 모르겠다. 철학을 하겠다고 마음먹은 고교 1학년 때부터 지금까지, 나름대로는 끈질긴 작업을 한국어로 해 왔다. '초월(超越)에서 포월(匍越)로'라는 개념작업을 통해, 그리고 '소외(疎外)에서 소내(疎內)로'라는 개념을 통해. 하지만 현재는 거의 못하고 있는 상황이다. 우리 사회가 너무 구체적이고 급격한 문제에 대해 개입을 요구하기 때문에 차분하게 철학작업을 할 겨를이 없다. 나도 여러 가지로 분열되어 있다. 때문에 나는 누구처럼 자신을 '영원한' 시인으로 규정할 수는 없다. 물론 나도 엘리베이터를 타면서, 화장실 가면서 그리고 틈틈이 철학적인 작업에 대해 생각한다. 그러나 우리 시대와 사회가 아직도 철학적인 작업을 정말 원하는지 모르겠다. 철학적인 작업이 중요하지 않다는 이야기는 아니다. 하지만 철학자들이 주장하는 것만큼 중요한 것 같지는 않다. 이렇게 내 철학적인 작업을 다른 사람들에게 설득시키는 데 문제가 있다 보니 "과연 내가 철학자가 맞나?" 하는 회의를 가질 때가 있다. 철학선생 노릇을 하는 게 힘이 든다. 개인적으로도 그렇지만 요즘 대학에서도 철학은 인기가 없다. 인문대학 학부를 터놓으니까 철학과는 중하위권 대학 뿐 아니라 연, 고대에서도 학생들이 안 오는 편이다. 철학선생들이 반성해야 할 문제이다. 학생들이 철학과에 많이 들어올 뿐 아니라 학교를 졸업하고는 철학으로 직업을 가질 수 있어야 하는데 그렇지 못한 현실이니까. 개인적으로 이런 문제 앞에서 엄청난 고민이다.

철학적 이력

한국어로 철학하는 것에 대해 오랜 시간 공을 들인 이유가 궁금하다.

철학을 사상이라고 하는데, 물론 기본적으로는 사상이다. 그러나 그것은 벌써 관념적이다. 한국철학이란 한국어로 된 개념이 없으면 힘들다. 우리는 철학을 사상이라고 하면서 표현과 동떨어진 애매한 무엇이라고 생각해 왔다. 철학하는 사람들이 맨날 외국어로 된 이론만 이야기하는 실정이다 보니 안 되겠다 싶었다. 한국어로 된 말들이 자리를 잡아야지, 그리고 사람들이 그것을 읽고 쓰고 해야지 철학적인 텍스트가 생기는데 그 작업은 대단히 부족한 상태다. 우리말을 철저하고 바르게 써야 한다는 주장에 대해서는 충돌하는 부분이 있다. 바른 말을 쓰려고 노력하는 것, 그리고 토속어를 사용하려고 노력하는 것은 그것대로 평가해야 하겠지만. 텍스트로 보자면 소설가 박상륭의 작업은 개인적으로 뿐만 아니라 문학사적으로는 어마어마한 성과다. 그러나 한국어로 작업을 한다는 것이 토속적인 한국어를 사용해야 한다는 뜻은 아니다. 나는 일부러 한자어도 많이 쓴다. 탈이라는 것도 포월이란 것도 한자어이다. 개념이란 하나만 떨어져 나오는 게 아니고 어떠한 것과 맞물려있는 상태다. 때문에 적당히 서양 말이 섞여 있는 것도 깨끗하게만 쓴다면 좋다고 생각하는 편이다. 말하는 중에 외국어를 괜히 섞어 쓰는 것은 싫어하지만.

텍스트와 씨름을 하는 철학자답지 않게 표현이 생생하다.

일단 철학적으로 오해가 있다. 오리지널 철학 텍스트들은 모두 다 생생하다. 한때 플라톤을 공부했는데, 플라톤조차도 글은 굉장히 생생하다. 아리스토텔레스도 매우 생생한 예를 든다. 철학이 개념으로 이루어진다는 것은 개념을 근거로 삼아야 한다는 것이지 딱딱하게 쓰거나 추상적이 되어야 한다는 소리가 아니다. 생생한 이야기에서 시작해야지 추상적인 이야기만 하겠는가.

선생의 철학 텍스트에서 "물먹인다"와 같은 표현은 통쾌한 일탈을 경험케 한다.

일상에서 생생한 예를 하나 잡으면 거기에 머무르면서 작업을 하려고 노력하는 편이다. 좋은 철학책이란 생생한 예와 너무 멀리 떨어진 것 같은 추상적인 개념이 딱 만나는 경우인 것 같다.

77학번이었으면 사회문제로 갈등도 많았을 것 같다.

그렇다. 과거청산 문제를 아직도 붙잡고 있듯 사회문제에 굉장히 관심은 있었는데 직접 개입하지는 못했다. 나의 길이 철학이었기 때문에 지적인 일에 매진해야 한다고 생각했지만, 그것도 힘든 생활이었다. 의도적으로 참여를 안 하는 쪽이었을 것이다. 1학년 때는 가끔 시위도 따라다녔는데 결정을 해야 할 시기가 오더라. 적극적으로 가담도, 완전히 빠지지도 못하는 이중적인 고민을 했던 것 같다.

독일에서 몇 년 공부했나?

졸업을 하지 않고 가서 학부를 다시 했다. 6년 반 동안 박사학위까지 했다. 프라이부르크에서 학사과정을 마치고 하이델베르크로 갔다. 처음엔 공부를 제대로 하려고 고전문헌학을 했다. 독어, 프랑스어, 라틴어, 희랍어에 인도학까지 부전공을 하였으니 몇 개의 언어를 했는지 모른다. 석사 때까지 희랍문헌학을 했다. 라틴어와 희랍어는 부전공으로까지 하다가 제3세계에서 온 인간이 언제 죽을지 모르는데 호사스럽게 언어만 할 수가 없더라. 그래서 독문학과 미술사로 좁혔다. 박사과정에서 니체로 옮겼다.

나의 소내 개념은........
실존과 초월 양쪽을 모두 극복하고자 한 것이다.

어떻게 니체를 전공하게 되었나?

석사 때 아리스토텔레스를 공부하고 윤리학 논문을 썼었다. 그러나 윤리학을 가지고는 세상을 보는 게 좀 답답해 보였다. 그래서 니체로 바꿨는데 내 취향과 맞았던 것 같다. 텍스트를 읽는 재미도 있었고 니체의 글쓰는 스타일도 맘에 들었다. 게다가 싸우는 재미까지 있는 게 니체 아닌가.

니체 철학의 매력이랄까 현대적 의미는.

90년대 이후에 니체 이야기를 너무 많이 해서 이젠 그만해야 할 정도다. 내가 볼 때 니체에게서 가장 중요한 장점은 솔직함이다. 삶을 사는 데 있어서 자기가 무엇을 하고 있는지, 이것에 대해 계속 고민하는 게 장점인 것 같다. 그렇다고 니체가 계속 솔직한 것만은 아니다. 어떤 사람이 계속 솔직할 수만 있겠나. 자기를 솔직하게 드러낼 뿐 아니라 자기가 무엇에 대해 고민하고 있는지를 그대로 드러내준다는 게 매력인 것 같다.

고종석 씨는 선생을 "이론 속에서 일상적 실천의 실마리를 끄집어내기 위해 애쓰는 중견학자"라고 했다.

'초월에서 포월로' 라는 제목으로 쓴 세 권의 책과 요즘 계속 연구하고 있는 '소내(疏內)' 는 모두 지행합일의 관점에서 나온 것 같다. 초월은 우리가 쉽게 쓰고 철학책에도 많이 나오는 개념이지만 나는 초월에 대해 쉽게 확신을 가질 수가 없었다. 철학적으로 보면 상반된 게 있다. 통속적으로는 실존주의가 있고 그 반대편에 초월주의가 있어서 세속화되면 세속 속에 매몰되고, 초월을 주장하면 초월 쪽으로만 간다고 알고 있다. 그러나 애들 밥 먹이고 살다보면 하나도 움직이지 않는 것 같은데 움직이고 있다는 사실을 깨달을 수 있었다. 우여곡절을 거치며 갈팡질팡하면서 살다보면 새롭게 경계를 넘어가는 것 같다. 자기 삶의 태도와 자기의 지적인 개념자체를 맞추어서 이야기를 해야 한다. 지식인들은 주로 비판을 많이 한다. 사실 그것만으로도 명예는 충분히 생긴다. 아니 비판에만 전념할 때 더 많은 명예가 생긴다. 가장 많이 하는 이야기 중 하나가 "현대인들은 소외되었다"는 것인데 내가 보기에는 그 말을 너무 쉽게 하는 것 같다. 소내(疎內)는 극도의 비판적인 관점은 유지하되 개인적인 삶의 태도나 영혼은 항상 긍정적인 방향으로 가야한다는 것을 말한다. 나는 교회를 다니지는 않지만 소내라는 개념을 통해 이렇게 긍정적으로 가는 삶에 대해 말하고 싶었던 것이다. 이것이 나의 태도이고 오늘을 사는 개인들 또한 그런 태도를 가져야 한다고 생각한다.

『탈형이상학과 탈변증법』을 낼 당시의 입장에서 변화가 있다고 했는데.

10년밖에 지나지 않았는데 사정은 많이 바뀌었다. 입장이 크게 바뀐 것은 아니다. 이 책은 포스트모더니즘 담론이 많이 양산되던 90-92년도까지 쓴 글을 묶은 것이다. 포스트모더니즘과 해체론으로 고민하는 현 상황에서도 벗어나고 변증법에서도 벗어나자는 게 글의 요지였다. 탈이란 개념을 이용하여 형이상학에서 이탈하되 그 가면을 쓰고 있으면서 계속 탈을 낼 수 있는 상황을 말했다. 책의 부제에서 달았지만 해체와 탈현대를 그대로 한국상황에서 반복하기는 힘들다고 생각해서 가로지르기라는 표현을 많이 썼던 것이다. 과거 서양에서는 해체해야 할 역사적인 무게가 컸다. 대상 또한 명확했다. 이는 근대와 현대에 대해서도 마찬가지다. 그러나 우리는 그런 과정을 겪는 게 아니기 때문에 똑같이 해체와 탈현대로 이행하기는 힘들다. 그 이후 이 말이 학계에서 자주 회자되었다.

이정우가 제일 많이 쓰지 않았나.

그렇다. 내가 변한 것은 이후에 우리 사회에서 해체론과 포스트모더니즘이 너무 갑자기 유행을 하고, 서양의 역사를 성찰하고 뒤집어 벗어나고자 하는 취지에서 생겨난 담론이 또 다시 유럽중심적인 서양중심적 담론을 그대로 가져다 쓴다는 판단 때문이었다. 그래서 해체론이랄지 포스트모더니즘을 덜 하는 한편 해체중심주의에 빠지면 안 된다는 이야기를 하게 되었던 것이다. 나는 형이상학도 그렇지만 변증법에 대해서는 개인적으로 싫어하는 입장이다. 어떤 사람들은 이야기를 하다가 안 풀리면 변증법을 들이대는데 그것은 사고의 게으름이다. 그래서 해체론과 탈현대주의가 나의 기저 중 하나였음에도 불구하고 탈형이상학과 탈변증법을 주장한 것이다.

포월과 소내

'초월에서 포월로'라는 제목으로 3권의 책을 냈다. 이 작업을 통해
하려고 했던 것은?

우리 사회가 90년대 들어서면서 갑자기 니체에 대해 많은 이야기
를 하게 되었다. 유행을 싫어하기 때문에 니체를 너무 기준으로 삼
는 게 불편했다. 초인(超人)이란 개념을 많이 쓰는데 그것도 얼마나
웃기는 개념인가. 말 자체로만 보면 초월이 좋은 말일 수 있다. 하
지만 니체까지도 철학적으로 문제가 있겠다 싶어서 포월을 말한 게
아닌가? 나는 관념적인 것은 벗어나려고 하는 입장이다. 나는 그래
서 맨 밑바닥까지 내려가서 기어가고 싶은 것이다. 이것이 글을 쓰
면서 육체와 만나는 생득적 감각인 것 같다. 몸이 받쳐주지 않는 말
은 잘 못하겠다. 나는 공부도 인식하는 과정도 다 그와 같다고 생각
한다. 어떤 애기가 갑자기 아빠 엄마를 이야기하기 위해 몇 천 번씩
"엄, 엄, 맘……"과 같이 발음하다가 비로소 그 발음이 되는 게 아닌
가. 결과만 보면 자연스럽게 넘어가는 것처럼 보이지만 과정은 다 기
어가듯이 넘어가는 것 같다. 그걸 통해 느리게 가도 아무리 빠른 사
람 못지않게 도달하는 게 있다는 것을 말하고 싶었다. 어느 시점에
오니까 우리 사회에서 또 느린 게 유행이 되더라. "기는 놈 위에 뛰
는 놈 있고 뛰는 놈 위에 나는 놈 있는 데 다시 나는 놈 위에 기는
놈이 있다"는 우리 옛말이 있다. 옛날, 공자도 노자도 그렇고 방 안
에만 있어도 세상 돌아가는 것을 안다고 했고, 칸트도 쾨니히스베르

크를 평생 못 벗어났으면서도 세계지리를 논했다. 어떻게 보면 벗어나지 못하고 뱅뱅돌기만 한 것 같다. 그래서 나는 전인권의 〈돌고 돌고 돌고〉라는 노래를 좋아한다. 제자리에서 돌다보면 어느 한 순간 탁 뛰어넘어가는 상황이 오는 것이다. 인식하는 과정도, 사는 과정도. 물론 빠르게 가는 것도 긍정할 수밖에 없다. 빨리 가는 사람의 경우도 굉장히 느려지는 느낌이 있는 것이다. 우주선에는 속도를 못 느끼는 것처럼.

『이상현실, 가상현실, 환상현실』에서 드러나는 현실인식이 눈물겹다.

이상이라는 것을 말이나 글로 주장하는 것이 좋은 것만은 아니라는 것, 그것은 항상 자기의 목숨을 내어놓아야 하는 것이기 때문에 함부로 말할 수 있는 것이 아니라는 것. 니체가 그랬듯 우리는 구체적인 문제와 대면해야 한다. 나는 이상과 현실을 분리할 수 있는 것이 아니라고 생각했다. 이상만 있는 게 아니라 이상을 택하려고 노력하는 현실이 있는 것이다. 그런 고민 속에서 이상현실과 가상현실이라는 말을 하다가 그것과 섞여있는 환상 같은 현실이 무엇인가를 따지게 되었다. 환상현실이 중요한 것은 가상현실도 이상현실도 육체를 빨리 벗어나려고 하지만 그것이 매우 힘들기 때문이다. 세속적으로 열심히 살면서도 교회 안에 들어가서는 열심히 종교생활 하고, 또는 논문 쓸 때는 수학자처럼 살지만 일상은 그와 상반되게 사는 것은 그들이 이상현실 속에 살기 때문이다. 조선일보 열심히 보다가 수학문제를 열심히 푼다? 이게 무엇인가? 육체적인 아픔을 무릅쓰고 이상을 추구하는 그 자체가 환상 현실이다. 그래서 그 이야기로 책 한 권을 썼는데 하나마나한 이야기 같기도 하고……. 하여튼 현실이라는 게 복잡한 것이고, 이상과 현실을 분리하는 것은 좋은 것이 아닌 것 같다.

포월과 소내라는 개념으로 우리 철학의 체계를 세우려는 선생의 노력에 보인 철학계의 반응이 궁금하다.

철학교수가 많은데 이들이 지나간 과거 텍스트만 해석하고 훈고하는 시스템이 우리 사회를 붙잡고 있다. 이 시스템을 바꾸는 게 참 힘들다. 학교? 대단히 완강하다. 과거 시스템만 가지고 움직인다. 텍스트를 숭배하고, 자구 해석에 매달려 그것이 훌륭한 말이라고 해석하고 또 해석하는 것이야말로 진짜 비철학적인 방법이다. 철학도 종교적인 의미에서 그때그때마다 새롭게 태어나야 한다. 철학하는 사람들이 당위적인 이야기만을 하는 것은 문제다. 나도 철학교수지만, 더러운, 아주 안 좋은 직업이다. 나의 작업이 성공적이었다 아니었다를 말할 수는 없지만, 그것조차 검토해보거나 시험해보지 않는 철학계를 보면(물론 그것이 안 되어서 불만이란 뜻은 아니다), 그리고 다른 분야도 철학계와 유사할 것이라 생각하면 우리 사회 시스템을 바꾸는 것이 정말 어렵겠다는 생각이 든다.

요 몇 년 동안 붙들고 있는 소내에 대해 설명해 달라.

20세기에 우리가 가장 많이 쓴 말이 아마 소외일 것 같다. 예술작품을 포함, 툭하면 현대인은 소외되었다고 했다. 너무 빠른 현대화

과정 속에서 인간이 소외되었다는 것이다. 그러나 현대화 과정이라는 것이 속도가 정해져 있는 것은 아니지 않는가. 우리나라도 현대화가 될 것이라면 빨리 되는 것이 좋겠다는 게 내 생각이다. 문제는 정리하고 가야 할 수구세력이 털어지지도, 붕괴되지도 않은 것이다. 우리는 좋은 시대에 살고 있다. 전쟁을 안 겪었고, 정치적으로도 민주화가 되어 개인의 삶 또한 옛날보다 많이 나아졌다. 그럼에도 불구하고 우리 스스로는 굉장히 불행하다고 느낀다. 뒤집어서 생각하면, 현대인들은 고통이라든지 쓸쓸함을 다 배제하려고 애를 쓴다. 모두 다 가상현실 속에서 살려고 하는 것이다. 고통을 감내하고 싸워야 할 때는 싸워야 하는데, 조금만 고통이 오면 자기나 외부 탓으로 돌리거나 아니면 그 고통을 없애려고 한다. 내가 보기에 삶에는 고통도, 여러 가지 상처도 있어야 할 것 같다. 그걸 배제하거나, 그런 면이 조금만 있다고 소외를 말하는 것은 잘못된 것이다. 살면서 괴로울 때가 있는데 지나놓고 보면 고통이 있었던 것이 유익한 것 같다. 나는 이 문제에 관심을 많이 기울이고 있다.

선생이 발음하는 기어감, 쓸쓸함, 더러움 등의 어휘들이 특별하게 다가온다.

기어가는 것, 티베트 성산에 가면 수도승들이 산 둘레를 3보 1배가 아니라 1보 1배로 무릎이 다 까질 정도로 긴다는 이야기를 들었다. 뛰어가면 한 나절도 안 되는 거리를 몇 십일을 긴다고 한다. 과거에 그런 이야기를 들으면서 몸으로 책임을 지는 일이 필요하다고 생각했었다. 더러움의 문제도 항상 생각을 하는 문제다. 그 때문인지 더러운 걸레를 빨면서 종종 희열을 느낀다. 더러움 속에 있을 수밖에 없다면 어떻게 더러움을 지나가느냐! 나는 직업인 철학교수도 더럽다고 생각을 한다. 더러움 속에서, 더러운 것, 더러움을 아는 것……더러운 피……문제다, 참!

살아가면서 제일 못 견디게 하는 것이 무엇인가?

도덕적 근본주의다. 그래서 싸움을 많이 건다. 틱낫한 스님을 보면서도 짜증이 났다. 화를 참으라는 이야기를 미국 가서 해야지 왜 한국에 와서 그런 이야기를 하는가? 사상적인 틀을 하나 설정하고 거기에 안 맞으면 매도를 하는 지식인의 행태가 제일 짜증이 난다. 그런 것에 대해 죽기 살기로 싸움을 해야 되겠다는 생각을 하고 있다.

세상을 기어서 넘는 자의 꿈

김진석의 언어는 생생한 말도 싸움꾼의 말도 아닌 듯 하다. 그의 말은 조금만 잘못 다루면 깨지거나 왜곡될 것 같다는 점에서 유리를 닮아보였다. 그의 사상과 철학을 온전히 이해할 수 없는 나로서는 5시간에 가까운 녹취를 정리해 내는 것이 여간 조심스러운 일이 아니었다. 과연 나는 그의 말 속에 담긴 저 치열하고 깊은 생각들을 다치지 않고 잘 드러낸 것일까. 그의 이야기를 들으면서, 또한 그의 녹취를 풀고 글을 다듬으면서 가장 많이 생각났던 것은 인간의 몸을 입고 세상으로 내려 온 하나님, 곧 성육신됨의 의미였다. 그가 말하는 육체는 성육신을 생각나게 한다. 아니 그의 포월과 소내의 개념에는 성육신이 어른거린다. 이것이 나만이 느끼는 주관적인 정서가 아님을 입증하는 것은 그의 글이다.

"우리는 부처도 예수도 아니고, 노자도 공자도 아니다. 고승도 아니고 성자도 아니고 현자도 아니다. 더 이상 그런 사람이 되려고 하지도 않는다. 되려고 할 필요도 없다. 우리는 다만 겨우 기고 있는 것 같다. 더 이상 도사가 될 수도 없고 또 되려고 하지도 않으면서. 그러나, 이 조금씩 기고 있음은 몰락과 퇴락의 제스처가 아니다. 낮은 데서 기는 우리의 몸과 마음은 새로운 차원의 넓이와 깊이와 거리를 가진다. 거의 제 자리에서 머무는 듯하지만 매우 멀리 간 것과 같고, 너무 느리지만 너무 빠른 것과 같고, 너무 작지만 너무 큰 것과 같고, 너무 얕지만 깊다. 기지만 넘어가기 때문이다. 넘어갔다 다시 오면서 기기 때문이다. 우리는 초월은 안하지만 포월을 하고, 해탈은 안 하지만 탈을 한다. 우리는, 우리는 세상을 구원하려고 하지 않고 할 필요도 없지만, 거룩한 포월의 길을 간다." (「초월에서 포월로」 중에서)

김진석이 더러운 우리 사회 속에서 자신의 몸뚱아리를 녹이면서 부패와 좀 더 끈질기게 싸워주길 희망한다.

KIM_GYUHANG

김규항 › › ›   김규항은 글을 쓰고 책을 만든다. 90년대를 진보적 영화도서출판에 매달리다 파산하게 된 것이 계기가 되어 1988년부터 〈씨네21〉 '유토피아 디스토피아' 칼럼을 쓰게 되었고 그것을 통해 세상과 대화하는 또 다른 방식을 알게 되었다. 한 때 양아치였고 폭주족이었음을 서슴없이 고백하는 데서 알 수 있듯 김규항은 매우 위선을 혐오하는 지식인이다. 그의 첫 저서 제목이 되기도 한 'B급 좌파'로 널리 알려진 그는 2003년 내내 페미니즘과 이현주 목사에 대한 비판으로 논쟁의 한가운데 있었다. 1962년 전북 태안에서 났고, 직업군인 아버지 덕에 전국 각지로 이사와 전학을 거듭하며 자랐다. 정처 없던 십대의 기착지 한신에서 비로소 세상을 보는 나름의 눈을 열었다. 사회문화비평지 〈아웃사이더〉 편집주간을 지냈고, 현재는 야간비행이란 출판사를 운영하면서 어린이 만화잡지 〈고래가 말했어〉를 월간으로 출간하고 있다.

인간의 존엄을 위한 자본의 신과의 싸움

여러 차례의 인터뷰와 개인적인 만남이 있었음에도 김규항의 어떤 부분은 내게 어색하다. 그래서 아직도 김규항이 편안하게 발음되지 않는가 보다. 그에 대해 말할라치면 숙제검사가 있을까봐 전전긍긍하던, 제발 오늘만큼은 검사를 안 하고 넘어가기만을 바라던 저 어린 시절의 잊혀졌던 불안이 생각난다. 숙제를 못했거나 준비물을 챙기지 않았을 때 어떻게든 선생님으로부터 벗어나고 싶었듯, 나는 제대로 못한 김규항이라는 숙제 앞에서 불안을 느낀다. 벗어나고 싶어진다. 왜 나는 깊이와 정비례하는 편안함과 친근함을 그에게선 얻기 힘든 것일까. 하나는, 복음주의권에서 '김규항'으로 상징되는, 인정하고 싶지 않은 신앙에 대한 무시나 편견이 작용하는 것 같다. 총론에 동의하면서도 각론의 어떤 부분에 대해 스스로도 입장을 정하지 못하고 전전긍긍하는 나의 우유부단함이 두 번째 이유가 아니겠나 싶다. 이래저래 김규항은 내 양심을 귀찮게 흔들어 깨운다. 아테네의 등에였던 소크라테스처럼.

'잘 나가던' 김규항이 홀연히 세상을 등졌었다. 자신의 글쓰기가 초심을 잃고 있는 게 아니냐는 불안감 때문이었던 것 같다. 그가 자신의 성찰을 끝냈기 때문이었을까. 나는 두 번째 인터뷰였던 그날의 아주 긴 대화에서 수도승에게나 어울릴법한 경건함을 대면할 수 있었다. 01_08_09

역정과 근황

먼저 자신을 소개해 달라

40살이고 한때 양아치였다. 아직도 80년대의 버릇이 남아 있어서 역사나 진보를 말해야 하는 세대다. 이런 나를 가리켜 후배들은 'B급 좌파'라 부른다. 90년대는 운동의 차원에서 돈 안 되는 영화전문 서적의 출판일과 함께 지리멸렬했지만, 결혼을 했고 8살 된 딸 김단과 5살 짜리 사내 김건이의 아버지다. 우연히 〈씨네 21〉에 글을 쓰면서 세상과 대화하는 또 다른 방식을 알게 되었다. 글쓰기는 앞으로의 내 삶에서 중요할 것이다. '쾌도난담'이란 꼭지 때문에 말도 많았고 탈도 많았다.

〈한겨레 21〉과 〈씨네 21〉에 글을 올리면서 급속하게 필명을 얻었다. 어떤 동기로 글을 쓰게 되었는가.

책임지고 있던 영화전문 잡지사가 IMF로 폐간되었다. 그 여파로 서울에서 파주로, 다시 서울로 옮겨 다녀야 했다. 빚 때문에라도 서울에서 일을 해야 했으니까. 청소년기에 폭주족 1세대로 10년 동안 오토바이를 탔기 때문에 그 재주라도 써먹기 위해 퀵서비스를 할 참이었다. 그러나 퀵서비스업계도 된서리를 맞기는 마찬가지였다. 자기 오토바이가 있어야 함은 물론 500만원을 예치해야 한다기에 포기했다. 6개월간 거의 모든 사람과 연락을 끊었다. 사람들의 달라진 태도에 인간적인 비애를 느꼈기 때문이었다. 칩거를 끝낸 것은 전부터 알고 지내던 〈씨네 21〉 편집장에게 인사를 하기 위해서였다. 의도된 것은 아니었지만 그 자리를 통해 〈씨네 21〉의 '유토피아 디스토피아' 란 꼭지의 칼럼연재를 약속받았다. 꿈에도 생각지 못했던 일이나 글쓰는 사람으로 살아가게 될 내 운명이 결정되는 순간이었다. 사실 그때 나는 인간관계를 다시 구축하지 않고도 새롭게 세상과 대화할 수 있는 방식을 놓고 고심하고 있었다. 예로부터 우리나라 지식인들은 자의식이 드러난 글을 폄하하는 고약한 버릇이 있다. 하지만 나는 그런 생각에 동의할 수 없다. 그래서 초창기의 칼럼들은 거의 '체험 삶의 현장' 수준이다. 부끄럽기 짝이 없는 나의 고백에 되돌아 온 반응은 의외였고 대단했다.

예수님을 소재로 책을 쓰실 계획이 있다고 들었는데.

처음 생각을 바꾸어서 아동을 대상으로 위인전 맥락에서 그림 예수전을 만들려고 한다. 어차피 몇 년 사이에 세상이 바뀔 것이라 생각하지 않기 때문에 자식을 어떻게 가르칠 것인가를 생각하게 된다. 아동 도서에 대해 갖는 편견 중 하나가 맑고 아름답고 순수한 것을 보여주어야 한다는 생각이다. 그러나 전염병균이 전혀 없는 것만을 주기에는 우리 아이들이 너무 많이 노출되어 있다. 때문에 그 생각은 비현실적이다. 나는 아이들한테 진보적인 생각을 가르친다는 것이 가능하다고 생각한다. 어른들은 그런 책을 읽거나 이야기를 들어도 머리 속에서만 공감을 한다. 나쁘게 말하면 카타르시스만을 느낄 뿐이다. 어른들이 자기 삶을 바꾸는 게 얼마나 힘든가. 그러나 어린 이들은 생각이 바뀌면 그대로 한다. 걔네들은 아쉬울 게 없다. 보수로 생각하든 진보로 생각하든 사는 데 지장도 없다. 아이들만이 심어준 대로 반응할 뿐이다.

언론개혁운동에 대하여

언론개혁 문제가 여전히 시대적 화두로 떠오르고 있다.

현재의 언론개혁운동은 상식선의 공익 캠페인이 되었다. 적어도 오늘의 지식인사회에서는 안티조선운동이 우세하다. 안티조선 입장에 서는 게 오히려 편하다는 얘기다. 대통령까지 하는 운동이 아닌가! 이 이야기를 쓰면 또 지랄들을 할까 싶긴 한데 조선일보에 대해 입장표명을 분명히 하는 사람이 5명 이내(강준만, 홍세화, 김규항, 진중권, 김정란)였을 때는 굉장히 곤혹스러웠다. 강준만 씨가 '또라이'라고 욕을 해댔다. 홍세화 선배가 안티조선운동 초기에 이런 이야기를 많이 했다. "강준만이 있으니까 우리가 있었다." 요즘 나오는 이야기들을 보면, "이 사람들이 언제부터 조선일보에 대해 이렇게 정색을 하고 이야기를 하게 되었는가" 싶다. 염치도 좋다. 어떤 것이 대세에 속할 때 그것에 편승하여 발언을 하는 것은 쉽다. 지금 '조중동'에 대해 씹는 입장표명을 하는 것은 아무 실존적인 결단이나 위험성이 없는 일이 아닌가.

어려움에 처할 개연성도 없는 데도 극우진영에서는 편 가르기를 한
다고 아우성이다.

근대적인 사고를 갖고 있지 못한 지식인들은 가치중립적인 사고를
한다. 정부 여당이 비판적인 신문을 죽이려고 한다는 식으로. 전통
적으로 우리나라에서는 정부 여당은 악의 편이고 정부를 비판하는
언론은 지사적이며 '사람'의 편이었던 것이 사실이다. 하지만 지금
은 다르다. 조선일보는 반언론개혁의 입장을 몇 십 년간 분명하게 유
지했던 회사이다. 그런 신문이 비판을 받고 있는 것이다. 그걸 어떻
게 하겠는가. 요즘은 조선일보 쪽에서도 노골적으로 역 캠페인을 전
개하고 있다. 이문열 씨 같은 사람도 하고 이인화라는 쥐새끼 같은
놈도 한다. 엊그제는 중앙대의 박철화인가 하는……완전히 또라이
같은 놈도 나섰다. 돌아버리겠다. 그런 놈들은 그냥 '또라이'다. 조
갑제 씨처럼 연구하는 파시스트도 아니고 미친놈들이다. 조선일보를
노골적으로 편드는 사람들은 이제 그런 사람들만 남은 것 같다. 이
제는 독립투쟁 하듯 조선일보에 기고하기도 어려워졌다. 조선일보에
계속 릴레이로 등장하는 인사들은 강준만 씨가 〈인물과 사상〉에 적
시해서 비판했던 그 순서 그대로다. '또라이' 순이라고나 할까. 미치
겠다.

조갑제 씨와 지만원 씨가 보수적인 기독교인에게 총궐기를 부추기
기도 했다. 그들에게 휘둘려야 하는 보수교단에 몸을 담고 있는 게
서글프다.

조갑제 씨가 기독교인인가? 하긴 극우 중에는 기독교인이 많긴 하

다. 우리나라 극우세력은 조갑제 씨를 빼면 아무도 없다. 전부 미친 놈들뿐이다. 도무지 말이 안 된다. 〈한국논단〉의 이도형 씨 같은 사람을 보면, 어우, 할 말을 잃는다. 조갑제 씨는 정신병적인 사고를 가진 사람이지만 뚝심도 있고 전략전술을 구사할 줄도 알고 신념에 가득차 있다. 보수 기독교 쪽으로의 진출은 아주 탁월한 선택인 것 같다.

솔직히 보수적인 기독교권 안에 과연 진정한 영적 진정성이 있는가. 〈뉴스엔조이〉나 일련의 복음주의권의 개혁적인 분들을 빼고 난 나머지 분들의 정신이 예수와 관계가 있다고 보는가. 이러한 교회들은 잘못된 교회가 아니라 교회가 아니라는 게 내 입장이다. 교회라고 상징되는 건물이 있고, 십자가 달고, 스테인드글라스 하고, 꽃꽂이 하고, 성가대 하면 교회가 되는가? 그렇게 되묻는다면 그 사람들조차도 아니라고 그럴 것이다. 예수가 구원의 대상으로 삼은 사람들은 이단자들, 유대교 내에서 도무지 인간적 취급을 받지 못했던 사람들, 진정한 하나님을 섬기는 놈들이 아니라 지탄받던 사마리아 사람들이었다. 예수도 갈릴리 출신이기 때문에 의심을 받았던 것 아닌가. 물론 예수님도 "내가 길이요 진리요 생명이다"라는 말씀을 하셨다. 그렇다고 이것이 종교적인 테두리 밖에 있는 여러 가지 진실한 노력이나 사람의 선행에 대해서 폄하하거나 아무런 유익이 없다고 본 것인가. 그런 노력들을 마귀의 책략이라고 비난한 것인가. 전혀 그렇지 않다. 우리의 임무는 사랑의 정신으로 판단하고 비판하는 것이지, 마귀새끼 취급을 하는 것이 아니다. 기독교 정신이란 대립되었을 때 종국적으로 자기가 말없이 죽어주는 데 있다. 사람을 때려 죽여서라도 하나님의 왕국을 건설하겠다는 행태 앞에서 나는 대단한 분노를 느낀다. 이런 한국의 교회를 보면서 드는 생각은 예수님의 성전정화 사건뿐이다.

신앙과 사상

삶이 빠져 있는 이 땅의 보수적 신앙의 행태는 분명 잘못된 것이다. 그러나 사회적 실천이나 운동 자체가 신앙이 아님도 명백하지 않은 가.

신앙인가 아닌가가 사회참여를 하느냐 안 하느냐에 따라 갈라지는 것은 아니다. 서준식 선생의 표현을 빌리면 신앙이냐 아니냐는 은총, 섭리와 같은 것들을 인정하느냐 아니냐에 따라 좌우된다. 은총과 섭리를 대수롭게 여기지 않는 태도는 신앙적 실천을 하는 것이 아니라 운동을 하는 것이다. 그것 또한 나름대로의 생각이니까 폄하할 생각은 없다. 그렇다면 부족한 것이 무엇인가. 은총이나 섭리와 같은 하나님의 위대한 것을 인정하는 자세가 부족한가. 아니면 하나님 나라에 가깝게 만드는 여러 실천적 행동이나 노력들이 부족한가. 내 생각으론 후자가 터무니없이 부족하다. 한국 기독교가 지나치게 편향되어 있는 것이다. 보다 큰 문제는 한국 기독교가 이웃과 사회를 위한 실천적인 행동들을 기독교적인 것이 아니라는 듯이 은근히 비판하고 있다는 점이다. 지금의 교회와 당시의 교회를 대입시켜보면 현재 한국의 기독교는 당시의 유대교 쪽에 가까운가 아니면 예수 쪽에 가까운가. 이렇게 생각을 하면 문제가 대단히 명료해진다. 종교에서 이탈될까봐 자꾸 조바심을 낼 필요가 없다. 이것은 한 번의 자기의 신앙적인 맹세와 정신으로 해결되는 것이다. 마르크스주의적인 실천을 한다하더라도 자기 마음 속에 교회가 있고 하나님이 있으면 되는 것이다.

선생의 신앙과 마르크스주의 사이에는 긴장이 없는가.

마르크스주의가 목표로 하는 것을 그대로 추종한다면 기독교인이 아닐 것이다. 그러나 마르크스주의를 차용한다는 것은 굉장히 건전한 기독교인의 자세라 본다. 자본주의를 분석하고 해부하려면 마르크스주의를 공부하지 않고는 거의 불가능하다. 그렇지 않으면 누가 이웃인지도 잘 모르고, 좋은 뜻의 선행이 표피만 건드리는 수준으로 떨어지기 십상일 것이다. 자본주의는 자선으로 해결될 수 있는 시스템이 아니다. 그리고 신실한 신앙을 가진 사람들처럼 갱생과 회개만으로 세상이 달라지기에는 악한 세력 자체가 지나치게 자기 자신도 통제할 수 없을 정도의 시스템이 되었다. 때문에 자본가 한 사람이 반성을 한다고 해서 자본주의 세력이 바뀔 리는 만무하다. 그 사람은 주주총회에서 당장 쫓겨나고 다른 사람이 CEO가 될 것이다. 사탄은 인간의 이기심과 욕망을 사용해서 가장 효과적으로 인간의 영혼을 더럽힐 수 있는 시스템을 만들어냈다. 이것이 현재의 자본주의다. 자본주의는 그 자체로 기독교 신앙, 예수의 정신과 전적으로 배치된다. 고아원이나 복지시설, 또는 노숙자들에게 도움을 주는 것만으로는 우리의 이웃을 철저하게 수탈하고 괴롭히는 악한 사람들이 콧방귀를 뀔 만한 일이다. 내가 보기에 대개의 종교는 인민의 아편이 맞다. 좌파이면서 기독교인이라 주장하는 나를 사람들은 종종 이상하게 보곤 한다. 하지만 나는 전혀 불편하지 않다. 신앙이 사상을 불편하게 하지도, 사상이 신앙을 불편하게 하지도 않는다.

존 스토트John Stott는 『현대 사회문제와 기독교적 답변』에서 성경은 자동판매기가 아니기 때문에 대단히 복잡한 현대의 문제들이 성경을 통해 즉각적으로 선명하고 답이 튀어나올 수 있다는 사실에 반대한다. 또한 현대의 복잡한 문제들에 대해 성경은 침묵하거나 말해 줄 수 없기 때문에 전문가들에게 맡겨야 한다는 입장에 대해서도 손을 내젓는다. 이 문제에 대한 기독교인의 진정한 자세는 교만과 패배주의라는 늪에 빠지지 않으면서 끈질기게 성경에 묻고 겸손히 그 답을 기다리는 것이라는 것이다. 그는 이미 80년대 초반에 낙태나 이혼, 동성애, 남북경제의 불균형의 문제 등에 대해 급진적인 대안을 제시했다. 선생이 나간 지점까지는 아니지만.

내 신앙이 형편없어서 그렇다. 예수님은 간음하다 잡혀온 여자를 죽이려는 군중들에게 죄 없는 자가 돌로 치라고 했다. 예수가 그녀를 옹호한 것은 그녀가 마이너였기 때문이다. 그 여자가 살로메처럼 왕비나 여왕으로 권력과 힘을 통해 남성들을 섭렵하다가 비판을 받았다면 예수가 편을 들었을 것 같은가. 전혀 그렇지 않다. 예수가 죄 없는 여자를 옹호한 것이 그 여자가 잘못을 안 했다는 의미는 아니다. 이와 같은 말씀의 생생한 적용이 필요하다. 반면에 신앙이 율법화되고 계율화되면 끔찍해진다. 바리새인들처럼 계율을 정해놓고 간통은 안 된다, 도둑질도 안 된다는 식이라면……. 그건 아니다. 율법주의의 반대가 모두 간통이나 도둑질을 옹호하는 것인가. 동성애를 무조건 옹호하자는 이야기인가. 동성애가 이성애보다 더 좋다는 이야기인가! 낙태도 가능하면 하지 않아야 한다고 생각한다. 문제는 무조건 '낙태는 죄다'라고 하는 율법주의다. 어떠한 낙태인가를 따져야 한다. 낙태 때문에 사람들에게 돌에 맞아 죽을 처지의 여자가 있었다면 예수님은 물었을 것이다. 십계명이나 구약을 통해서 이스라엘 사람들에게 발전시킨 율법의 정신을 부정하자는 것이 아니다. 왜 우리는 한계가 뻔한, 고만고만한 머리로 한 해석으로 하나님의 말씀이라고 적용하는 폭력을 저지르는가. 예수를 찾아 온 부자청년, 그는 요즘 말로 하면 돈도 있지만 건전한 시민이었다. NGO에 후원도 하고, 사회비판적인 생각을 가지고 있고, 언론개혁 문제 정도에는 확실한 신념을 가진 사람일 것이다. 그런데도 예수는 그런 사람에게 참 폭력적이었다. 네 재산 다 팔아서 가난한 사람에게 주고 나를 따라오라고 했다. 너무 심한 말 아닌가. 집안을 거덜내라는 이야기인데, 대체 어쩌란 말인가. 예수님의 말씀은 너무 단순하고 명료한 데 지키기에는 너무 어려운 것이다. '이웃을 사랑하라.' 정말 쉽고 간단한 진리지만 세상에서 그렇게 지키기 어려운 진리가 어디 있는가.

작년 말에 위기를 감지하자 많은 것들을 정리하고 성찰의 시간을 가졌다.

아무 것도 아닌 이야기인데 지 선생이 의미부여를 많이 한 것 같다. 나는 지식인이나 필자로서의 이력도 없이 메이저 지면에 무게 있는 칼럼을 쓰기 시작했다. 이상한 일이다. 이렇게 되었다는 게 잘되었다거나 대단하다는 이야기가 아니라 정말 이렇게 될 줄은 몰랐다.

신의 섭리인 것 같다.

모든 게 신의 섭리라는 뜻에서는 수용을 하겠다. 사람이 자신의 의지로 자기 정신의 건전성을 지킬 수 있는 사람은 거의 없다고 본다. 1세기에 한두 사람 있을까. 체 게바라 같은 사람은 우리와 다른 분이기 때문에 고민하지 않아도 그렇게 되는 사람이었다. 예수님 같은 분도 그랬을 것이다. 사람들이 자기가 유명해지고 알아주는 사람이 많아질 때 자신을 적절하게 정화하지 못하면 정신적으로 완전히 죽는다. 그 다음 단계는 사람들이 자기를 알아주지 않을 때 약간의 아쉬움과 못마땅함이 생긴다. 그게 초기 증세다. 어떤 지식인이 굉장히 유명해졌는데 굉장히 오만하고 권위적이 되었다 치자. 책 한 권 썼다고, 그게 떴다고 갑자기 그렇게 되지는 않는다. 그렇게 되는 데는 시간이 많이 걸린다. 무슨 답사기를 쓴 유아무개 교수도 이미 노작들이 있었고 강의도 잘했다. 교수라는 권위도 있었고. 사람들에게 유명해졌을 때 자기정화에 실패하면 이상한 사람이 되는 것이다. 전 중앙일보 오동명 기자가 자기에게 건방지게 굴었다고 데스크한테 전화를 해서 잘라 버리라고 한 것과 그 분의 책에 나온 ‘민중의 숨결…’ 운운 하는 것이, 그렇게 권위적이고 엘리트적이고 오만방자한 사고와 어떻게 연결이 되는가. 그는 오로지 지난 시대의 돌덩어리에 대해서만 그렇게 사색할 뿐이다. 그는 자기가 돌덩어리에서 해석하는 정신을 수탈하고 박해했던 반대 인간들의 정신상태와 비슷해졌다는 사실을 정녕 모르는 것일까. 그런 것이 끔찍한 것이다. 인기와 얼마나 버는 것에 목표가 있는 연예인이라면 괜찮다고 본다. 그러나 자기의 정신적인 축적을 공중 앞에 제출하고 평가받는 지식인이라면 자기를 깨끗한 상태로 유지할 의무가 있다. 이미 자기의 정신은 오만하고 더러워서, 늙은 창녀가 분칠하고 어디를 나가듯 하면서 말만 꺼내면 역사가 이렇느니 저렇느니 하기만 하면 다인가. 나는 워낙 이력이 짧고, 또 우연히 글쓰는 사람이 되었기 때문에 지금 당장 때려치워도 인생 전체로 볼 때는 3년의 에피소드일 뿐이다. 이 일을 안 해도 먹고 살아오는 데 지장이 없었다. 빚을 좀 많이 지긴 했지만. 어느 날 내가 쓰는 글의 꼴을 보니까 마음 속에서 뿐만 아니라 글 속에서 약간의 권위주의가 느껴졌다. 솔직한 글쓰기가 화두였는데 조금 유명해지고 나니까 그걸 쪽팔려 하기 시작했다. 그것 자체에 굉장히 두려움을 느꼈다. 그래서 곧바로 정리를 하고 시간을 가진 것이다. 제대로 정화가 된 건지, 아니면 그렇게 글을 쓰고 싶어서 정화되었다고 자기 정리를 한 것인지는 함부로 말씀드리지 못하겠다. 지식인으로서의 명성이나 권위, 그것이 유지되는 시스템 선에 있는 인간들은 철저하게 안 만났다. 모든 글쓰기를 중단했다(한 가지 예외는 〈여성신문〉에 홍성담 선생을 통해 배운 살림문제로 칼럼을 썼다). 그 서너 달 동안 호사스런 휴식을 한 것은 아니고 바쁘게 노동을 했다. 엉망이 되어버린 출판사 장부 같은 것을 손수 정리를 했는데 그게 보통 일이 아니었다. 또 밝히기 좀 그런 궂은일도 했다. 바

쁘고 부지런하게 보낸 시간이었다. 서울도 나오지 않았고 신문이나
방송과도 담을 쌓았다.

홍성담과 김수영

쉬는 동안 홍성담 선생을 통해 살림에 대해 한수 배웠다고 들었다.
아내가 전주로 내려간다는 사실을 알았을 때만 해도 살림을 할 생
각은 아니었다. 그렇게 된 것은 인근에 사는 홍성담 선생 덕분이다.
15년가량 혼자 살고 있는 선생의 집 근처로 이사를 하자 나를 앉혀
놓고 살림의 중요성을 몇 시간 동안 피력했다. 홍성담 선생 덕분에
살림에 대한 소중한 깨달음을 얻은 것이다. 선생은 살림이라는 게 효
율성으로 따질 수 없는 사람의 근본이라 했다. 나는 당시 그의 말을
혼자 사는 요령이나 지혜쯤으로 받아들였지만 손수 밥을 짓고 빨래
하는 일을 거듭하면서 나는 내가 놀랄 만큼 안정되고 있음을 느낄
수 있었다. 부족한 시간 속에서 밥 짓고 빨래하는 일에 할애함으로
써 외려 편안해진 사실은 참으로 의외였다. 현명한 사람들은 늘 밥
이 하늘이고 살림은 사람의 기본이라 말해왔다. 그러나 그런 멋들어
진 주장을 하는 건 대개 현명한 남성들이었지만, 손수 밥을 짓고 살
림을 하는 일은 어떤 경우든 여성들(현명하든 그렇지 않든)의 몫이
었다. 이게 얼마나 큰 모순인가. 밥에 대해 중요한 통찰을 보여준 우

리 시대의 저명한 시인이자 사상가가 일생에 단 한 번도 설거지를
하지 않았다고 들었다. 그가 요즘 설거지를 한다고 한다. 그러니 좀
나아지지 않던가. 박정희기념관 반대 일인 시위도 하고 말이다.

홍성담 선생이 그렇게 가정적(여성적)인가.

그분은 특이한 마초다. 나쁜 놈들은 다 쏴 죽여야 한다는 생각을
가진 사람이고 늘 많은 후배들을 두고 활동한다. 그런 마초들을 보
면 좀 무뚝뚝하고 거칠게 마련인데 이분은 정반대의 캐릭터를 가진
사람처럼 섬세하고 부드럽다. 이런 이중성이 재미있는 것이다. 인사
동에서 본 밥그릇이 꿈에 나타나서 그걸 사고 싶어 안달을 하기도
한다. 그것이 홍성담이라는 화가의 정신의 고유한 특징이다. 요즘 민
주화열사 묘역 일로 바쁘지만 집에 있을 땐 밥은 물론 빨래까지 직
접 한다. 집착에 가까울 만큼 꼼꼼하게, 그러면서도 즐겁게! 냉장고
가 두 대인데 거기에 음식이 꽉 차 있고 정리도 죽인다. 반찬통에 이
름까지 다 써서 테이프로 붙여 놓았다. 후배들이 놀러가도, 하다못
해 고기를 구워먹어도 누굴 시키는 법이 없다. 설거지를 미루지도,
남한테 맡기지도 않는다.

선생도 살림에는 홍 선생의 제자인가.

담이 형(홍성담 선생을 그렇게 부른다)은 굉장히 공들여서 음식을
하고, 밥도 맨밥이 아니라 찹쌀을 섞어서 맛있게 먹는다. 밥통에 꿉
아두었던 밥은 입이 까시러워서 못 먹는다고 한다. 나는 그렇지 않
다. 밥통에서 이틀 사흘 지나도 상관이 없다. 빵으로 때울 때도 많

다. 다만 100% 내가 해 먹는다. 소식(小食)을 하긴 하지만. 나도 빨래도 청소도 직접 한다. 그 일을 소홀히 하면 중심 없이 붕 뜬, 약간 허깨비 같아진다. 그런 식의 논법으로 말하자면 이 세상의 거의 모든 남자들은 다 허깨비들이다, 허깨비! 밥도 못하는 것들이 입으로만 흰소리 뻥뻥하고! 가장 종국적이고 근본적인 문제와 결부해서 남자들이 할 수 있는 일이 뭐가 있는가. 폼이나 잡는 거지. 단지 여자라는 이유로, 단지 여자가 그 일을 해야 한다고 교육받았다는 그 이유 하나만으로 그 일을 군소리하지 않고 다 해내지 않는가. 대단하다.

선생의 '수영을 권한다'라는 글을 늦게 읽었다. 김수영을 선생의 사상적 멘토(mentor)로 봐도 되겠는가?

나는 다른 사람으로부터 지적 영향을 많이 받지 못했다. 비율로 따지면 김수영 선생의 영향은 절대적이다. 예수 다음이다. 예수를 두 번째로 놓을 수 없으니까. 어떻게 보면 김수영은 멋진 인간이 아니다. 쫀쫀하고, 술값도 한 번 안 내고, 아내에게 신경질이나 내고, 애들 성적 떨어지면 두들겨 패고……. 그러나 인간적인 한계를 철저하게 자신이 지향하는 바와 일치시키려고 노력했던 사람이 김수영이다. 다른 사람처럼 무리하게 폼을 잡고 인격자 노릇을 하면서 속이 빈 상태가 아니었다. 김수영 산문집을 대학교 2학년 때인가 우연히 보고 아마 수십 번 읽었을 것이다. 마가복음보다 더 많이 읽었는지도 모르겠다. 김수영 선생은 꼴깝떠는 것을 싫어했다. 폼 잡는 것이나 고상한 척 하는 것을 혐오한 것이다. 김수영의 논지에선 새롭게 배울 것이 별로 없다. 그는 좌파가 아니라 자유주의자였으니까. 내가 김수영을 좋아하는 것은 어떤 정신이다. 그분은 한국지성사에서 참 유니크한 분이셨다. 장준하와 신동엽 선생(유니크한 면이 좀 적었다)과 함께 가장 유니크했을 것이다. 한때 신동엽 선생의 『금강』도 많이 끼고 다녔지만 나의 도회적인 정서 때문에 김수영이 조금 더 가깝게 느껴졌던 것 같다.

스피드가 중요한 시대에 선생은 오래 전의 김수영의 책을 그것도 수십 번 읽으면서 시대에 관한 통찰력을 얻어냈다. 하나의 책이나 사상을 반복하는 것의 유익함은 무엇인가.

사람들이 그런 성향을 보이고 있기 때문에 책들조차도 오랜 수명을 가진 통찰을 담은 책들이 만들어지지 않고 있다. 『B급 좌파』에서는 일년에 책을 한 권도 안 읽는다고 했지만 그것은 지나친 겸양의 표현이고 사실은 꽤 많이 본다. 단지 책을 읽었다는 기준이 김수영의 산문처럼 완전한 통독을 하고 곱씹어보는 독서가 드물다는 표현이다. 스피드에 대한 집착. 이것은 우리의 생각이 아니다. 우리를 묶어주기 위해 우리가 세뇌 받은 것이다. 느려도 충분히 먹고 살 수 있는 세상이다. 지금 느리면 자기가 죽는다. 회사에서 쫓겨나거나. 생각해보자. 지금 현재 산업사회의 생산력이나 생산수준을 볼 때는 100년 전의 과거와 비교하면 하루에 1시간만 일해도 충분히 먹고 살 수 있는 생산이 되고 효율적인 세상이 되었다. 그런데 왜 우리는 더 바쁜가? 나는 왜 이렇게 고단하고 경황이 없는가. 나는 그 질문에 대한 해답이 자본주의의 구조와 닿아 있다고 판단한다. 세상은 더 바빠지고 더 고단해질 것이다. 더 고단할수록 더 잘난 인간이라는 생각을 주입받을 것이다. 도대체 왜 우리가 자기 자식하고 시간을 내서 인생에 대해, 삶에 대해, 신앙에 대해서 이야기할 시간조차 없이, 얼굴도 보지 못하고, 그러면서도 그런 자기가 잘나가는 걸로 착각하고, 식구들 또한 그런 자기 아빠나 엄마에 대해서 잘난 사람이라고 자부심을 느끼는가. 이런 꼭두각시놀음이 어디 있는가. 이런 못난 인간들을 부러워하지 않는 것은 애들뿐이다. 개네들은 아직 순수하니까. 애들은 바쁜 아빠를 싫어한다. 요즘 보니까 한국의 상류층들도 계급이 거의 고착되었다. 순진하지 않다. 초등학교 애들을 만나도 다르다. 이미 자기가 어떤 계급에 속해 있는지를 아는 것이다. 때문에 아빠가 바쁜 것에 대해 아쉬워하지 않는다. 이런 세상은 망할 세상이고 이런 세상에서 자기 자식이 대열에서 이탈되지 않게 하기 위해서 과외에 매달리는 것은 인간이기를 포기하는 것이다. 진보적으로 산다는 것은 어떤 것이 진보적으로 사는 것인지를 탐구하는 것이 아니라 진보라는 말 자체를 몰라도 가장 진보적으로 사는 것이 진보다.

교양과 영화

'구사대(救社隊)'도 모르는 방송진행자를 언급하며 정리했던 교양론이 인상적이었다.

지금 우리 사회는 교양이란 표현이 상류계급이 자기들과 하층민들을 외양에서부터 구분하는 당당한 근거로 활용되고 있다. 교양 없는 말투, 교양 없는 행동이란 말처럼 교양 자만 붙으면 끝나는 것이다. '교양 없는' 이란 수식어가 따라 붙으면 항거를 못하게 되어 있다. 그래서 기껏 한다는 얘기가, "그래 나는 배운 것 없고 무식하다. 그런데 넌 뭘 그렇게 잘 났냐" 뭐 이런 식이다. 그러나 이것은 자기가 그 사람보다 못한 사람이라는 것을 전제하고 상대방의 부분적인 실수를 따지는 게 아닌가. 교양이란 인문학에서 말하는 기본적인 내용들, 이를테면 인간은 짐승이 아니고, 본능으로만 사는 게 아니며, 생각하여 판단하고 자기 품위를 유지할 수 있고, 자존심을 알고, 남의 인격을 존중하며 사는 것이다. 그러나 우리의 교양이란 이런 것은 전적으로 접어둔 채 곁가지나 액세서리에 해당하는, 외형적으로 드러나는 말투나 말의 난해함, 말에 얼마나 지적인 용어가 난무하느냐, 클래식 음악을 얼마나 아느냐로 판단한다. 이것은 본말이 전도된 것이다. 정주영 씨가 죽었을 때 〈한겨레〉의 논조를 보고 너무 놀랐다. 부음기사가 칭찬 일변도였다. 도대체 왜 그런가? 인간의 공과에서 〈한겨레〉 정도라면 한 인간의 '과' 도 다루어야 하는 게 아닌가. 그 양반이 말기에 흉한 짓보다는 좋은 짓을 많이 한 것은 사실이다. 죽은 사람의 과를 이야기하기 어려운 게 우리의 정서라는 것도 이해 못하는 바가 아니다. 그러나 〈한겨레〉의 보도태도는 〈한겨레〉가 지향하는 사회관이나 근대관에 비추어 볼 때 크게 균형을 잃은 것이라서 무척 답답했다. 〈한겨레〉도 그러니 보통사람들이야 어떻겠는가. 우리에게 교양이란 존재하지 않는다. 교양이란 세상을 사회적으로 똑바로 분별하는 것이어야 한다.

선생의 미감(美感)의 근원은 어딘가.

완벽주의다. 나는 균형미가 좋다. 때문에 프리 재즈가 안 맞는다. 시나위도 좋지만 궁중음악이었던 정악이나 바로크음악이 더 좋다. 이런 이야기를 듣고는 후배가 파시스트의 자질이 있다고 했다. 차에서 음악을 들을 때 대다수 사람들은 볼륨에 맞추는 데 나는 숫자에 맞춘다. 42나 43으로 맞추는 법은 없다. 40아니면 45다. 43이 영 찜 찜한 거다. 어떤 때는 나도 그런 면이 싫을 때가 있다. 그리고 화려한 것을 굉장히 싫어한다. 이를테면 제일 싫어하는 것이 가방(나는 가방 구경을 좋아한다)에 달린 지퍼 대가리의 금박이다. 세상에서 금박이라는 이미지만큼 천박한 게 어디 있는가. 그런 것을 어떻게 들고 다닐 수가 있는지, 신기할 따름이다.

영화전문 잡지사를 책임졌었다. 어떤 영화들이 좋은가?

최근에 홍상수 감독의 〈오 수정〉을 아주 재미있게 봤지만 내가 좋아하는 영화는 이장호 감독의 〈바람 불어 좋은 날〉이나 장이모 감독의 〈인생〉 같은 영화다. 지금도 그 영화를 가끔씩 보며 눈시울을 붉힌다. 세상에 가장 아름답고 가장 가치 있는 것은 평범한 삶 속에 있는 선의(善意), 평범한 삶 속에서 나름으로 지켜내려고 하는 작은 양심의 주체성 같은 것이 잘 드러나 있는 작품이다.

황금사자상을 받긴 했지만 평론가들에게는 그렇게 주목받지 않은 〈인생〉에 왜 그토록 후한 점수를 주는가.

장이모 감독의 영화는 실제 행동하는 사람들의 삶과 흡사하다. 다른 예술작품들도 대개 그렇지만 영화는 전형화, 즉 실제 삶에서 효과적으로 형상화하기 위하여 생략되는 부분들이 굉장히 많다. 그것이 감동이나 메시지 전달에는 효과적이지만 그래서 리얼리즘 작품도 우리 일상하고 다른 경우가 많다. 그러나 홍상수 감독의 영화나 장이모 감독의 영화는 인간의 실제 삶과 굉장히 비슷한 부분들이 보존되어 있다. 사실 아무 것도 아닌데 예술작품에서는 모두 생략되고 놓치는 부분들이 홍상수의 영화나 장이모 감독의 〈인생〉에는 살아있는 것이다. 지 선생과 할 이야기는 아니지만 〈오 수정〉이란 영화에는 남녀가 침대에서 실랑이를 하면서 남자가 '안 할게' 하면서도 손은 자꾸 여자의 팬티에 가는 장면이 있다. 이처럼 실제 현실 속의 인간들은 이런 면도 있고 저런 면도 있다. 〈인생〉이란 영화는 사람들의 실제 일상 속의 희로애락 같은 것이 굉장히 닮아 있다. 다음으로 말하고 싶은 것은 봉건제도를 몰아내고 평등한 세상을 만들자는 것이 중국혁명이었는데, 과업에 진행되는 동안 여러 가지 불합리한 것들이 나타남에도 불구하고 인민들의 자발성이라든가 연대하여 서로 돕는 것이 인상 깊었다. 공리 부부가 살던 동네의 이장님 캐릭터가 아주 매력적이었다. 이 두 가지는 모두 별 게 아닌데 그런 미덕을 가지고 있는 영화는 정말 그리 흔하지 않다. 여담이지만 캐릭터 중에서 지나치게 영웅적이거나 초인적인 의지를 가진 사람이 나오는 영화는 별로 좋아하지 않는다. 그것은 만화에서나 가능한 것이 아닌가. 어떤 사람이 리더십을 발휘하다가도 이 사람의 모순점이 발견되어 욕을 먹기도 하고 좌절하기도 하는 게 인생이다. 그런 나약함이 나는 인간이 갖는 실제적인 강함이라고 믿고 있다. 과장된 것, 전혀 비현실적인 것은 흥미 없다. 나쁜 놈은 24시간 계속 나쁘고 좋은 놈은 드라마 시작부터 끝까지 아주 그냥 선함으로 똘똘 뭉쳐 있는데, 인생이 실제로 그런 것인가.

그의 가정생활

공리의 가족 이야기가 나온 김에 선생의 가족에 대한 생각을 듣고 싶다. 21세기를 살면서 가족의 의미가 어떠해야 한다고 보는가?

가족을 구성하는 것이 당연하다는 생각을 고쳐야 한다. 나는 결혼을 할 것인가 말 것인가를 진지하게 선택을 하고, 결혼 그 자체의 의미를 생각하면서 결혼하는 사람들이 적다는 사실을 우려한다. 결혼을 좀 더 근본적으로 되새김질 할 필요가 있다. 아이를 낳는 것도 마찬가지다. 너무 일상적으로 벌어지는 일이기 때문인지 결혼이나 아이와 같이 중요한 이슈에 건강한 문제의식이나 자기의 입장이 없는 것일까? 나이가 차고 남들이 하니까 결혼을 하는 사람에게, 또는 살다보니까 자식이 생겨 부모가 된 사람이 어떻게 좋은 부모나 아내/남편이 될 수 있겠는가. 결혼 이외의 것들에 대해서는 많은 고민과 계획, 그리고 이해득실을 따지는 게 우리다. 그런데 결혼이나 자녀 문제에 대해서는 이상할 정도로 너그럽다. 가족을 이루는 것은 하나님의 나라를 건설하는 일이든, 진보주의자들이 주장하는 것처럼 좋은 세상을 만드는 일이든 궁극적으로는 완벽한 개인을 만들기 위해서라고 본다. 그러나 현재의 가족은 그 시작인 결혼 자체가 상품교환처럼 이루어지고 있다. 아이한테 더불어 살아야 한다거나 양보를 해야 한다거나 친구를 밟고 서서는 안 된다는, 굳이 기독교적이라 할 것도 없는 덕목들을 강조할 수 없게 되어버린 것이 우리가 만든 세상이다. 만약 누군가가 아이를 그렇게 키운다면 틀림없이 그 아이는 망할 것이다. 엄마 아빠가 서울대라도 나왔으면 자식도 꼭 거기 나와야 하고, 운동권의 대부와 같은 분들도 자기 자식만큼은 그 대학에 들어간 후에 운동을 하길 바라는, 정말 말도 안 되는 불순한 세상을 우리는 살고 있다. 우리나라의 문제는 상류층에 속하는 두세 사람만 인간적인 대우를 받고 나머지는 전부 열등감과 좌절감으로 인생을 보내게 만든다는 것이다. 세상에 이런 사회가 어디 있겠는가. 지금은 전부 평등하다는 전제가 되어 있다. 교회도 예외는 아니다. 그러나 평등하긴 뭐가 평등한가. 돈 없고 하찮은 직업을 가진 사람이 교회에서 환영받는다는 이야기를 나는 믿을 수가 없다. 그런 교회가 과연 이 한국에 얼마나 있는지 잘 모르겠다. 이러한 현실이 가족을 흔들고 가족의 의미를 감염시킨다. 가족끼리 엄격하고 깨끗해야 하는 데 그렇지 못하다. 그런데 오늘의 질문들이 너무 거창하다. 동성애, 가족……겁나서 못하겠다. 하찮은 것을 많이 물어달라.

가정을 위해서 할애하는 시간, 아이들을 위해서 어떤 역할을 하시는지?

기본적으로 여자들의 가사노동이라는 게 굉장히 힘든 것이라 본다. 하지만 청소하고 요리는 못하겠다. 체질에 안 맞는다. 그러나 설거지하고 아이들하고 노는 것은 재미있다. 애들하고 똑같이, 매우 유치하게 논다.

아이와 잘하는 놀이가 있는가?

공룡놀이. 아들은 거의 지금 공룡시대에 산다. 쥐라기공원 속에 사는 거다. 놀 때는 내가 티라노사우르스 역할을 한다. 잡아먹으려고 머리 같은 데 잡고 물고, 오버해 가지고 깨물어서 울리기도 한다. 애를 어른들이 생각하는 개념의 교육, 말하자면 정의로워야 한다든가 착해야 한다든가 하는 교육이 별로 영향을 안 준다고 본다. 아이들은 그런 식으로 받아들이는 것이 아니라 보고 흉내를 낸다. 40살 먹은 남자가 5살짜리 남자아이의 수준이 되어 놀아주는 자체가 그 애한테는 민주주의 교육인 것이다. 원칙 중에 하나는 아이들과 놀 때 성(性) 구분을 안 한다. 남자 같고 여자 같다는 말은 폐기되어야 하고 인간답다는 말을 자주 해야 한다. 아들한테 여자는 절대 때리면 안 된다고 가르쳤다. 그런데 어느 날 유치원 선생님한테서 연락이 왔다. 완전히 조폭 같이 생기고 덩치도 큰 우리 건이가 이상하게 유치원에서 여자애들에게 맞는다는 얘기였다. 여자애들이 때리면 무조건 참은 것이다. 아빠가 여자 애들은 절대 때리면 안 된다고 가르쳤기 때문이었다. 그래서 가르침을 고쳤다. '너보다 약한 애들은 때리지 말라!'

'대통령까지 하는 안티조중동 운동을 나까지 할 필요가 있나' 라는 이야기를 했다. 우리 사회가 주목하고 있지 않는 운동 또는 선생님이 잘 하실 수 있는 운동이 뭔가.

반자본주의 운동이다. 현재의 언론개혁운동은 지식인 영역에서 상당히 우세하게 되었다. 상식이 되었고 공익 캠페인이 되었으니까. 그러나 아직도 한국 지식인 영역에서 자본주의에 대한 분명한 반대를 촌스럽게 여기거나 폄하하는 분위기가 계속되고 있다. 나는 오히려 거기에 더 집중할 필요를 느낀다.

반자본주의 운동에 대하여

'쾌도난담' 을 기억하는 사람들은 선생의 현재 운동목표가 사람으로서 위엄과 존경을 찾는 일이란 사실에 허를 찔렸다는 느낌이 들지 모르겠다. 내겐 가슴을 둥둥 울리게 하는 목표이지만.

너무나 당연한 이야기다. 우리는 지금 사람을 사람으로 보는가, 아니면 돈으로 보는가. 사실은 다 돈으로 연결된다. 요즘은 돈이 거의 신분을 결정한다. 권력이 돈을 얻는다기보다 돈이 권력까지 차지하는 상태라 보면 된다. 나의 경우, 돈으로 판단하는 일에는 자유로운 편이나 그렇지 못한 면도 있다. 몇 해 전 오랜만에 외할머니 묘소에 갔다. 묘지기 같은 분이 있었다. 외삼촌 동창이라는데 행색도 허름

하고 생김새도 전형적인 농부에다 전형적인 전라도 사투리를 썼다. 알고 보니 당시 한국농민총연맹 의장이었던 이수금 선생이었다. 함부로 한 것은 없었지만 그 사실을 알고 나니 사람이 달라 보였다. 예수의 행색이나 느낌이 그랬을 것이다. 그러니까 우습게 취급당했던 것이다. 고향에서도 괄시 당하고. 우리 식으로 이야기하자면 '저 새끼 예수 아니야? 저게 미쳤나? 돌았구먼! 자기가 뭔데 저런 말을 해' 하면서 무시를 했을 것이다. 괜히 갈릴리 출신이 아니고 괜히 마구간에서 태어난 것이 아니다. 거기 썩 잘 어울리는 인간이었다. 그런 의미에서 요즘 우리가 걸어놓는 예수님의 초상화는 순 가짜다. 2천년 전의 유대인들의 골상학을 봐도 그것은 아니다. 그것은 철저하게 중세 이후의 서양 지식인의 전형적인 얼굴이다. 사실 진실한 신앙인가 아닌가는 자신도 판단할 수 없는 것이다. 일관되게 예수님의 구원의 메시지를 향해 살려고 노력하느냐 아니냐가 중요할 뿐이다.

선생의 『B급 좌파』에서 가장 많이 나오는 단어 중 하나가 파시즘이다.

파시즘이란 근대사회가 왔는데 근대사회에서 일어나는 불편함, 경제위기가 일어날 때 전근대적인 습성을 사용해서 지배계급이 권력을 획득하는 행위라고 볼 수 있다. 파시즘의 기본동력은 봉건성이다. 자기 삶의 주인이 자기가 아니다. 나치의 친위대 군인들도 선한 감정과 악한 감정을 가지고 있었고, 낮에는 가스실에서 수천 명을 죽이면서 집에 가서는 클래식 음악을 들으며 자기 자식한테는 이웃을 선하게 대해야 한다고 가르쳤을 것이다. 그 맥락을 분명하게 파악하지 못하면 역사에서 아무 것도 배우지 못한다. 그 결과는 현재 역사에 대해서, 그러니까 현재의 언론개혁의 시시비비에 대해서 또 20년 후에야 판단할 수 있게 된다. 오늘의 보수적인 지식인들이 러시아혁명사나 프랑스혁명의 디테일한 부분에 대해서 나보다 모르겠는가. 천만에다. 로베스피에르가 어떻고 당통이 어떻고 하면서 달달 외우겠지만 현재에 대해서는 무지하게 반동적이다. 그게 문제다. 성경도 마찬가지다. 성경의 맥락이나 거기서 말하고자 하는 예수의 간곡하고 안타까운 메시지를 파악하지 못한다면 어려서부터 성경을 달달 외운들 무슨 소용이 있겠는가. 성경 그 자체에 신령한 기운이 있고 엔돌핀이 나오는 게 아니지 않는가. 성경은 『B급 좌파』처럼 재생용지로 만들어야 어울린다. 예수가 그렇게 형편없이 살았는데 예수의 행적을 기록한 책이 금박이라니!

손봉호 교수가 요즘 일부 젊은이들로부터 극우 파시스트 취급을 받는 것이 안타깝다. 그도 비판 받아야 할 사람이다. 그러나 전두환이나 정형근이 시퍼렇게 살아있는 시대에 손봉호와 정형근을 똑같은 파시스트로 몰아가는 것은 문제가 아닌가?

〈한겨레 21〉의 '쾌도난담' 때문에 한 시민운동가로부터 항의를 받은 적이 있다. 존경받는 시민운동가였다. 덮어놓고 사과를 강요하면서 합리적인 제의를 막무가내로 무시하는 모습을 보면서 권위주의가 자기 헌신으로부터도 온다는 사실도 알게 되었다. 손봉호 선생도 하나님을 자기 속으로 가두고 있는 게 아닌가, 하는 생각을 하게 된다. 음대협(음란폭력성조장매체대책시민협의회)을 통해 영화 〈거짓말〉

에 대응하시는 모습을 보면서는 파시스트적인 면모가 있다는 걸 부인할 수 없게 되었다. 나도 〈거짓말〉을 좋아하지 않는다. 〈감각의 제국〉도 마찬가지다. 〈거짓말〉의 예술성을 매우 평가절하 하지만 한 사람의 관객이 그 영화를 볼 수 있느냐 없느냐는 다른 문제이다. 음대협에서 검찰에 고소함으로 상영자체를 봉쇄하는 것은 일종의 파시즘이다. 〈거짓말〉을 본 사람들은 그 영화를 다 욕한다. 그걸 업으로 삼는 비평가 중 몇몇만이 〈거짓말〉에 의미를 부여한다. 나쁜 것을 보여주면 따라 하기 때문에 안 된다는 것인데 세상에 그런 폭력이 어디 있는가? 사실 마르크스는 예수님과 비교할 때 아무 것도 아니다. 그러나 정형근이라는 파시스트와 손봉호 선생의 파시스트적인 것은 원론상으로 전혀 가치가 다르다. 이처럼 모든 나쁜 것을 밖으로부터 찾으려고 하는 요즘 젊은이들의 태도가 매우 못마땅하다. 젊은 친구들이 너무도 적을 많이 만들려고 한다. 정형근 정도 되면 인간 자체를 파시스트라 욕해도 문제될 게 없다.

홍성담 선생은 25일간 고문을 당하고 나왔을 때 물만 봐도 무섭다고 했다. 물을 피하고서는 예술가로서는 끝이라는 생각으로 물과 대결을 했고, 자신을 고문한 사람들을 용서할 수 있었다고 했다. 선생의 경우는 어떤가?

박정희가 스스로 부도덕과 악덕의 덩어리였던 건 아니다. 나름대로는 조국과 민족을 위해 최대한의 분투와 선행을 한 것이다. 나치즘 탄생의 배경을 보면 나름대로의 상당한 자부와 선의가 있었다. 그런데 왜 문제가 되는가. 보통사람의 자발성에 기초해서 일을 하는 것이 아니라 사람들을 집단적인 몽환상태에 빠뜨려 인간 이하의 상태로 들어가게 만들기 때문이다. 우리는 참혹하고 숨 막혔던 박정희정권 18년이라고 하는데 그것은 거짓말이다. 왜냐하면 그 당시 박정희 정권 치하에서 참혹을 느끼고 숨 막혀 하던 사람들은 거의 다 처리되었기 때문이다. 죽거나 병신이 되거나 감옥에 가거나 간첩으로 몰린 것이다. 우리는 그때 잘 살았다. 지 새끼 안 다치게 하면서. 그런데 그 시대가 지나자 이문열도 군부권위주의 정권이 어땠다고 이야기를 한다. 미치는 거다. 이문열이 프랑스혁명 당시의 정부군을 옹호하겠는가. 전혀 그렇지 않을 것이다. 현재 상황에 대해서는 역사와 정반대의 판단을 하는 것이다. 우리 또한 공공연한 파시즘 시절, 파시스트의 충직한 신민이었지 프랑스혁명 당시의 시민군 쪽은 아니었다. 그것을 분명하게 인정하고 바라보지 않으면 곤란하다. 과거의 파시즘을 비판한다면 현재의 파시즘을 비판할 능력도 있어야 한다. 그런데 우린 항상 지나간 역사만 비판하고, 지금의 현실에 대해서는 엉뚱한 판단을 한다. 그러니까 정형근 같은 놈들이 당선이 되는 것이다. 지나간 과오에는 눈을 감고 시류에 적응할 뿐이기 때문이다. 지난 역사를 생각할 때 자기까지 포함하여 객관적으로 조망할 수 있는 눈이 없으니까 항상 자기 입장에서만 보는 것이다. 20년 후 쯤에나 언론개혁의 시비를 가리겠다는 식의 바보가 되지 말아야 한다.

선생의 '변태'라는 글을 읽었다. 동성애를 어떻게 보는가?

변태들이란, 주로 상층부에 살면서 자기의 성적인 타입에 만족을 하지 못하고 동성을 찾는 사람이다. 새로운 자극을 위해 동성을 찾는 그런 수준의 동성애에 대해서는 별로 언급을 하고 싶지 않다. 남는 문제는 날 때부터 여자에는 관심이 없고 우리가 여자한테 느끼는 매력을 남자한테 느끼는 사람들이다. 예수님이라면 권장은 안 했을 것 같지만 그런 친구들을 이해하고 긍휼히 여겼을 것이다. 선생은 바람직하다고 생각지는 않으시겠지만 새로운 도락이나 욕구를 위해 동성애를 추구하는 것이 아니라면 억압받아선 안 된다고 생각한다.

보수적 크리스천들이 동성애자들을 무조건 차별하고 정죄하는 것은 비난받아야 마땅하다. 그러나 진보적인 크리스천들의, 거의 무비판적인 동성애 옹호도 불편하기는 마찬가지다.

외식하는 사람들이 안식일을 지키는 것보다 자기가 생계가 바빠서 안식일을 못 지키는 죄인의식을 가진 사람이, 다른 말로 한다면 율법을 잘 지키는 것보다는 마음 속에 교회가 있는 사람이 참 신자라고 생각한다. 우리의 결혼행태를 보면 동성애자들의 결합보다 훨씬 불순하다. 연애상대와 결혼상대가 다르다는 말을 쉽게 하는데, 그게 얼마나 말도 안 되는 소린가? 순수한 인간을 보는 것이 아니라 직업이나 집안이나 학력이나 재력 등을 보겠다는, 반인간적·물신숭배적 태도가 아닌가. 내용을 비교하자면 성적 범죄에서 동성애자들이 이성애자들보다 더 열등한 것도 아니다.

가까이서 선생을 보면 좋은 의미에서 진보주의자들의 통념에서 많이 벗어나 있는 것 같은 느낌이다.

진보주의자처럼 따뜻하고 부드러운 사람들이 없어야 하는데 현실 속에서 진보주의자는 딱딱하고 강퍅하고 피도 눈물도 없는 이미지다. 그런 면이 있어야 한다. 그러나 그런 것을 밖으로 드러내는 사람은 진정한 의미에서 진보주의자가 아니다. 개인적으로 만났을 때 인간적인 따뜻함이나 호감을 주지 못하는 인간이 어떻게 세상을 바꾸는 일을 하겠는가?

철학을 잘 모르지만 프랑스의 에마뉘엘 레비나스를 비롯한 현상학자들이 삶의 일상성을 강조하는 것에 깊은 감동을 받고 있다. 일상성을 어떻게 생각하는가.

딸아이를 집에서 몇 달 혼자 본 적도 있다. 한국의 남자들이 집에서 3일만 전업주부의 생활을 해보면 인격의 하한선이 여지없이 드러난다. 사랑으로 가르친다는 것은 매를 들거나 폭력적으로 가르친다는 것보다 훨씬 어렵다. 구호를 외치긴 쉽지만 이렇게 일상성을 지켜내는 일은 몹시 어렵고 중요하다. 이처럼 모든 지식과 가치 있는 지향이나 축척들은 일상생활 속에서 검증된다. 때문에 삶 따로 학문 따로라든지 이념 따로 생활 따로란 있을 수 없다. 일상성이 어떤 이념이나 신앙과 결합되지 않으면 관념적이 되거나 기만적이 되는 것이다. 나는 내 삶의 도덕적인 근거를 딸에게 둔다. 딸아이에게 하는 만큼만이 내가 실천하는 진보인 것이다. 그런 의미에서 나는 서준식 선생의 지론, 그러니까 운동 때문에 자식을 망치는 것보다는 조금 운동을 못한다 하더라도 자식을 올바르게 양육하는 것이 훨씬 중요하다고 믿는다. 그것이야말로 모든 현실적인 가치의 실패의 원인이나 결과라고 나는 확신한다. 모든 가짜를 폭로하는 것은 우리의 일상성이다.

자본주의와 위선을 혐오하는 전사

강준만이 김규항에게서 발견한 것은 그 누구에게 뒤지지 않는 위선에 대한 혐오였다. 또한 서구의 어떤 석학들로부터도 건질 수 없는 소중한 깨달음이 김규항에겐 있다는 것이었다. 내가 김규항을 옹호하는 것은 그가 마르크스를 넘어 예수에게 기대었기 때문이고, 자기를 쫓아낸 한국 교회에게서 아직도 시선을 돌리지 않았기 때문이다. 좌파답게 절제와 검소의 삶을 실천하면서도 멋과 균형을 잃지 않기 때문이다. 그럼에도 내 가슴 한 구석은 다음과 같은 생각들로 여전히 뒤숭숭하다.

"난 선생 마음 속에 계신 예수를 부정하진 않는다. 예수님 앞에서 마르크스가 얼마나 왜소한지를 선생도 안다고 믿는다. 그리고 진정한 신앙이란 물질적 축복이나 대형화된 교회보다는 가난한 자와 밥을 나누고, 정의를 위해 싸우며 이타적인 삶 속에 속에 있다는 취지의 선생 말에 동의한다. 그러나 나는 묻지 않을 수 없다. 아니, 나는 그것이 먼저이고 그것의 소중함을 아는 분이기에 묻지 않을 수가 없다. 신앙은 신념과 동의어가 아니지 않는가? 인간이 옳다고 믿는 신념만으로는 세상과 자신을 이기고 구원할 수 없는 것이 아닌가? 일상생활 속에서 알고 믿는 대로 실천하려고 노력하는 것 이상으로 매일의 삶 속에서 성령의 능력에 힘입기 위해 겸손히 머리 숙여 기도하는 것도 중요하지 않은가? 결국 우리의 구원은 치열한 실천의 결과가 아니라 조건 없는 은혜와 부활의 능력 때문이 아닌가? 우리가 열심히 노력해야 하지만 그 분의 도움이 없이는 우리가 아무 것도 이룰 수 없는 것이 아닌가?

나는 간절히 소망한다. 부디 그의 글쓰기가 "자본의 신과 싸우는 일에, 사람들의 위엄과 존경을 되찾는 일"에 바쳐지기를.

LEE MYUNGWON

이명원 〉 〉 〉　문학평론을 하는 이명원의 한때 꿈은 지휘자였다.
그 때문인지 그 바쁘고 힘겨운 전투적인 글을 쓰는
외중에서 매주 경신고등학교 OB 남성합창단원으로 연습에 참여하고 있다. 1970
년생인 이명원은 고질적인 가난 때문에 지휘자의 꿈을 접고 문학을 선택했다. 우
선적인 이유는 문학이 펜과 종이만 있으면 할 수 있기 때문이었다. 대학시절, 혹
독한 현실에 대한 죄책감으로 죄인처럼 숨어서 글을 썼고, 학부 4학년이던 1993
년 그토록 바라던 평론가로 등단하였다. 서울시립대 대학원에 진학하면서 본격적
인 평론활동을 펼치는 한편 고명철, 홍기돈과 〈비평과 전망〉을 창간했다. 김윤식
교수의 표절문제를 제기했다가 학계의 고질적인 권위주의와 패거리주의 앞에서
고배를 마시고 대학원을 중도하차하였다. 그 이후 성균관대 대학원에 들어가 박
사과정을 수료하였다. 그가 가장 혐오하는 것은 권위주의와 가부장주의, 남근주의
와 패거리주의, 여성차별과 아동학대, 노동착취와 가족주의다. 그의 비평은 이 모
든 것이 응집되어 있는 중층모순의 현장에서 사회적 약자와 소수자에 대한 사랑
과 그들을 고통스럽게 하는 억압과의 비타협적인 투쟁에 고정되어 있다. 저서로는
『타는 혀』, 『해독』, 『페니스 파시즘』, 『주례사비평을 넘어서』가 있다.

무릎 꿇고 사느니, 서서 죽겠다

내 인터뷰 준비의 끝은 언제나 음반 고르기다. 저서와 기사, 또는 다른 인터뷰를 챙기면서 나는 인터뷰이와 가장 잘 어울릴 것 같거나 그의 어려운 상황이나 그가 이루고자 하는 희망을 부추길만한 작품을 고른다. 매번 인터뷰의 마지막 준비를 내 손때가 잔뜩 묻은 음반을 고르는 이유는 그것이 인터뷰이를 향한 존경과 지지를 표현할 수 있는 최선의 방식이라고 생각하기 때문이다. 나는 베토벤도 좋지만 특별히 바흐의 음악을 사랑한다. 평생을 통해 보여준 그의 성실과 신 앞에서의 태도를 존경하기 때문이다. 아니 그 성실함과 음악 사이에서 그 어떤 불협화음도 감지할 수 없기 때문이다. 그러나 그런 삶을 살지 못하는 나는 바흐로 만족할 수가 없다. 그것은 내가 말러처럼 불완전하기 때문이지만 우리 시대가 바흐나 베토벤이 상상조차 할 수 없을 정도로 분열되어 있다는 사실을 인정하고 받아들이기 때문이기도 하다. 왜 내가 이명원을 생각하며 말러를 주고 싶었는지를 설명할 수는 없다. 분명한 것은 내 마음과 손이 말러를 원했다는 것이다. 나는 그렇게 고른 말러의 교향곡을 들고 국문학계의 거목 김윤식 교수의 표절을 폭로했다는 이유로 끝내 대학원을 자퇴할 수밖에 없었던 젊은 문학평론가 이명원에게로 갔다. 01_01_31

무릎 꿇고 사느니, 서서 죽겠다

표절폭로 이후

표절폭로 이후 선생의 선택이 그리 많아 보이지 않았다.

기존 문학판의 구조 속에서 어려운 상황에 처한 것이 분명해 보인다. 기존 질서나 체계에 어느 정도 균열을 냈기 때문에 일종의 낙인 찍기 효과가 형성되고 있는 것 같다. 모난 돌이 정 맞는다는 느낌과 비슷하다고나 할까. 젊은 평론가가 소신을 가지고 문학 제도나 대가(大家)를 비판했을 때 정당한 비판으로 받아들여질 가능성은 매우 희박하다. 따돌림의 문화가 형성되면서 배제 전략이 형성이 되는 것이다. 예전에도 그랬지만 사건 이후, 소위 문단 내부의 선후배들, 과 커뮤니케이션이 끊어진 상태다. 공식적인 자리가 있어도 가능하면 피하고 있다. 그러다보니 자기 나름대로 자의식이 생기는 것이다. 그래도 다행스러운 것은 동인들과 함께「비평과 전망」이란 잡지를 내고 있는데 그 잡지 속에서 할 수 있는 일이 많을 것 같다. 대학원을 그만 두고 가질 수밖에 없던 고민을 매체가 가지고 있는 속성, 즉 어떤 장(場)이나 제도에 예속되지 않기 때문에 발언도 훨씬 자유로워졌다. 이를 통해 제도권 내부에서 할 수 없는 이야기와 사람들을 조직하여 연대하려고 한다. 그렇게 문제제기를 하다보면 어느 정도 희망은 얻을 수 있겠다 싶다. 그리고 애초부터 문학 작업을 하면서 지금 이러한 상황까지 올 때는 그 속에서 사실 미래에 대한 가능성을 고려하지 않았다. 만약 보다 안정적인 입신출세나 자리 잡기가 목표였다면 그렇게 무모한 짓은 안 했다. 한 가지 우려스러운 점은 좋은 뜻을 가지고 기존의 제도와 질서에 충격을 가한 이번 사건이, 훌륭하지 못한 나의 삶으로 인해 그 의미가 퇴색될까 걱정이다. 때문에 최근 들어 글을 쓸 때 굉장히 조심스럽다. 더 심혈을 기울이고 더 많이 신경쓰게 된다.

자퇴서를 내고 쓴 "꿇고 사느니 서서 죽겠다"는 글에는 사태에 대한 국문과 교수들의 반응이 나온다. 어느 정도였나?

강렬했다. 위협감을 느낄 정도였으니까. 나 자신은 견디기 굉장히 힘든 상황이었다. 나가라는 이야기만 없었지 일상적인 사소한 문제에서 힘들게 만드는 것이다. 조교를 하고 있었는데 그 부분에서 힘들게 했다. 지도교수(한기 교수)는 제자가 자기 스승을 문제 삼았다는 것 때문에 굉장히 곤란했던 것 같다. 곤란함을 타개하는 한편, 그것을 발산시키려다 보니 무리수를 두었던 것 같다. 자퇴 이후 연락은 없었지만 문단의 선후배들을 통해 소식을 묻는 모양이다. 문제는 이런 일이 있었어도 문제가 하나도 해결된 게 없다는 점이다. 사태 하나가 봉합되었지만 그 이후의 상황이 별다를 것 없이 대학원은 돌아가고 있다. 어떤 교수는 내 문제제기에 깊은 충격을 받고 굉장한 분노를 표출하였다. 현재는 교수들이 복학을 하라는 여론을 조성하고 있지만, "밖에서 너를 저격수라고 하더라"며 내게 분노를 표시한 그 노 교수는 눈에 흙이 들어가기 전에는 이명원의 복학은 어림없다는 입장이란 이야기를 전해 들었다.

이 문제를 제기하는 동안 가장 고통스러웠던 것은 무엇인가.

나 자신도 대학시절 내내 김윤식 교수를 굉장히 존경했었다. 김윤식 교수는 평론에 있어서 나의 아이디얼 타입이었다. 그런데 내 마음 속의 스승이란 사람과의 첫 만남에서 충돌이 생긴 것이다. 그게 가슴이 아팠다. 그런데 이 문제를 바라보는 다른 사람들의 시각 속에는 내가 돌을 던져서 어떻게 한번 부각되어 보겠다는 욕망을 가진 사람으로 받아들여졌던 모양이다. 그런 반응 앞에서 할 말을 잃었다. 두 번 상처를 받았던 것 같다. 학과에서 그런 표절로 문제가 있을 수 있는 분들이 다 나의 지도교수였다. 학부 때, 박사과정의 지도교수. 그분들과 인간적으로 절친했던 사이이고 문제가 전혀 없었는데 논문을 통해서 사실 인간적으로 교류했던 시간들이 깡그리 무시되는 상황이 된 것이다. 참 묘한 느낌은 스승이라든가 아버지에 대한 의식 때문인지 명분은 정당했어도 관례나 습속(習俗) 때문에 나 자신조차도 나의 행동이 굉장히 문제가 있는 것처럼 생각이 들 정도로 압박감이 있었다. 무엇보다도 가장 큰 것은 동료들과 선후배들이었다. 그들이 나를 차갑게 대하기 시작할 때 이게 뭔가 싶더라. 그 사건 이후 지금까지 전혀 연락이 오질 않고 있다. 거의 그 사태가 인간관계를 단절시키고 고립시켰다고나 할까. 논문을 쓰는 과정 속에서 의외로 부담스러웠던 것은 서울대 출신의 시간강사 문제였다. 그게 담당 개인의 문제가 아니라 시스템의 문제를 제기한 것인데 그들은 개인적인 문제로 받아들였다. 조교를 했기 때문에 시간강사 선생님들과도 친했다. 그분 중 한 분을 우연히 만나서 나로 인해 어렵지 않느냐고 물었더니 아니나 다를까 나로 인해 굉장히 상처를 많이 받았다고 하더라. 서울대 박사과정에 있는 친구들은 이런 상황에 대해 같

이 분노하고 목소리를 높여야 한다고 생각했는데 그 친구들 역시 인
정논리에서 벗어나지 못하는 모습을 보면서 힘들었다. 무엇보다 여
전히 풀리지 않는 숙제는 우리 부모님이다. 아직도 부모님은 이 사
태를 모르고 계신다. 내년이 되면 박사학위를 받게 될 것이라고 믿
고 있을 것이다. 장남이고 동생도 대학에서 공부를 하고 있다. 이런
상황을 부모님께 말씀드려야 한다는 것이 답답하다. 나이 드신 어른
들께 논리와 명분을 설명드린다는 게 말처럼 쉬운 일도 아니고, 그
렇다고 이해하기도 힘들 것 같고.

시립대는 철의 장막인가?

이미 밝혔지만 내부에서는 별다른 반응이 없었다. 적대적인 반응
이 더 많았다. 내 상처는 내부로부터 얻은 것이다. 10여 년 동안 함
께 했던 사람들이 어느 날 갑자기 나를 적으로 보기 시작했다. 충격
이었다. 심지어 "명원이 좋겠다, 학교 그만두고 잘 나가지 않느냐"고
비아냥대더라. 그런 걸 들으면 정말 어이가 없다. 내부 고발자의 모
델에서 보자면, 같은 조직 속에서 활동하던 사람이 튀어나오면 사실
은 주적 개념에서의 적이 아니라 동지들이 짓밟아 버린다. 그런 구
조 때문에 대부분의 내부 고발자들이 엄청난 상처를 받는 것 같다.
희생양이 되더라도 사건을 매개로 대학원 내에 보다 좋은 시스템이
만들어질 수 있을 것이라는 예상은 철저하게 기만당했다. 대학원생
들이 이 일을 계기로 자기 목소리를 낼 수 있을 것이라는 기대는 하
지 않는 게 좋았다. 대학원생들이 굉장한 패배주의에 빠져 있다는 걸
확인했다. 그들은 내게 이렇게 말했다. "왜 너는 그런 일을 한마디

상의도 없이 혼자 결행했느냐!" 일종의 배신감을 느꼈다는 것이다. 너만 잘났냐는 얘기였다. 문제는 그들도 대학원 내부의 문제들을 너무도 잘 알고 있다는 것이다. 문제를 제기한 사람이 문제가 되었다. 폴 리쾨르Paul Ricoeur의 말처럼 금기를 건드려서 금기가 된 꼴이다.

잡문 쓰기와 논문중심주의 비판을 어떻게 생각하는가?

문단 내부의 거의 모든 분들이 잡문 쓰기에 대해 평가절하한다. 실제로 자신의 작업에 잡문은 전혀 도움이 안 될 것이다. 외부의 요청과 내부의 필요성 때문에 쓰게 되는 게 잡문일 텐데, 내부의 필요성이란 경제적인 문제를 말한다. 원고료를 그때마다 받을 수 있으니까. 이상적으로 바라는 바는 자기 내부의 문제의식, 그러니까 어떤 일관된 주제를 가지고 지속적으로, 체계적으로 작업을 하는 게 필요하다는 것이다. 의도하지 않은 잡문은 엄청난 정신적 소모를 요하기 때문에 자기통제가 필요하다. 청탁에 계속 응하다 보면 글쓰기의 리듬이나 사고의 리듬이 끊길 가능성이 많다. 독자의 입장에서는 잡문이 굉장히 소중하게 느껴질 때가 있다. 특히 민감한 사안이 터졌을 때 던져주는 의미 있는 코멘트는. 필자의 입장에서는 잡문 쓰기를 최소한 축소하고 싶은데 그래도 독자를 계몽하고자 하는 의식이 있다면 쓰지 않을 수 없을 것이다. 잡문 쓰기는 적절한 균형감각이 요구된다.

문제의식이 있는 문인들까지 잡문을 썼다고 부끄러움을 표현할 때는 독자로서 당혹스럽다. 나의 전공인 음악을 빗대어 말하자면 초등학생이 연주하는 소품을 대가들도 연주한다. 한국은 권위주의적이기 때문에 소품을 무시하는 처사가 있지만 그래도 음악계는 문학계와는 다른 것 같다. 나는 글쓰기의 스타일에도 관심이 있지만 우리의 글쓰기에서 일상성을 획득하는 것에도 관심이 많다. 평범한 사람들과 소통을 하려면 결국 편안하고 쉽고 아름다운 잡문을 써야 되는 게 아닌가?

문인들의 잡문에 대한 평가절하는 제도적으로 작용하는 것 같다. 가령 나도 평론을 쓰고 있지만 문학평론의 영역에서 에세이나 소위 잡문이 언급되는 경우는 거의 전무하다. 문인들은 입문과정에서부터 정전화(正典化)된 문학의 장르가 존재하고, 거기에 해당하는 글쓰기의 규범이 존재한다는 생각이 무의식적으로 내면화되기 때문에 그 틀을 깬다는 게 굉장히 어렵다. 특히 소설가나 시인들의 경우는 대부분 자신이 창작하는 시나 소설을 제외한 글을 모조리 잡문이라 생각하는 경향이 있다. 문학적 순결주의가 작동하는 것이다. 이처럼 우리 문인들은 귀족적인 경향이 굉장히 강하다. 문학계 내부의 평가는 굉장히 중요시된다. 어떤 시인이나 소설가가 특정한 매체에 잡문을 계속 쓰면 대번, 돈 때문에 그렇다는 둥, 쓰라는 시나 소설은 안 쓰고 쓸데없는 글만 쓴다는 둥 하는 말을 듣는다. 중요한 것은 순문학이냐 잡문이냐가 아니라, 사유의 깊이와 넓이가 아닐까.

말을 끊어서 죄송하다, 논문중심주의 비판에 대해 말해 달라.

논문중심주의를 비판하려면 아카데미를 문제 삼을 수밖에 없는데 사실 아카데미 속에서의 글쓰기라는 게 이미 관성화되고 형식화되어 있기 때문에 새로운 사유나 구체적인 삶의 내용을 담는 것은 거의 불가능하다고 생각한다. 형식과 관례를 지키려다 보니까 사유의 자유로움이 완전히 제한된다. 아카데미에서 논문을 쓴다는 것은 자기의 입지를 다지기 위한 형식적인 업적평가, 승진, 재임용과 관련되는 것이다. 대학원 석박사과정에 있는 학생들에게도 논문은 일종의 라이센스 개념일 뿐이다. 출세의 발판을 마련하는 수단으로 보는 것이다. 그래서 학위논문이 굉장히 부실하다. 특히 석사논문은 사회적 수요가 많은 만큼, 과거 학부 시절의 논문보다도 못한 논문들이 양산되고 있다. 문제는 대학 내부에 논문의 질과 가치를 평가할 수 있는 제도적 장치가 없고, 그것을 냉정하게 평가할만한 전문가도 없다는 것이다. 재미있는 것은 내가 자퇴하면서 석사과정 동안 쓴 논문들을 엮어서 낸 책『타는 혀』에 대해, "석사논문 정도를 가지고……"라는 야유가 쏟아졌다는 것이다. 자격증으로서의 논문은 쓰지 않겠다는 각오로 준비했던 논문들이다. 박사학위 정도의 분량과 체제를 갖추려고 노력도 많이 했었고. 서구나 유럽에서는 논문이 에세이라는 말로 통칭된다. 가령 프로이트 전집을 읽어보면, 논문의 번역임에도 아주 서정적인 소설과 다름없는 미적 품격을 가지고 있다. 그러면서도 할 말을 다 한다. 이러한 살아있는 삶의 공간을 학문적인 차원으로 인입시키는 글쓰기에 찬성한다. 논문의 규범이나 형식은 별 의미가 없다고 생각한다.

글쓰기와 개성

글쓰기 스타일에 대해서 기억에 남는 것으로는 김윤식 선생이 김훈의 『빗살무늬 토기의 추억』에 붙인 발문이 있었다. 문학평론가와 소설가의 가상 인터뷰 형식을 빌어 쓴 일종의 평론이었는데 신선했다. 김윤식 선생은 몇 안 되는 스타일리스트 중 한 분으로 여러 가지 문체를 사용한다. 특히 그의 여행이나 예술산문집들은 논리적인 것과 정서적인 것의 다양한 결합을 시도한다. 일반독자들에게는 이러한 비평이 더 효과적일 수 있다. 김현은 이러한 김윤식의 글쓰기 스타일에 대해 논리적이기는 하지만 가끔은 과잉 서정성을 보인다고 지적했었다. 산문 속에서 시적 포에지를 얻으려는 내적 욕구가 독특한 문체라든가 독특한 아름다움을 낳는 것 같다. 개인적으로는 김윤식 선생이 김승옥론에서 70년대의 낭만주의 문화를 논하는 가운데 배호 노래를 언급한 것이 굉장히 감동적이었다. 그런 글들은 논리적으로 육박을 하는 게 아니라 정서적으로 포착된다. 나도 그런 글을 쓰고 싶다. 그러나 기회가 자꾸만 도망친다. 일단 논객의 이미지가 자의든 타의든 굉장히 강렬하게 작용하기 때문이다. 그러다 보니 청탁도 쟁점 중심의 논쟁적 글쓰기가 많이 들어온다. 그래서 평론을 쓰면서도 그러한 목마름이 있다. 내면적으로 견지하고 있는 것은 풍부한 시적 정서인데 어쩌다 보니까 그 부분은 완전히 축소되어 버렸다.

고종석과 김정란의 글쓰기가 많이 달라 보인다. 양자의 통합이 가능한가.

고종석은 고뇌하는 과정 자체가 글쓰기에 투영된다. 자신의 선명한 태도를 유보시키는 과정에서 형태와 문체의 아름다움이 피어나는 것 같다. 반면에 김정란의 산문적 글쓰기는 충분히 고뇌하는 내적 과정을 거치고 난 연후, 결단으로서의 글쓰기를 하는 것 같다. 김정란의 경우는 이미 마음의 결단을 끝내고 그것을 표출하는 과정이 글쓰기이다. 반면 고종석의 글쓰기는 과정으로서의 글쓰기이다. 개인적으로는 김정란 선생과 유사한 스타일의 글쓰기를 한다. 고뇌하는 과정을 내적으로 완결지은 후 선택한 방향의 결론이 섰을 때 글을 쓰는 것이다. 나름대로 장단점이 있지만 우열을 가리는 것은 불가능하다. 정론적 차원의 쟁점적인 글쓰기에서는 김정란 선생의 선명한 글쓰기가 훨씬 더 유효하다. 하지만 고종석의 글쓰기는 상황을 여러 가능성을 가지고 종합적으로 투시할 수 있다는 장점이 있다.

단문에 대한 강박관념이 큰 것 같다. 그런 분위기는 군사문화의 획일성이 남긴 잔재는 아닐는지.

내 생각은 다르다. 단문의 활성화는 빨라진 삶의 리듬에 기인한다. 과거의 문장을 보면, 느렸던 삶의 패턴 때문에 문장이 훨씬 길다. 순환속도가 빨라지다 보니 문장도 영향을 받은 것이다. 걸음걸이를 예로 들자면, 지방보다는 도시의 걸음걸이가 훨씬 빠르지 않은가. 또 다른 요인은 저널리즘의 활성화 때문이다. 대개는 원고지 10매 내외로 정보전달을 해야 한다. 짧고, 자극적이고, 눈에 튀는 단문은 필연적이다. 오늘날의 소설 진행속도나 공간이동은 과거에 비해 굉장히 빨라졌다. 젊은 소설가들의 경우는 묘사를 가능한 배제하고 빠른 서술과 대화, 그리고 간단한 지문으로 소설을 써나간다. 때문에 저들의 소설을 읽고 나면 선배들의 소설에 비해 경박한 느낌이 들 때가 많다. 그래서 일종의 역차별화 효과로서 최근에는 유장한 호흡을 가졌거나 묘사에 공을 들이는 작가들(가령 전성태 같은)이 돋보이기도 한다.

자신의 글쓰기 미학을 정리한다면?

스스로 견지하고 있는 글쓰기의 의미는 두 가지다. 미적 형식미의 실천이라는 차원이 그 첫 번째고, 사회적 형식미의 실천이 그 다음이다. 미적 실천은 쓰거나 읽는 과정 중에서 감동을 찾아내는 정신이고, 사회적 실천이란 사회적 의제나 담론에 미적 차원을 결합시켜 비판적으로 개입함을 말한다. 미적 차원의 실천은 내면적인 차원의 관점과 의식을 견지하고, 실천적 차원은 현실세계의 모순과 대결하는 것이다. 이 두 가지 욕망이 내부에서 충돌하면서 혼란기를 통과해 나가고 있다.

표절과 허위의식

사회 전체가 표절문화에 노출된 듯하다. 표절에 대한 외국의 대응은 어떤가.

　서구나 유럽 쪽(일본을 포함하여)이 표절에 대해 엄격한 것은 자본주의적인 사적 자본에 대한 관념이 발전되어 있기 때문이다. 저들에게는 근대적 개인주의라는 침투할 수 없는 독립영역에 대한 인식이 우리보다 훨씬 일찍 확립되어 있었다. 자본주의적인 질서가 우리보다 체계화되어 있는 상황에서 표현의 문제를 사적 자본으로 관리하는 시스템이 발달해왔던 것이다. 영미쪽은 제도적으로 표절만 전문적으로 감시하는 시스템이 있다고 한다. 논문의 가치나 품위, 그리고 논문의 중요성을 판단하는 기준으로서 인용지수라는 게 있다. 인용지수는 1년 또는 10년 동안에 다른 사람에 의해 얼마나 자주 인용되는가를 검토하는 시스템이다. 일종의 업적평가 비슷하게 주기적으로 검토하는 과정이 있다 보니 자연스럽게 독창성 없는 표절이 검증되고 고발되는 조건이 갖추어지는 것이다. 때문에 한두 줄만 표절해도 교수임용에서 탈락하는 사례가 있다고 한다. 우리는 그런 문화가 전혀 형성되어 있지 않다. 때문에 표절문화에 대해서는 뭐라 정리하기가 힘들다. 일본의 경우 번역문화가 발전되어 있다 보니까 거의 유럽과 동시에 정보유통이 가능하다. 번역자에 대한 사회적 대우도 특별하다. 번역에 대한 노동의 대가(가령 잘 된 책 한 권에 대해 박사논문 한 편을 쓴 것과 동등한 업적평가를 한다든가 하는)나 보상시스템도 잘 되어 있다. 우리는 번역에 보상시스템이 전혀 없고 거의 졸속 내지 아르바이트 수준에서 번역이 이루어지고 있다. 그러다 보니 표절과 관련해서 나타날 수 있는 문제는 정보공유가 안 된다는 점이다. 만약 번역문화가 확립이 되어 있고, 정보공유가 이루어진다면 표절문화가 사라지는 것은 시간문제일 것 같다. 왜냐하면 김윤식 교수의 책이 문제가 된 것은 가라타니 고진의 저서가 번역되면서부터인데, 80년에 출간된 고진의 책이 97년에 번역되었다. 만약 번역문화가 일본처럼 잘 발달되어 있었다면 대표적인 저자의 작품을 그렇게 쉽게 표절할 수는 없었을 것이다. 부끄럽게도 학계 내부에는 논문 쓰는 어떤 체계나 방식, 표절에 대한 관점 자체가 존재하지 않는다. 인용과 표절 사이의 명백한 개념에 대해서도 배운 바가 없다. 교육부장관이 박사학위 논문을 번역, 표절해서 자기 논문인 것처럼 책을 내는 곳이 우리나라가 아닌가. 나의 경우가 황당한 것은 표절에 대해 정당하게 문제를 제기하는 과정에서 오히려 내가 더 문제로 지적되었다는 점이다. 최근에는 대중문화 영역에서도 표절이 발붙이기가 힘들어졌다. 인터넷을 통해 마니아들에 의해 표절문제가 즉각 제기되고, 방송사에서 동시적으로 검증한다. 그런데 대학은 표절 불감증에서 헤어 나올 줄 모른다. 사실 학계에도 그런 검증시스템이 불가능하지는 않다. 문제는 어느 교수가 어떤 책을 표절했는지가 공공연한 비밀에 부쳐진다는 것이다. 철저한 침묵의 카르텔이 작동하고 있다. 우리의 문화는 좋은 선배 학자라든가 동료의 저작에 대해서 덕담을 하는 것은 굉장히 좋아하면서도, 비판하고 문제를 제기하는 것에 대해서는 관대하지 않다. 오히려 그에 대한 적대적 문화가 형성되어 있다.

엄격한 이중 잣대가 철저하게 작용하는 것이
우리 학계의 고질적인 병폐이다.

김윤식 선생의 표절도 문제였지만 김종엽의 표절한 스승에 대한 옹호는 더 기가 막히다.

그게 소위 말하는 인정주의요, 학문적 이중 잣대다. 자기보다 선배 교수나 은사에 대해서는 턱없이 관대하고 후배 세대의 학문하는 사람들에게는 정도 이상으로 엄격한 이중 잣대가 철저하게 작동하는 것이다. 그것이 우리 학계가 가진 고질적인 병폐이고 기질이다. 부르디외 식으로 말하자면 일종의 아비투스*habitus*다. 대학교수 아비투스도 있고 학문의 아비투스도 있다. 김종엽 선생이 김윤식 교수의 표절을 과소인용이나 과대인용의 개념확장으로 말하는 것은 정말 어이가 없다. 엄격성을 상실한 발언이다. 그런데 거의 대부분의 사람들이 그런 식으로 말한다. 김윤식 선생과 사적인 인연을 가지고 있던 사람들은 김종엽 선생의 발언을 지지한다. 그것은 논리적이라기보다는 정서적인 차원의 지지일 것이다. 아직까지도 김윤식 선생의 삶에 감동받은 분들이 그분의 학문세계에서도 의식적으로 감동받으려는 것이다. 얼마 전 서울대 대학원생들을 만났다. 국문과생들을 만나기로 했었는데 정작 저들은 안 나왔고 주변의 국어교육과나 중문과생들이 나왔다. 저들의 말인즉 열정적인 김윤식 선생을 존경해왔는데 나의 글 때문에 환상이 깨졌다는 것이다. 내가 다녔던 시립대 대학원생들의 경우는 입장이 반반으로 갈렸다. 반쪽의 학생들은 이명원이 학과 망신을 시켰다는 것이고, 선생의 스승을 그렇게 비판할 수 있느냐는 식이었다. 후배들은 "시립대 국문과가 서울대 식민지라" 했기 때문에 창피해서 학교를 못 다니겠다고 하더라. 이명원 선배는 굉장히 나쁜 사람이란다. 잘 아는 여학생 후배는 울면서 "명원이 형만 잘났냐"고 따졌다. 서울대 친구들이 "너도 서울대 콤플렉스 있느냐"고 놀린다면서.

표절의 현상학

어떻게 하면 표절에 대한 감각을 예민하게 훈련하면서 그것으로부터 자신을 보호하겠나.

표절 예방훈련이란 결국 인용하는 방식을 정밀하게 하는 인용의 문제라 생각된다. 간접인용이라든가 직접인용에 관련된 논문 작성법의 지침이 매우 빈약하다. 사실 표절과 관련된 중요 저작이 번역되어 있지도 못하다. 개인적인 감각에 의지할 수밖에 없는 현실이다. 그러나 이렇게 말할 수는 있을 것 같다. 어떤 학자, 사상가, 시인은 자기만의 한 문장을 완성하기 위해 숱한 밤을 새우거나 심지어 그것을 위해 일생을 걸 수도 있다. 그런 삶을 생각한다면 과연 타인의 저작들을 베낀다는 게 얼마나 부끄러운 일인가. 지금 단계에서는 학계 내부에서 표절이나 인용에 대한 규정이나 제도적 정의에 대한 논의가 있어야 할 것 같다. 사실 문학계 내에서는 표절이 많이 있어 왔다. 그런데 표절논쟁이 일어나도 문학계 내부에서 공론화되어 원칙이 수립된 적이 한 번도 없었다. 표절논쟁이 일어나면 통상 두세 달 시끄럽다가 소리 없이 사라진다.

신경숙 씨의 표절 시비도 있었다.

신경숙 씨의 경우는 내가 볼 때도 표절이 분명했다. 그것도 한두 작품이 아니고 워낙 다양한 작품에서 그런 혐의가 드러난다. 김윤식 선생은 어느 정도 인정을 한 경우이지만 대부분은 표절에 대한 입장을 밝히지 않고 무마되기만을 기다리며 비티기로 일관한다. 가장 중요한 것은 글쓰는 사람도 그래서는 안되겠지만 독자들의 감시도 중요하다는 것이다. 그러나 감시만으론 안 되고, 사회적 책임을 물을 수 있는 시스템이 작동되어야 한다. 외국은 한두 줄의 표절에 직위 해임 되기도 하는데 우리의 기자들은 연합통신의 기사 표절을 밥 먹듯 한다. 얼마 전 단행본 『인물과 사상』에는, 고종석 씨가 프랑스에 있을 때 〈리베라시옹〉이나 〈르 몽드〉를 표절했다고 고백한 글이 실렸다. 고백을 문제 삼자는 것은 아니고, 이게 우리 지식인들의 실제 모습이라는 점이다.

교수가 학생을 표절한다는 말도 들린다.

제자 논문의 표절은 내용보다는 아이디어의 표절이다. 그런데 아이디어를 표절하면 학문적으로 표절 여부를 밝히기가 쉽지 않다. 주변에서 실제 있었던 일이다. 박사과정 학생이 논문을 썼다. 그런데 지도교수가 자료를 요구한 후 약간 비틀어서 유사한 논문을 발표한 것이다. 어떤 교수들은 아이디어를 도용하기 위해 해당 논문을 쓰기 전에 논문의 주제로 리포트를 내게 한다. 그런 일은 대학사회에서 다반사다. 해당 주제에 대해 폭넓은 지식을 가지고 있을 만한 제자와 끊임없는 대화를 시도해서 정보를 얻어내기도 한다. 문제는 교수가 논문을 쓰더라도 논문에 각주를 달거나 누구에게서 아이디어를 얻었다는 정도라도 언급을 해주면 기분은 나쁘지만 인정할 수는 있는데 그것도 이루어지지 않고 있는 게 우리의 현실이다. 또 다른 경우는, 실명을 밝히기 힘들지만, 잡지에 독자가 투고한 것을 심사한 사람이 작품의 아이디어를 갈취해서 먼저 발표를 해버린 것이다. 시인이나 소설가가 문창과 교수일 때 학생들의 습작품 아이디어는 종종 도용당한다. 표절이 가장 심한 곳이 영화판이다. 시나리오 공모를 하면 좋은 작품은 당선작으로 뽑지 않는다고 한다. 좀 못한 작품을 시상하고, 최고는 심사위원이 아이디어를 갈취해서 자기 영화에 써먹는다는 것이다. 시나리오 작가들의 말로는 지금 개봉된 영화의 반 수 이상이 표절이라고 한다. 표절이 치사한 것은, 자기의 작품을 공적으로 발표할 수 없는 사람들의 아이디어를 문화권력의 힘을 이용해서 착취하기 때문이다. 이런 일을 당하고도 피해자들은 입장표명을 하기 어렵다. 문제를 제기해도 쉽게 부인해버리고, 설사 검증을 하더라도 시비가 가려지지 않고 문제를 제기한 약자가 매장을 당하기 때문이다. 개인적인 경험인데 어떤 시인이 나를 찾아왔었다. 어떤 신춘문예 작품 중 하나가 자기 시에 대한 표절이었던 것 같다는 주장이었다. 나는 표절 문제는 심각하고 복잡한 문제이기 때문에 당사자끼리의 확인이 1차고, 제3자가 개입을 하면 의외로 문제가 복잡해질 수 있다는 이야기를 해 주었다. 그 시인이 그러더라. '내가 만약 인지도가 있고 지명도가 있는 시인이었다면 내 시를 함부로 표절할 수 있었겠나. 내가 무명이니 이런 일들이 발생하는 게 아닌가.' 그런 말을 들으며 참 안타까웠다.

우리나라에도 표절과 관련된 법정 판결이 있는가?

작년에 미술계에서 표절시비가 있었고, 판결이 났었다. 어떤 화가의 작품을 무명화가가 표절해서 달력을 제작, 판매했던 것이다. 화가가 소를 제기하여 승소했고 피해보상도 받았다. 그러나 문학계에서는 표절시비가 법정까지 간 적이 한 번도 없다. 대중음악계에서는 표절시비가 일어나면 가수가 잠정적으로 은퇴를 한다든지 하는 자발적인 과정이 있다. 문학인들은 어떤 면에서 보다 엄격해야 함에도 불구하고 실상은 정반대다. 얼마나 많은 보수적 문인들이 아직도 대중가수를 소위 '딴따라' 라고 무시를 하는가. '딴따라' 도 자신의 창작행위에 대해 책임을 지고 은퇴를 하는데 지식인들은 아주 뻔뻔하다.

문인의 이중성

앎과 삶의 문제를 이야기해 보자. 서구의 근대를 풍미했던 이중적인 삶의 양태, 그러니까 삶과 앎을 별개의 문제로 생각하고, 그런 삶을 사는 것을 멋스럽게 생각하는 얼치기 댄디즘이 어떻게 21세기 대한민국의 문학판에서 주류를 형성할 수 있는가? 언론사의 문학담당 기자들의 타락상도 심각하다고 들었다.

선배문인들의 그 이중성을 경멸한다. 아주 굉장히! 그분들은 근대도 아니고 전근대적인 멘탈리티를 가지고 근대성 속에서 탈근대를 향해 가는 사회에서 분열증을 앓고 있는 사람들이다. 그 분열증은 앎과 삶의 분열이고, 의식과 행태의 분열이다. 더 큰 문제는 대다수의 선배문인들이 그 분열상태를 즐긴다는 것이다. 연예담당 기자였다가 문학담당이 된 기자의 이야기를 들은 적이 있다. 연예판도 문제가 심각하지만 문학판은 완전히 '선데이 서울'이라고 표현했다. 그래서 나는 문학판의 술자리가 굉장히 두렵다. 보통이 여자애기고 연애애기다. 선배문인들이 아마 과거 60-70년대의 낭만주의와 군부독재를 거치면서 모럴리티가 상당히 흔들렸던 것 같다. 그 속에서 의식과 행태의 괴리와 분열에 대해 끊임없는 자기합리화라는 문단의 습속이 생겨난 것이 아닌가 한다. 다시 말하지만 30대 젊은 문인으로서 나는 40-50대의 문인들이 보여주는 타락한 삶의 행태에 대해 신물을 느낀다. 도덕적 명분도, 자기 삶에 대한 사랑도 없고, 가식과 위선적인 모습만 보기 때문이다. 박남철 시인을 개인적으로 안다. 문제(여성시인 성폭행 논란)가 터졌을 때 말만 듣다가 실제로 그런 일을 보니 환멸과 연민이 동시에 오더라. 보다 넓게 보자면 문인들의 독특한 행태도 문제지만, 한국사회의 전근대적인 멘탈리티가 그런 경향을 부추기는 게 더 심각한 문제라 생각한다. 문인들은 예술인 집단의 특수성 뒤에 숨어 자기의 문학을 통해 면죄부로 삼으려는 경향이 어떤 집단보다 강하다. 그러다 보니 분열은 깊어지고 취약한 모럴리티가 증폭작용을 일으키는 게 아닌가 하는 생각을 하게 된다. 성적 모럴리티만 문제가 되는 것이 아니다. 자신의 아름다운 삶을 보존하고 자기 신념을 치열하게 지켜나간다는 측면에서의 모럴도 우리 문인들에게는 매우 부족하다고 여겨진다.

이런 현실에 대해 언론이나 잡지는 철저하게 침묵하는 것 같다.

가장 많이 듣는 이야기는 문학판의 성적 타락이다. 프라이버시와 직결되기 때문에 공론화가 굉장히 어렵다. 벨트라인 아래의 이야기는 하지 말라는 한국사회 특유의 터부도 있지 않는가. 100인위원회에서 운동권 내 성폭력문제를 제기했을 때 얼마나 격렬한 반대에 직면했던가. 아직까지도 우리 사회는 사회적인 습성을 비판하는 사람들이 비판의 정당성과는 무관하게 도리어 비판받는 이상한 사회다. 그래서 공조가 필요하다. 이런 문제가 있을 때는 폭로저널리즘이 적극적으로 작동될 필요가 있다. 초기단계에서는 선정적으로 보일 가능성이 높지만 자신의 실명이 거명되고, 그 사람들을 존경하던 보통 사람들이 인식할 수 있는 수준에서 언급되어야 할 것 같다. 그런데 문제는 그것을 누가 할 것인가이다. 문단 내부는 인정주의로 얽혀 있기 때문에 그 부분에서 엄격하기가 대단히 어렵다. 여성문인은 특히 더욱 두려워 할 것이다. 남성문인들은 심정적으로는 어떤 연대감을 느끼는 것 같다. 뭐 그런 사소한 이야기를 꺼내느냐는 식이다. 나로서는 이해하기가 힘들다. 실명이 거명되면 분명 달라질 것이다. 문제는 대개 문인과 독자 사이에서 일어난다. 사이비 문예지들은 일종의 제도화된 성 착취기구다. 영리와 함께 성상납의 통로가 되기도 한다. 장정일의 소설에는 중소도시에 문화재단을 만들고 시인으로 여성만을 등단시키는 시스템이 등장한다. 그런 시스템의 실제 가능성은 높을 것이다. 최근, 김종광이란 젊은 작가의 소설 중에도 문학특강과 관련된 성상납이 묘사되고 있다. 가령 이런 식이다. 시 전문잡지를 발행하는 60대 원로시인이 자기 학교의 시창작 강의를 하면서

점찍어 두었던 한 여학생을 남학생에게 알려준다. 해당 여학생은 자기가 선택되었다는 사실을 영광스러워하고, 다음 장면은 여관으로 이어진다. 다음날의 대화는 지난밤에 몇 번을 했느니 어쨌느니 하는 상식 이하의 얘기들이다.

박남철 시인 류의 사건이 터지면서 문인들이 좀 각성을 하는가?

충격 효과는 있겠지만 오래 가지는 못한다. 선배문인들과 이야기하다 보면 이런 대목에서 어긋날 경우가 많다. 과거의 염문들을 화려했던 영웅담처럼 늘어놓는 선배들을 보게 되면, "아직도 그 얼치기 댄디즘에서 빠져 나오지 못 하시다니요!"라며 혀를 차게 된다.

앞으로 문학평론가로서의 삶을 살아갈 텐데 어떤 문학을 꿈꾸는가.

너무 거창한 질문이다. 문학의 출발점은 자유를 획득하는 과정이라 이해하고 있다. 자유를 쟁취하려다 보니까 투쟁을 해야 하는데 그 투쟁은 구조악일 수도 있고 행태악일 수도 있을 것이다. 그리고 그 투쟁의 과정을 통하여 평등성을 쟁취하는 것 같다. 나는 김현 선생이 즐겨 썼던 "문학은 써먹을 데가 없다"는 명제를 미적 차원에서는 존중한다. 하지만 실제로 문학이 써먹히는 과정이 존재하는데, 가령 자본으로 재생산되고 팔리는 과정이 있는데도 마치 관심이 없다는 듯 이중적으로 사고하는 문제점은 지적하고 싶다. 문학이 팔리는 상황이 시스템 속에 있다면 그 상황을 냉정하게 인정하고 가능하면 불량식품을 팔지 말고 좋은 식품을 팔아야 한다. 좋은 상품을 판다는 것은 자본주의적인 질서를 제도화하자는 말이 아니고 소위 말하는 소수자, 피억압자, 약자의 입장에서 사회성을 복원시킬 필요가 있다는 의미이다. 이것은 지금 내가 많이 의식하고 있는 부분이기도 하다. 소위 말하는 사회와 문학과 삶, 현실과의 상호침투가 현저하게 약해지고 작가가 친일이나 극우를 옹호하는 대변인이 되는 상황을 보면서 사회성의 복원과 저항의 몫이 다시 젊은 세대 문학인들에게 온 것 같다. 90년대 중반까지 포스트모던한 유희로서의 글쓰기나 쾌락주의적인 경향이 강했는데 다시 문학의 정론성이나 개인의 내면성을 확보하면서도 공공성을 유지하는 글쓰기를 추구하게 된다. 내게는 한편으로는 문학을 사랑하는 예술가, 다른 한편으로는 작은 혁명가 역할이 필요할 것 같다. 그렇게 하고 싶고! 그러기 위해서는 정직하게 살아야 할 것이다.

평론가서로 어떤 작가들을 주목하고 있는가.

함께 〈비평과 전망〉을 만들고 있는 동인들이 중요하고, 시인으로는 김선우, 김민정, 소설가로는 전성태, 김종광의 작품을 주목하여 읽고 있다. 신인들이고 나와 같은 젊은 세대들이다. 그 가능성의 가지가 앞으로 어떻게 뻗어나갈 것인지는 잘 모르겠다. 어쨌든 대화의 파트너로서 의식의 성장을 같이 할 수 있는 동지적 관계는 충분히 될 것 같다. 선배문인들 특히 전업작가들은 상품논리에 포섭되었다는 생각을 하고 있다. 많은 선배들이 초기에 보여주었던 모습이 아니고, 문학적 갱신능력이 약화된 것 같다. 젊은 소설가 중에서 백민석의 소설에 대해 많이 이야기하는데 나는 그의 소설에 대해서 부정적인 느낌을 갖고 있다. 실험성이 문제가 아니라 실험성을 통해 보여주는 메시지나 소설 자체의 구성력이 결국은 자본주의의 사물화에 기여하고 있다는 생각이다. 오히려 민중적 정서를 가지고 있는 소수의 젊은 작가들의 사회에 대한 연민과 고뇌의 목소리에 주목하면서 작업하려고 한다.

일상성 속에 학문은 어떻게 결합되어야 하는가?

어렵고 날카로운 질문이다. 평론에서 소화할 수 있는 일상성의 기획과 실제적인 삶에서 몸으로 부대끼는 일상성의 기획은 다소 차이가 있어 보인다. 평론은 일상성을 낱낱이 파악하고 그것을 흡수하여 이성적이고 논리적인 추상화 작업을 한다. 그러다 보니 구체적인 일상 속에서 약자를 보호하는 식의 실천을 문학인들에게서 찾기는 힘들다. 나는 운동적 차원과 삶의 실천으로서의 비평의 필요성을 느낀다. 거기서 얻은 축적된 경험과 추상화된 논리를 가지고 글을 쓰고 싶다. 문인사회의 문제점을 많이 이야기 했다. 나는 폭로보다는 일상의 개선이 먼저라고 생각한다. 가장 큰 문제는 우리의 술자리문화나 성차별문화가 근본적으로 바뀌어야 한다는 것이다. 대학원사회를 많은 사람이 비판한다. 중요한 것은 누가 파열음을 내며 문제를 제기하느냐이다. 이 대목에서 나는 비관적이다. 우리의 실존상황은 혁명이 아니고서는, 거창한 혁명이 아닐지라도 조직 내부의 혁명이 아니고서는 현재의 상황이 개선되리라 기대하지 않는다. 조직화된 혁명으로 틀 자체를 바꾸어야 한다. 담론투쟁만으로는 부족하고 몸을 던진 투쟁이어야 한다. 구체적인 방법이 무엇일지 아직까지는 잘 모르겠다. 그걸 주장하는 나는 과연 분열 증세를 얼마나 극복했을까. 반성이 중단되면 타락한 모럴리티를 보일 밖에 달리 무슨 길이 있겠는가.

정확한 표현은 도덕성과 지성의 잣대이다

출판사의 약속 불이행으로 오래 기다려 손에 넣은 책이 있다. 단골 서점은 물론 출판사까지 1년씩이나 귀찮게 하여 손에 넣은 번역서였다. 그렇게 기다리는 동안, 나는 서문의 첫 문장에 관심이 많았다. 저자가 언어에, 특히 첫 문장에 대단히 공을 많이 들이는 사람이었기 때문이다. 존 스토트는 자신이 쓰려는 사도행전의 역사적인 문헌을 충실하게 검토하고 13년 이상 공을 들여 『땅끝까지 이르러』를 쓰지 않았던가. 책을 받고 서문을 펼쳐 들었을 때 나는 첫 문장을 읽고 대단한 충격을 받았다. 그렇게 오래 준비한 책의 서문이 이렇게 시작되고 있었기 때문이다. "사도행전을 주신 하나님께 감사드리자!" 어떻게 그렇게 밋밋할 수 있단 말인가. 그러나 오랜 시간이 지나지 않아 나는 그 한 마디가 얼마나 풍요롭고 적절한 표현인지 느낄 수 있었다. 이명원과의 만남을 존 스토트의 어법에 기대보자면 이렇다. "이명원을 만날 수 있어서 행복했다." 거기에 한 마디를 덧붙이자면, 내가 이명원을 옹호하는 것은 생각의 아름다움과 실천적인 의식의 당당함 때문만은 아니다. 이명원은 목소리만 크거나 의지만 앞서는 준비되지 못한 비평가가 아니었다. 인터뷰 중 자신의 전공 이야기가 나올 때마다 이명원의 진지한 태도와 빛나는 눈동자는 내공을 짐작하기에 모자람이 없었다. 이명원의 녹취를 풀고, 문장을 다듬는 것은 지겨운 노동이 아니라 즐거움이었다. 오래전 윌리엄 램지는 이렇게 썼다.

"어떤 작가도 우연히 정확한 글을 쓸 수는 없다. 한 사람이 정확한 표현을 쓴다는 것은 그의 마음이 가지고 있는 습관 때문에 그렇다. 어떤 사람은 본질적으로 정확하나, 어떤 사람은 본질적으로 느슨하고 정확하지 못하다. 한 작가가 어떤 곳에서는 정확하게 썼으나 다른 곳에서는 엉터리로 썼다는 말 자체가 용납될 수 없는 엉터리이다. 각각의 사람의 작품은 그의 도덕성과 지성에 따라 만들어진다."

이명원의 비평이, 그리고 그의 삶이 그의 용기와 능력에 걸맞게 품격이 있을 뿐 아니라 올곧은 사회로 가는 사다리가 되길 희망한다.

GO_JONGSUK

고종석 〉〉〉 　황석영과 공선옥에 이어 조선일보가 주관하는 동인
　　　　　　　　　문학상을 거부한 세 번째 작가가 되는 고종석은 모
국어로 가장 빼어난 문장을 쓴다는 평가를 받고 있는 에세이스트이자 소설가이
다. 대표적인 안티논객으로 알려지기도 한 그는 조선일보와 관련 특특한 실천을
하고 있다. 조선일보를 안 읽는 것이 꼼꼼히 읽고 비판하는 것만큼이나 중요한 실
천임을 몸으로 보여주고 있는 것이다. 고종석은 안티조선에 보내는 지지 이상으
로 우리 시대의 변두리와 전라도와 서얼과 불순함을 옹호한다. 아마 한국사회의
지식인 중 좌파가 아니면서 더 좌파적이며, 우파이면서 더 우파적이란 평가를 받
는 사람은 고종석이 유일하지 않겠나 싶다. 그렇다고 하여 우리 모국어를 포함한
세상의 언어에 바친 그의 열정과 사랑을 말하지 않을 수는 없다. 특히 그가 모국
어를 아름답게 정련하기 위해 바친 헌신 덕택으로 보다 빛나는 언어를 사용할 수
있게 되었다는 점에서 우리 모두는 그를 기억해야 마땅하다. 24살에 영어 일간지
의 기자로 시작한 고종석은 그 이후 〈한겨레〉 〈시사저널〉과 인연을 맺었다가 지
금은 한국일보 논설위원으로 있으면서 일일칼럼 '오늘'과 수요칼럼 '이런 생각'
을 연재하고 있다. 저서로는 소설 『제망매』, 『기자들』, 에세이집 『감염된 언어』,
『코드 훔치기』, 『서얼단상』, 『자유의 무늬』, 『국어의 풍경들』, 『책 일기 책 읽기』,
『고종석의 유럽통신』, 『사랑의 말, 말들의 사랑』이 있다. 지난해에는 계간 〈인물
과 사상〉 편집위원이 되었을 뿐 아니라 6년 만에 소설집 『엘리아의 제야』를 냈다.

불순함에 대한 순결한 옹호

연애하듯 그의 글에 빠져들기 시작했을 때 고종석은 우리 사회가 불순함과 불결함이라 매도한 것들에 대해 처음으로 순결한 옹호를 하면서 내게 다가왔다. 감염, 훔치기, 곁다리, 서얼, 부스러기, 전라도 같은 너절하고 배덕한 이미지들에 대해 내가 조금이라도 살가운 관점을 가지게 된 것은 고종석 덕분이다. 나는 고종석이 『감염된 언어』에서 했던 다음의 문장을 즐겨 암송한다. 나를 전율케 만드는 것은 그의 이런 고백이다.

"내가 국어의 혼탁을 걱정하지 않는 이유는 불순함의 옹호자이기 때문이다. 불순함을 옹호한다는 것은 전체주의나 집단주의의 단색 취향, 유니폼 취향을 혐오한다는 것이고, 자기와는 영 다르게 생겨먹은 타인에게 너그러울 수 있다는 것이다. 나는 이른바 토박이말과 한자어와 유럽계 어휘가 마구 섞인 혼탁한 한국어 속에서 자유를 숨쉰다. 나는 한문투로 휘어지고 일본 문투로 굽어지고 서양 문투로 닳은 한국어 문장 속에서 풍요와 세련을 느낀다. 순수한 토박이말과 토박이 문체로 이루어진 한국어 속에서라면 나는 질식할 것 같다. 언어순결주의, 즉 외국어의 그림자와 메아리에 대한 두려움에서 외국인 노동자에 대한 박해, 혼혈인 혐오, 북벌(北伐)·정왜(征倭)의 망상, 장애인 멸시까지는 그리 먼 걸음이 아니다." 02_11_12

불온한 삶의 궤적

어떤 직간접의 경험들이 소수자들을 살갑게 바라보게 했는지가 늘 궁금했다. 부모님은 어떤 분이었나.

고등학교 국어선생님이셨던 아버님은 5-6년 전 평교사로 정년퇴임하셨다. 국어선생님이셨으니까 국어에 대한 관심이 그분을 통해 비롯되었다고 말할 수 있을 법한 데 반드시 그런 것인지는 잘 모르겠다. 어머님으로부터 받은 영향은 없어 보인다. 영향을 받았다면 유전적 영향일 것이다. 어머님은 나처럼 여리고 결단력이 없으시다. 두 분 다 구존(俱存)해 계셔서 이런 말을 하기가 참 어렵긴 하다. 내 잘못이 더 컸겠지만 평탄하게 자라지 못했다. 그로 인해 부모님과 살갑게 지내지를 못했다. 이렇게 말하면 부모님을 원망하는 것이 되겠지만 나로서는 그런 면도 없지 않았다는 생각을 한다.

아버님이 내게 너무 큰 기대를 거셨는데 총족을 못 시켜드렸고, 그래서인지 자라면서 많이 엇나갔다. 그분도 당신 자식이 맘에 안 들었을 것이다. 깊숙한 사랑이 왜 없었겠는가만, 그 세대의 부모들이 그랬듯 나도 야단을 많이 맞으면서 자랐다. 부모님에 대해 좋은 감정만 갖고 자랐어야 했는데 그게 잘 안 되었다. 손위 누이가 기억이 안 날 정도로 오래 전에 죽었다. 장남이자 외아들이다. 아래로 누이들이 셋이 있다. 내 처와 누이 셋이 형제처럼 잘 지낸다. 내가 부모님과 사이가 별로 안 좋으니까 그 대신 누이들과의 화목으로 보상을 받은 것 같다.

지금까지 살아오면서 개인사적으로 터닝 포인트가 될 만한 사건이 있었다면.

고등학교 때의 퇴학사건이 터닝 포인트라면 터닝 포인트였을 것이다. 나무가 곧게 자라지 않고 휘어지고 굽어지는 계기가 되었을 텐데 그게 꼭 나쁜 일이었는지는 잘 모르겠다. 덕분에 또래가 체험하지 못했던 세계를 엿볼 수 있었다. 퇴학당했다는, 제도권 사회로부터 내침을 당했다는 느낌이 소수파에 대한 내 사고의 출발점이었을 것이다. 지 선생은 내가 소수파에 따스한 눈길을 준다고 했지만 그것은 가당치 않고, 일종의 동류의식이랄까 자기애의 확산은 있었을 것이다. 어느 글에도 적었지만 내가 전라도 사람이라는 느낌도 내가 서얼이라고 표현한 바 있는 소수파란 사실을 자각하게 했을 것이다. 다음으로 중요한 사건은 결혼이다. 불어서클에서 지금의 처를 만났는데 나한테는 과분한 여자였고 지금도 그렇다. 열심히 모시려고 한다.

선생의 삶은 기자생활, 문학, 프랑스가 중요한 축을 이루고 있다고 보인다. 프랑스가 남긴 영향이 궁금하다.

영향이라……그런 게 있었을까. 남긴 게 있다면 프랑스보다는 파리일 것이다. 요새도 나오는지 모르겠는 데 케미슈즈라는 신발이 있었다. TV 광고를 보면 갑자기 에펠탑이 탁 나오고 '파리의 하늘밑'이라는 상송이 나왔다. 그게 처음으로 파리라는 도시가 머리에 탁 박힌 기억이다. 외국인들이 파리를 좋아한다고 할 때는 대개 허영심이 있는 것이다. 나의 파리 애호에도 당연히 그런 게 있다. 돌아가신 김수영 선생의 산문도 나의 파리 애호에 한 몫을 했다. 해방기 한국을 묘사하면서 김수영 선생은 몽마르트 분위기가 한국에도 있었다고 썼다. 당시의 분위기가 기자들이나 예술가들이나 일반 사람들이 사상과 이념을 떠나서 자유롭게 어울릴 수 있었음을 말하고 싶었던 것 같다. 92년에 처음 파리에 갔다. 당시 유럽공동체가 지원하는 '유럽의 기자들'에 참여하기 위해서였다. '유럽의 기자들'은 유럽 여러 나라를 취재해서 기사를 쓰게 하는 프로그램이었다. 그 경험을 『기자들』이라는 소설로 녹여냈다. 9개월가량 그 프로그램 덕분에 유럽의 거의 모든 도시들을 다 다녀보았다. 영국 서쪽과 옛 소련 땅만 가보지 못했다. 8개월이 지나 서울에 왔더니 바람기가 확 들어서 서울에 못 있겠더라. 홍세화 선생을 알게 된 것도 의지가 되고, 불문학을 전공한 처도 가고 싶어 해서 다시 프랑스로 건너갔던 것이다. 4년 남짓 더 살다가 IMF 때문에 돌아왔다. 집세가 두 배로 오르더라. 수입이 거의 서울에서 오는 원고료들이었기 때문에 결국 못 견디고 돌아왔다. 아이들을 위해서는 잘 되었다는 생각이 든다. 그때 돌아오지 못했다면 아이들이 정체성의 혼란을 굉장히 느꼈을 테니까. 욕먹을 소리겠지만 파리는 참 아름다운 도시다. 유럽에 파리보다 아름다운 도시가 있기는 한다. 그러나 그 도시들은 아름답기만 하고 별로 사람 사는 것 같은 느낌이 없다. 너무 조용하고 정제되어 있기 때문이다. 그러나 파리는 생동감과 아름다움이 동시에 있는 도시다. 거기서 날건달로 살았다. 학교 등록은 했지만 공부가 목적이라기보다는 체류자격을 연장하기 위한 조처였다. 차 살 돈이 없기도 했지만 시간이 나면 계속 걸어 다녔기 때문에 파리 지리는 훤하다. 홍세화 선생을 제외하면 나보다 파리 지리를 더 잘 아는 사람도 별로 없을

것이다. 98년 2월에 돌아왔지만 파리가 내게 큰 영향을 남긴 것 같
지는 않다.

**프랑스 시절 이후에 선생의 글에서 다른 점을 느낀다. 불온함과 불
량기가 조금은 완화된 게 아닌가 하는.**

프랑스가 나를 순치시켰다? 잘 모르겠다. 프랑스에 있을 때 제일
가깝게 지냈던 사람이 홍세화 선생이다. 그분으로 말하자면 나보다
훨씬 더 원칙적이고, 좌우를 나누어도 나보다 훨씬 왼쪽에 계신 분
이다. 그분의 영향을 받았다 하더라도 프랑스에서 순치되어서 오지
는 않았을 것이다. 만약 그렇게 느꼈다면 나이 탓 아니겠는가. 나이
를 한 살 한 살 더 먹으면서 점점 몸은 보수적으로 되어가는 것이니
까. 특별히 변했다고 생가지는 않는다.

〈책 읽기 책 일기〉에 실린 부르디외와의 대담을 잘 읽었다.

날 기억도 잘 못할 텐데 그 양반 이야기를 이리저리 하는 것은 좀
그렇다. 그래도 이야기를 하자면, 자크 데리다와 피에르 부르디외 교
수는 참 많이 다르다. 데리다 선생은 워낙 바빠서 그런지 인터뷰하기
가 어렵다. 동료학자 정도가 인터뷰하자고 하면 "그럼 시간 좀 한번
내 볼까" 하는 정도지 나 같은 신문기자가 인터뷰하자고 하면 무조
건 시간이 없다고 하는 스타일이라고나 할까. 인터뷰 때문에 데리다
강의실에 몇 번 들렀는데 실패했다. 부르디외 선생은 그런 면에서 달
랐다. 특히 제3세계 사람들에 대해 많이 열려 있었던 것 같다. 두 분
은 모두 시골 출신이다. 데리다는 알제리, 부르디외는 프랑스 남서쪽

출신이다. 그런데 부르디외는 확실히 시골사람이라는 느낌이 드는 반면 데리다는 어려서부터 완전한 좌파였을 것이라는 느낌이었다.

불순한 언어와 자유

선생의 글에는 우리 언어에 대해 갖는 자의식들이 다양하게 나타난다. 실제 선생의 말에서는 그 자의식이 어떻게 적용되는지 궁금하다.

보시다시피 나는 말을 굉장히 더듬는다. 내성적이어서 어려서는 발표도 잘 못했다. 그래서 말에 대해서는 말을 잘 안 한다. 술자리에서는 말을 잘 하는 편이지만. 내가 말에 대해 이야기할 때 대개는 문자언어에 대한 이야기다.

카를로스 1세가 있다. 15세기 말에서 16세기 초까지 스페인에 살았던, 신성로마제국의 황제를 겸했던 사람이다. 그는, '이탈리아어는 애인끼리, 프랑스어는 친구들끼리, 독일어는 서로 싸울 때 하는 말이고, 영어는 장사할 때 하는 말, 스페인어는 신과 대화할 때 적합한 말이고, 이 모든 언어 위에 라틴어가 있다'고 했다. 그러나 모든 사람들에게 자기 모국어는 카를로스 1세가 생각한 스페인어이거나 라틴어 이상으로 정겹고 고고한 말일 것이다. 프랑스어에 비해 독일어가 딱딱하고 듣기 싫다는 편견이 있다. 그러나 실제로 아름다운 목소리를 가진 성우가 라디오나 TV에서 독일어로 말하는 것을 듣거나 보면 마찬가지로 자지러지게 된다. 모든 언어는 아름답다. 나도 유일하게 자유자재로 구사할 수 있는 언어가 한국어이기 때문에 대단한 애정을 느낀다. 이런 말을 해도 될지 모르겠는데, 내 경우에는 내 주장에 내 감성이 따라가지 못한다. 나는 모든 것을 열어놓으려고 노력은 한다. 불순함에 대한 옹호가 자유를 늘리는 길인 것은 분명한데……아직 내 감성은 표준어의 독재를 옹호하는 것 같다. 사투리보다는 표준어를 듣기 좋아한다.

전라도 말씨에 대한 편견으로 오랫동안 괴로워한 적이 있다. 그 질병에서 구해준 것은 김병익 선생의 「남도 말씨와 '예향' 의 뿌리」라는 글이었다.

서울말과 지방말의 위계 때문이든 친숙한 말과 낯선 말의 거리감 때문이든 사투리보다 표준어를 더 선호하는 것은 잘못된 것이다. 내 몸이 사투리에 적응하지 못하는 것은 친숙한 말과 낯선 말 사이의 거리감 때문인 것 같다. 그래도 비판받을 일이다. 처가 부산사람인데 친정사람들과 이야기를 할 때는 완전한 부산말을 쓴다. 초등학교 때 서울로 올라와서 자랐기 때문에 신기했다. 부산말과 서울말이 적당히 섞이는 것이 아니라 완전한 서울말에서 완전한 부산말로 옮겨가는 것이다. 듣기 싫으니까 부산말을 쓰지 말라고 했다가 아작이 났다.

언어가 개인의 세계관에 끼치는 영향을 어떻게 파악하는가?

물론 언어가 세계관에 영향을 끼친다. 언어가 먼저인 것은 아니지만 언어는 사고(思考)를 규정한다. 자연언어가 지령하는 대로 세계를 분단한다는 일부 학자들의 견해는 일종의 언어신비주의다. 분명히 언어가 생각에 영향을 끼친다. 그렇지만 먼저 있는 것은 생각이다.

선생께서 김현 선생의 문장이 아름답다고 이야기할 때 동의하기가 어려웠다.

나는 그 양반이 아름다운 문장을 쓴 분이라고 생각한다. 나보다는 그 양반이 훨씬 번역문투일 텐데 되도록 번역문투가 아니게 쓰려고 해도 완벽하게는 잘 안 된다. 주어가 필요 없는 자리에도 주어를 집어넣으려고 한다. 내가 쓴 글을 읽다보면 "이런 문장은 번역하면 쉽겠다"는 느낌이 드는 문장이 더러 있다.

'내가 국어 선생님이라면'이란 글에서 일제시대 우리말을 사랑하기 위해 치렀던 선조들의 고통을 높이 보면서도 우리 시대의 극우에 가까운 언어순결주의와의 친화성을 말한 바 있다. 어떤 의미였나?

심층적인 수준에서는 연결이 되어 있다고 생각한다. 일제 때 국어를 지키려고 애썼던 사람들의 생각과 우리가 극우라고 말하는 사람들 사이에는 심리적으로 친화성이 있다. 결국 극우라는 것이 강한 집단주의니까. 생물학적 기반에 기초한 집단이 가진 정체성이 강하게 내세워질 때 극우 이데올로기가 되는 것이다. 모든 민족주의자가 극우는 아닐지라도 극우이면서 민족주의자가 아닐 수는 없는 것이다. 그런 의미에서 일제 때 조선어학회 사건으로 굉장히 고생하시던 사람들의 언어민족주의에도 극우적 요소가 없었다고 말할 수는 없지 않겠나. 굉장히 조심스러운 이야기이긴 하지만 외솔 최현배 선생과 같은 경우 상당부분 한자말을 토박이말로 옮기려고 노력하셨고, 그 와중에서 티격태격 다투기도 했다. 그럼에도 불구하고 그분들이 그 역사적 맥락에서 진보적일 수밖에 없었던 것은 일본제국주의에 대한 하나의 대립이랄까 대항점을 형성했기 때문이다. 그게 당시 제3세계 민중의 민족해방운동이라는 커다란 흐름 안에 있었던 운동이었으니 까. 김구 선생 같은 경우도 그렇다. 남이나 북이나 김구 선생에 대 해서는 나쁜 말을 잘 안 한다. 그러나 그 양반의 민족해방운동의 노 선은 테러노선 아닌가. 그 양반은 해방기 때에도 테러노선을 유지했 다. 그래서 나는 만약 김구 선생이 집권을 했을 때, 그리고 그분의 뜻이 남한사회에 관철이 되었을 때 좀 위험한 사회가 되지 않았을까 생각한다. 극우에 가까운 분이 아니었던가 하는 생각이 드는 것이다. 강한 민족주의, 그리고 그 민족주의를 위해 주로 사용하는 수단이 테 러였다는 것이 말이다. 얘기가 빗나갔다. 하지만 나는 일제 때 국어 운동했던 분들을 존경한다.

이오덕 선생의 언어관이나 실천에 대해 어떤 입장인가.

문자언어가 우리가 부모님께로부터 물려받은 언어로부터 너무 멀 어져 있고, 때문에 그것은 살아있는 말이 아니라고 생각을 하시는 것 같은데 새겨들을 점이 많은 이야기다. 우리말에 대한 그분의 책들을 보면서 내 언어습관 중 나쁜 게 많다는 사실을 되돌아볼 수 있었다. 그런 말 하시는 분이 드물기 때문에 가치 있는 발언이라고 생각한 다. 이오덕 선생의 언어관은 해방 후 한글학회의 주류 언어관과도 다 르다. 한글학회 분들은 한자말을 고유말로 바꾸기 위해서 신조어를 만들어내곤 했는데 그것이 언중(言衆)에게 받아들여지지 않으니까 정착을 못한 것이다. 이오덕 선생은 그런 시도가 가능하지도 않을 뿐 아니라 가능하더라도 바람직하지 않다고 생각한다. 적극적으로 찬성한다. 그러나 어려서 부모님 무릎을 베고 자란 언어만으로는 세상 모든 이야기를 할 수는 없을 것이다. 부분적으로 동의하지 않는 점도 있지만 많이 배웠다.

욕설에 대해 긍정적이신데, 순기능이 있다면 어떤 것인가.

그것은 욕만이 아니라 모든 금기된 것의 순기능일 것이다. 범박한 말로 카타르시스라고 말할 수 있을 것이다. 응어리진 것을 즉시 풀지 않으면 정신건강에도 해롭다는 정도의 생각이다. 그러나 모든 금기된 것이 그렇듯 욕을 끝없이 예찬할 수는 없을 것이다. 그것도 일종의 중독현상일 테니까. 욕에 빠져들다 보면 욕의 순기능마저도 없어지지 않겠는가. 그래서 나는 보수적이다. 내가 사투리에 대해 거부반응을 일으키면서 욕에 대해서 그렇게 거부반응을 일으키지 않는 것은 결국 욕이 구성하는 정서적 공간 안에 내 몸뚱이가 있기 때문일 것이다.

선생은 문어체와 구어체가 독자의 영역을 가지고 우리 생활 속에 만개하는 것이 좋다고 생각하는가 아니면 가급적 한쪽으로 통일되는 쪽이 바람직하다고 생각하는가.

이상적으로는 통일되는 게 좋겠지만 한국에서는 불가능하다. 예컨대 일반적으로 글도 그렇고 신문도 그렇고 모두 "…다"로 끝나지 않

는가. 우리가 말하는 방식으로 끝을 내는 것은 아니다. 일본말도 그
렇고 우리말도 마찬가지인데 구어쪽으로 통일시키려면 신문들이 모
두 "했습니다"라고 고쳐야 할 텐데 쉽게 이루어지지 않을 것이다. 이
대로 놔둘 수밖에 없지 않겠나.

선생이 채팅언어를 옹호할 때 반은 수긍이 가고 반은 의문이 생긴
다. 서얼(庶孼)의 입장에 서 있다는 생각을 하면 채팅언어를 옹호하
는 게 이해가 되나 정교하고 아름다운 글을 위해 노력하는 선생을
생각하면 채팅언어에 대한 너그러움이 놀랍다.

나로서는 그게 전혀 모순적이지 않다. 채팅언어는 사이버 공간에
서 사용되는 일종의 방언이다. 그것을 공간으로 본다면 지역적 방언
이겠고 사회집단으로 보면 사회적 방언일 텐데 채팅언어를 사용하는
사람들이 입사원서를 쓰면서 이력서에 채팅언어를 사용하지는 않을
것이다. 그것은 풀려있는 사이버 공간에서 생각이 비슷한 사람들끼
리 자유롭게 사용하는 말이니까. 우리들의 경우에도 말로 하는 말과
글로 쓰는 말과는 거리가 있지 않나.

한때 읽은 이오덕 선생이나 문익환 목사의 영향 때문인지 지금 쓰
고 있는 내 언어의 대부분이 일상의 대화와 노동의 언어가 아니라
관념적인 언어라는 사실이 늘 부끄러웠다. 선생이 언어를 위해 바친
열정과 시간들이 삶에 남긴 흔적 내지 열매가 궁금하다.

내게는 너무 어려운 질문이다. 이오덕 선생의 말씀에 옳은 점이 많
은 것 같다. 80년대 이후 진보적 사회과학 분야에서 나온 글들을 보

면 나도 못 읽겠더라. 그 사람들이 심오한 이론을 이야기하기 때문에 내가 못 알아듣는 측면도 있겠지만 상당부분은 말이 쓸데없이 관념적으로 인플레이션 되어 있기 때문인 것 같다. 한편의 시를 읽을 때도, 잘 씌어진 에세이를 읽을 때도 아름다운 글을 읽는 자체가 즐거움이었고 기쁨이었다. 그런 느낌을 받을 수 있었던 것은 한국어를 읽을 수 있고 거기서 느낄 수 있었기 때문인데, 그 자체가 보상이었다.

나의 지적 인간관계

선생은 자신의 글에 김우창이나 강준만의 얼굴이 어른거린다는 고백을 했다. 강준만 선생의 어떤 부분이 선생을 계몽했나.

가장 크게 배운 것은 그분의 열정이다. 그 양반 글을 읽다보면 많은 부분을 동의할 수밖에 없다. "아, 이 부분을 이렇게 생각할 수도 있겠구나" 하는 새로운 깨달음도 얻는다. 그러나 그것도 어쩌면 내 잠재의식 속에 머물러 있었기 때문에 더 동의하게 되는지 모르겠다. 강준만 선생이 나와 같은 보통 사람과 다른 점은 그분에게는 말할 수 있는 용기가 있다는 것이다. 그것은 굉장히 중요한 덕목이다. 대개 마음 속에 어떤 생각이 있어도 그 생각을 그대로 쓰는 사람들은 많지 않다. 특히 글쟁이로서 이름을 얻게 되면 여기저기 고려하지 않으면 안 되는 이런저런 상황들이 생긴다. 그 문제는 대개 인간관계들 사이에서 생긴다. 거기서 나 자신도 완전히 자유롭지 못하다. 어떤 사안에 대해 내 의견을 이야기하고 싶은데 그 사안이 특정한 자연인과 깊이 연관되어 있고 그 자연인이 나와 서로 안면이 있는 사람일 경우, 심지어 비교적 가까운 사람일 경우, 나는 아무런 반응을 하지 않거나 심지어 글의 방향을 틀어버리기도 한다. 강준만 교수는 그런 경우가 없는 것 같다. 정말 우리 사회에서, 특히 지식인사회에서 희귀한 미덕을 가진 분이다.

김우창 선생을 옹호하는 데 불편함은 없나.

없다. 나는 최장집 선생이 김우창 선생을 두고 우리 시대의 현자라고 했다는 것을 강준만 선생의 글을 읽고 알게 되었다. 충분히 동의한다. 내가 겨우겨우 이해할 수 있는 글을 쓰는 김우창 선생을 나는 해방 후 한국정신사라는 것이 있다면 가장 높은 자리 가운데 하나에 도달한 분으로 생각하고 있다.

선생의 글 중에서 복거일 선생을 옹호하는 글이 퍽이나 인상적이다.

복거일 선생이 자기를 자유주의자라고 주장하는 건 틀린 말이 아니다. 그러나 그분의 자유주의는 리버태니어리즘, 즉 자유지상주의에 가깝다. 복거일 선생은 어느 글에서 하이에크를 인용하면서 이런 말을 했다. '자꾸 금권사회, 금권사회하는데 사실은 돈이 제일 중요하게 취급되는 사회가 좋은 사회다. 그 사람이 흑인이나 유대인이라고 해서, 어느 지방 출신이거나 장애인이라고 해서, 또는 그 사람의 몸이 더럽다고 해서 물건을 팔지 않는 사회보다는 그 사람 뒤에 있는 돈만 보고 물건을 팔 수 있는 사회가 사실은 소수를 보호할 수 있는 사회다.' 하이에크도 항상 틀린 이야기만 한 것은 아니니까 근본적 자유주의도 우리 사회처럼 비합리적인 정서가 구체적인 힘으로 사용하는 사회에서는 진보적인 힘으로 작용할 수 있다. 내가 실천적으로 불편한 것은 그분이 자유주의가 늘 소수를 옹호하는 것이라고 하면서 동시에 항상 주류 경제학을 말하고, 그것은 정통적 견해가 아니라고 말하기 때문이다. 주류와 정통! 그것이 그분의 정신세계 안에서는 모순이 아니라고 생각하실지 모르겠는데, 그분의 글을 표피적으로만 읽어서 그런지 나는 그런 것들이 걸린다. 하지만 복거일 선생도 자유주의자라고 말할 수 있는 견해를 많이 제출했다. 예컨대 징병제 폐지주장도 그렇고, 서울대 문제를 민영화로 간단하게 해결할 수 있다는 주장도 그렇다. 교육을 하나의 상품으로 본다면 서울대가 제공할 수 있는 상품이 가장 양질의 상품이다. 그런데 그 양질의 상품이 싸게 공급되고 있다. 그게 공평한 일인가. 더군다나 서울대학교에 다니는 학생들은 상대적으로 부유한 집안의 자제들일 가능성이 높다. 졸업 후에도 다른 대학 출신들보다는 돈을 더 많이 벌어들일 가능성이 높다. 국립대학 등록금이 싸다는 것은 국민의 세금으로 보조를 해서 싼 것일 텐데, 그렇다면 결국 가난한 사람들의 돈을 뜯어서 부유한 사람들에게 주는 꼴이 아니겠는가. 이것은 윤리적으로 옳지 못하다는 얘기다. 차라리 서울대학교를 민영화하고 등록금을 자율화하면 서울대의 등록금은 올라가겠지만 최소한 시장이 추구하는 합리성의 원리에는 맞는다는 이야기다. 나는 그것도 탁견이라고 생각한다. 지금 같은 이중구조보다는 유럽처럼 모든 대학을 국공립화를 하든가 아니면 복거일 선생의 주장처럼 민영화해서 시장에 맡기는 것이 깔끔할 것 같다. 내가 복거일 선생에 대해 또 불편하게 여기는 것은 신문에 대한 생각 때문이다. 선생은 정부는 작으면 작을수록 좋다, 정부는 되도록 간여하지 않는 게 좋다고 한다. 이것은 언론이 대중에게 행사할 수 있는 힘을 너무 과소평가하는 것이다. 우리는 독립적으로 세상을 바라보고 판단하는 게 아니라 언론으로부터 많은 영향을 받는다. 그런 사실을 못 보는 것인지, 아니면 보고도 넘어가는 것인지는 잘 모르겠다.

그 불편함이 복거일 선생에 대해 이전부터 가지고 있던 좋은 생각들에 영향을 끼치지는 않나.

공적 판단에 영향을 끼치지 않지만 사적으로는 힘들어질 때가 있다. 복거일 선생의 경우는 예전부터 뵙던 분이 아니니까 그런 불편함이 사적으로 이어질 일이 거의 없었으나 연세대의 정과리 교수는 달랐다. 내가 정 교수를 좋아했고, 이것저것 참 많이 배웠다. 그런데 〈조선일보〉가 얽히면서 불편해졌다. 그렇다고 그가 젊었을 때부터 쓴 빼어난 글들에 대한 평가가 달라지는 것은 아니다. 1년 전부터는 우연한 자리에서는 만나기는 해도 예전처럼 갑자기 불러서 술을 같이 마시게 되지는 않는다.

나는 사투리와 한자 그리고 영어가
마구 섞인 언어 속에서 자유를 숨쉰다.

소수자의 문화를 위하여

김규항 선생은 미학을 전공한 진중권이 할리우드영화를 좋아한다는
사실이 이해가 안 간다고 했었다.

나도 할리우드영화를 좋아한다. 영화라고 걸리는 것들이 대부분이
할리우드영화이다. 할리우드영화를 피해갈 길이 없다. 돈을 많이 들
여서 그런지 잘 만드는 것 같다. 할리우드영화에도 소외받는 사람들
이 있고 소수파도 있다. 내가 소수파라고 말할 때는 문화적 소수파
를 의미하며 그때는 일부 할리우드영화까지 포함된다. 할리우드영화
가 할리우드영화이기 때문에 인정을 받지 못하는 것은 옳지 못하다.
마찬가지 이유에서 유럽영화이기 때문에 좋은 것이라는 인식에도 나
는 반대한다.

〈씨네 21〉에 영화평도 쓰는 데 한국의 영화판을 어떻게 읽고 있나.
'아줌마 & 아저씨'는 영화평 코너가 아니다. 전문적인 영화평론
가가 아니라서 잘 모르겠다. 예전보다 굉장히 영화를 잘 만드는 것
은 알겠다. 이창동 감독의 〈오아시스〉를 두고 이런 저런 말들이 많
다. 젊은 영화평론가 정성일 씨가 〈오아시스〉에 대해 〈씨네 21〉에 길
게 비판글을 올렸다. 그는 굉장히 명민한 사람이고 그의 「오아시스
론」에 많은 부분 공감했지만 그러나 그렇게 엄격한 잣대를 다른 영
화나 다른 감독에게 들이댄다면 살아남을 수 있는 영화나 영화감독
이 과연 있겠나. 정성일 씨가 임권택 감독에 대해 이런저런 자리에

서 경의를 표하는 것을 많이 봤다. 이창동 감독에게 들이댄 칼날을 똑같이 임권택 감독에게 들이댄다면 임권택도 시시한 감독처럼 보일 수 있을 것이다. 정성일 씨가 명민한 분이라는 것은 알겠는데 공정한 분은 아니라는 생각이 들었다. 아마추어이기 때문에 이런 생각을 하는 것인지는 모르겠으나 우리 영화도 외국영화에 떨어진다는 느낌이 예전보다 점점 더 없어진다.

한국 기독교에 관해서 몇 편의 글을 썼다. 기독교를 포함, 우리나라 종교들의 파행적인 행태들에 대해 한 이야기가 궁금하다.

비신자로서 종교에 대해 호감을 가지고 있지 못할 뿐 아니라 종교인들에 대해서도 불편하다. 종교가 배타성을 전제로 하고 있기 때문에 그러기는 정말 어렵겠지만 자기 종교 말고 다른 종교도 있을 수 있다는 것, 심지어 아무 종교도 없는 사람도 있을 수 있다는 것을 생각해 주었으면 좋겠다. 전도의 의무가 있어서 지옥불구덩이로 떨어질 사람들을 구해주기 위해서 너무 애를 쓰시는데, 종교인들이 자기 내면에 보다 귀를 기울이면 세상이 좀 더 편안해 질 것이다. 상투적인 이야기겠지만 예수가 평생 어울린 사람들은 가장 가난한 사람들이었고 사회에서 버림받은 사람들, 창녀들이었다. 그런데 한국의 교회는 너무 부자들하고만 어울리는 것 같다. 이것도 밖에 있는 사람의 생각일 뿐, 안에 있는 사람들의 느낌은 다를 수 있을 것이다. 왜 교회들은 그렇게도 많고 또 커지기만 하는지……

선생을 가장 안타깝게 만드는 우리 사회의 아픈 현실은 무엇인가.

장애인 문제다. 소수자 박해는 선진국에서도 정도는 다르겠지만 늘 일어난다. 그런데 내가 경험한 유럽에 비해 특히 잘 안 되어 있는 것이 우리 사회의 장애인에 대한 배려다. 국가 차원에서도 그렇고 시민사회 차원에서도 그렇다. 서울은 물론 지방의 거리에서도 장애인들이 거의 눈에 띄지 않는다. 전쟁을 겪은 사회이고, 산재율 또한 높다. 교통사고도 엄청나게 많이 일어난다. 장애인들이 유럽에 비해 많으면 많았지 적을 리가 없는데 거리에서는 저들을 볼 수가 없다. 광화문 네거리만 하더라도 횡단보도가 생긴 게 얼마 안 되었다. 상권(商權) 때문에 지하도를 쉽게 없앨 수가 없다고 하니 얼마나 비인간적인가. 편견이 너무 강고하니까 장애인들이 밖으로 못 나오게 되고, 이따금 보게 되니까 더 힐끔거리게 되는 것이다. 유럽처럼 장애인들이 눈에 띄면 그게 별난 일이겠는가. 서울이란 도시에서 장애인들을 쉽게 볼 수 없는 현실만큼 우리 사회의 전체주의적이고 집단주의적인 성격을 잘 드러내는 게 또 있겠는가. 그게 제일 큰 문제인 것 같다. 외국인노동자 문제도 창피한 일이다 가끔 바보 같은 생각이 들 때가 있다. 천성적으로 한국사람들이 더 사납고 나쁜 사람들이 아닌가 하는. 정말 어디서부터 손을 써야할지 모르겠다.

박노자의 『당신들의 대한민국』에서 지적하는 한국사람들의 지독한 배타성에 대해서는 생각이 어떠한가.

대한민국은 굉장히 배타적인 사회다. 아직도 국제결혼이 얼마나 별스러운 일로 여겨지고 있는가. 혼혈아들이 한국사회 속에서는 정서적으로 잘 못 자란다. 학교를 보내도 외국인들이 없으니까 따돌림을 당하게 된다. 마음의 상처를 받지 않고는 자랄 수 없는 나라다. 유럽이라고 차별이 없겠는가. 거기도 인종주의가 있다. 그러나 최소한 그것이 얼마나 부끄러운 짓인지는 공적 교육과 사회교육을 통해서 가르쳐진다. 하지만 우리는 그런 것 같지 않다.

『코드 훔치기』의 내용을 한국일보에 연재할 때 마리화나의 문제가 연재되지 못했다. 그것이 한국일보의 제한성으로만 읽히지는 않는데.

다른 사회를 경험해 보지 못해서 잘 모르겠다. 언론이 사회평균보다 보수적이지는 않을 것이다. 혹시 외부 필자가 이런 글을 썼다면 사정을 달랐을지 모른다. 내부 필자의 글이기 때문에 신문사의 입장으로 읽힐 수 있다고 해서 게제가 안 된 것이다. 신문사가 신문사의 입장을 내걸고 마리화나를 허용하자고 말하기는 어려울 것이다. 한국에서만이 아니라 다른 나라에서도 말이다.

그 글의 주장은 합리적이었다고 보는데.

지 선생은 굉장히 리버럴하다. 나는 충분히 리버럴하질 못해서 마약류 전부를 풀자는 이야기는 못한다. 마리화나를 다른 마약과 분리해서 다룰 수는 없겠는가 하는 게 내 주장의 핵심이었다. 내가 알기로는 마리화나는 담배보다 덜 해롭다. 나는 거의 담배를 못 끊을 것 같다. 담배 흡연률이 대단히 높은 사회에서 그보다 덜 해로운 마리화나를 엄격하게 금지하는 게 좀 그렇다. 제제를 가하더라도 벌금형 정도로 낮추거나 일정 기간 동안 운전면허를 정지시킬 수도 있을 것이다.

결국 문화적 소수자에 대한 관심이 마리화나에 대해 관심을 갖게 만든 것인가.

그렇다고 볼 수도 있고, 복거일 선생의 영향이라고 말할 수도 있다. 복거일 선생은 나보다 훨씬 래디컬해서 마약류나 포르노물 전반에 대해 법적 제제가 정당화될 수 없다고 주장한다. 그러나 나는 그 정도는 아니다. 마약류도 포르노물도 일정 정도는 규제해야 한다는 게 내 생각이다. 의학자들이 보기에 인체에 분명한 해를 준다면 마약을 어느 정도 구하기 어려운 환경은 만들어 놓아야지 다른 상품과 똑같이 시장에 내놓는 것은 옳지 않다. 마리화나는 많이 소비되는 것이고 담배보다 몸에 해롭지 않다면 논리적으로 문제가 있지는 않겠나. 담배 흡연율이 이렇게 높은 사회에서 말이다.

미국과 세계화

세계화에 대해 일반적인 시민들과 진보진영 쪽 사람들의 생각의 차이가 너무 심하다. 미국 문제도 그렇다. 세계화에 대해 선생은 어느 수준에서 경계심을 갖거나 그것을 반대하는 실천에 참여해야 한다고 생각하나.

처방을 내릴 입장은 아니다. 막연한 생각으로는 세계화라는 것이 거역할 수 없는 흐름이 아닌가 하는 생각이 든다. 우리가 싫다고 해

서 치워버릴 수도 없을 것 같다. 담을 두르면 속도는 좀 늦출 수 있
겠지만 결국 끝까지 막아낼 수는 없다. 정치, 경제, 사회, 문화에 긍
정적인 부분이 있겠고 다른 부분에서는 부정적일 텐데 피할 수 없는
문제인 것은 분명해 보인다. 때문에 세계화 반대라는 구호는 나와는
잘 맞지 않는다. 미국 문제는 한마디로 주한미군 문제다. 그 문제가
그렇게 간단하지 않다고 생각한다. 현재의 미군철수 구호가 현명한
것인지는 잘 모르겠다. 소파(SOFA)를 개정하기 위한 하나의 지렛
대로서 미군철수를 외치는 것이라면 몰라도 진지하게 미군 철수를
생각하는 사람에겐 흔쾌하게 동의하진 못하겠다. 주한미군의 성격은
복합적이다. 미제국주의의 한 부분이라는 징표의 측면이 분명히 있
으면서 동시에 미국의 세계전략상 동아시아의 중국세를 막기 위한
측면도 부정할 수 없지 않나. 주한미군이 모두 철수하면 한반도가 급
격하게 중국의 영향권에 들어가게 될 것이다. 미국에 많은 부분이 종
속되어 있는 지금의 상황보다 중국의 영향권 아래 있는 상황이 더
좋을지는 잘 모르겠다. 감내할 수밖에 없다면 미제국주의가 중국패
권주의보다 더 나쁜 것일까? 이런 생각 때문에 나는 미국의 그늘 아
래서 자주권을 조금씩 넓혀나가는 싸움이 옳다고 생각한다. 우리가
잊고 있지만 20세기 초까지 수천 년 동안 중국은 한반도에 대해서
영토적 야심을 드러냈던 국가다. 미국이 노골적으로 우리를 직접 통
치하에 두겠다는 야욕을 드러낸 적은 없다. 물론 그렇기 때문에 미
국은 선이고 중국은 악이라는 이야기는 아니다. 중국이 우리에게 따
뜻한 우방이 되리라고 생각하는 것은 역사적 경험에 비춰볼 때 굉장
히 나이브한 것이다.

우리 언론이 보도하는 국제뉴스라는 게 심하게 편향적이라는 얘기
는 이제 상식에 속한다. 이런 상황 속에서 어떻게 해야 정직하게 살
아가려고 하는 지성인이 자신의 국제적인 흐름에 대해 선명한 판단
력을 유지할 수 있겠나.

정말 모르겠다.

선생은 현재 어떤 방식으로 세계의 흐름을 포착하는가.

자포자기 상태가 되어서 별 노력을 하지 않는 것 같다. 나는 한국
인의 입장에서 주한미군이라는 것, 또는 미국정책이라는 것이 대한
민국이나 한민족에게 반드시 해로운 것만은 아니라는 판단을 하고
있다. 그러나 팔레스타인 사람의 입장은 다를 것이다. 저들에게는 반
미주의를 가질 정당성이 우리보다 훨씬 더 강할 테니까. 근본적으로
미국의 금융계와 언론계를 유대인들이 장악을 하고 있고, 유대인들
이 그것을 기반으로 미국 정계를 좌지우지하는 상황과도 분명 관련
이 있을 것이다. 나도 충분히 보편적으로 사고하지 못한다. 미국이
야기를 하면서 나는 팔레스타인 사람의 입장에서는 생각지 못하는
것이다. 그 사람들은 미국사람들한테 이스라엘을 옹호하는 것보다는
공정한 판관이 되는 것이 너희들의 이익에 더 부합하는 것이라는 것
을 보여줄 수밖에 없을 테니까. 사람이 자기가 속한 집단을 떠나서
정말 보편적으로 사고할 수 있는지는 정말 잘 모르겠다. 그것은 단
지 하나의 지향점으로만 존재하는 게 아니겠는가.

21세기에는 진보와 보수의 개념이 중첩되기 때문에 자신이 어떤 민

족의 성원이냐에 따라서 진보와 보수의 입장이 다를 수도 있다고 했
다. 그렇다면 올바른 판단을 하기 위해서는 자기가 속한 민족과 입
장들을 선명하게 의식하는 것이 보다 보편에 가까운 판단을 내릴 수
있는 게 아니겠나.

동의한다.

21세기에는 시가 전세계적으로 점차 매력을 잃어갈 것이라 예측했
다. 어떤 이유 때문인가.

오늘 문제가 너무 어렵다. 전통적 공동체의 붕괴와 연관이 되지 않
겠나. 급격한 도시화가 사람들의 정서를 차분하게 앉아 자연과 교감
하게 만들어주지를 않는 것 같다. 이 대답도 상투적인 대답이지 잘
모르겠다. 확실한 것은 시가 더 안 읽힐 것이라는 사실이다. 시를 읽
고 기쁨과 슬픔을 느낄 능력이 사람에게 점점 줄어들 것이다. 시가
완전히 사라지지는 않고 노래 가사의 형태로 남을 것이라는 것이 나
의 예측이다. 이 생각은 왠지 맞을 것 같다.

자신의 한계를 아는 자유주의자의 아름다움

글쓰기의 첫 사랑에 빠졌을 때 경험했던 잊혀지지 않은 기억이 있다. 딴에는, 쓰고 지우고를 거듭하여 이만하면 되었다는 확신이 들어 펜을 놓다가 나는 소스라치게 놀랐다. 외면하고 싶은 내 얼굴이, 부정하고 싶은 내 목소리가 바로 그 글 속에 들어 있었기 때문이다. 어떻게 고쳤다고 고친 문장이 내가 가장 싫어하는 모습을 그렇게도 적나라하게 드러낸단 말인가. 내가 고종석의 글 앞에서 정신을 못 차리는 일차적인 이유는 그의 글이 가진 아름다움 때문이다. 그러나 내가 고종석의 산문을 사랑하는 것은 자신의 한계는 물론 그 한계를 바라보는 자신의 안타까움을 있는 그대로 보여주기 때문이다.

"나이가 한두 살 더 먹어갈수록 성격이 더 둥글둥글해지는 게 아니라 모가 난다. 특히 글을 대하는 태도가 그렇다. 지금보다 젊었을 때도 글을 대하는 내 태도에는 분명히 편벽됨이 있었다. 그런데 이제는 편식이 더 심해진다. 내가 읽은 신문, 잡지는 정해져 있고 내가 읽는 필자나 저자도 거의 정해져 있다. 이따금 내 읽기의 변경을 넓혀보려는 시도를 하지 않는 것은 아니지만, 들이는 수고에 비해 보답은 늘 적다. 어떤 글을 만나 끝까지 읽어냈을 때의 기쁨은 각별하다. 그러나 그런 기쁨이 흔히

오는 것은 아니다. 조금 읽어 내려가다가 너무 거친 문장과 만났을 때, 너무 조악한 논리와 만났을 때, 그 글이 드러내는 필자의 내면에서 역겨움을 느낄 때, 나는 곧 그 글 읽기를 포기한다."

우리말의 아름다움을 알게 해주었다는 점만으로도 고종석은 삶을 풍요롭게 하고 감정을 정화시키는 고마운 스승이다. 외솔 최현배의 〈우리말본〉을 곁에 두고 즐겨 읽었듯 나도 그가 써낸 훌륭한 모국어에 드러누워 세상을 지나가게 될 듯 하다. 그것이 고종석을 옹호하는 이유였던가. 물론 아니다. 내가 또래인 고종석을 스승처럼 여기는 이유는 그가 예수님의 태도로 세상을 보기 때문이다. 그토록 빼어난 글쓰기에 공을 들이면서도 그는 말도 안 되는 채팅언어에 대해 너그럽다. 이런 관용의 정신이 보수화된 종교지도자들에게서는 얼마나 희귀해진 미덕이던가. 고종석은 생각보다 키가 컸다. 말은 느리고 더듬거렸지만 그 뜻은 분명하고 단호했다. 10시가 넘어 끝난 인터뷰였으나 고종석은 술자리에 합세하기 위해 광화문 쪽으로 향했다. 고종석은 어쩔 수 없는 자유주의자이다.

내가 선택한 세상, 내가 옹호한 사람

고은광순 선생님, 저는 이번 달로 월간 〈복음과 상황〉에 연재했던 '선택과 옹호'라는 이름으로 진행했던 인터뷰를 마치게 됩니다. 3년 6개월 동안 진행했던 인터뷰 뒷얘기를 쓰든지, 아니면 인터뷰를 당하든지 둘 중 하나는 반드시 해야 한다는 서재석 편집장의 우정 어린 협박(?)을 받고, 처음이라 해도 과언이 아닌 그의 부탁을 외면할 수가 없어 컴퓨터 앞에 앉았습니다.

'선택과 옹호'를 즐겨 읽는다는 독자들로부터 "지금까지 만난 사람 중에 누가 제일 기억에 남느냐?"는 질문을 종종 받습니다. 하지만 매월 소중하게 만났던 분들을 하나의 룰에 꿰어 맞춰 등수를 매길 수가 없어서, 그것이야말로 차이와 다양성을 부정하는 근본주의적 사고의 전형이란 생각이 들어서 저는 말꼬리를 흐리지요. 그렇다고 지금까지 만났던 분들을 똑같게 생각한다는 의미는 아닙니다. 어떻게 그럴 수 있겠습니까. 당연히 자주 생각나는 분이 있지요. 그러나 그 대상은 상황과 관심에 따라 달라지더군요. 고정되어 있는 게 아니었습니다. 제 경우는 그랬습니다.

고은광순 선생님, 80년대 중반부터 언론인 김중배나 역사학자 김성식의 영향으로 저도 한비자(韓非子)가 말하는 말하기의 어려움이 뭔지를 조금은 알게 되었습니다. 천성 탓도 없다고는 못하겠으나 자타가 공인할 정도로 제가 말을 더듬게 된 것은 다 그럴 만한 이유가 있었던 것이지요. 저는 아직 말하기의 어려움을 김훈처럼 생생하게 말한 사람을 알지 못합니다.

"말하기의 어려움과 말하기의 위태로움과 말하기의 허망함을 알지 못했다. 말이 되는 말과 말이 되지 않는 말을 구별하기 어려웠다. 언어의 외형적 질서에 하자가 없으면 다 말인 줄 알았다.……말하기의 조건들을 일러주는 스승이나 선배도 없었고 가르쳐주었다 하더라도 알아듣지 못했을 것이다. 말과 글을 배우는 젊은이에게 말이란 너무나도 유혹적인 것이어서 말하기의 두려움을 함께 배울 여유는 전혀 없었다.……어떤 한 단어가 사전에 나와 있기 때문에 그 단어를 끼워 넣고 말을 조립하는 것은 정당한 논리의 작용이라고 믿었고, 그 믿음의 근거를 돌아보지 않았다.……나이를 겨우 먹어가니까, 혼자서 중얼거리는 말이라면 몰라도 세상을 향하여 내놓을 수 있는 말이란 그다지 많지 않고 또 쉽지도 않는 것을 알게 되었다. 그 깨달음은 쓸쓸했지만, 도리가 없는 것이었다. 사전에 나와 있는 말들 중에서 끌어다 부릴 수 있는 말들은 머리카락이 빠져나가듯이 점점 줄어들어서 이제는 고작 한 움큼이다. 말들은 점점 가난해진다."

―『'너는 어느 쪽이냐'고 묻는 말들에 대하여』중에서

말에 대한 공포가 온 몸으로 번지고 있던 시기, 그러니까 중요한 순간이나 윗사람 앞에서 말을 더듬는 증세가 점점 더 심해지던 2000년 6월 초순, 저는 우연히 〈한겨레 21〉에 실린 DJ. DOC의 인터뷰 기사를 읽었습니다. 김은형 기자가 쓴 그 기사는 신의 음성처럼 제 의식을 흔들어 깨웠습니다. 하나님은 그 기사를 통해 제게 말을 걸어오신 게 분명했습니다. 그 확신은 용기가 되었고, 생전 처음 김은형 기자에게 전화와 이메일을 넣게 만들었습니다. 그렇게 해서 성사된 게 DJ. DOC와의 인터뷰였습니다. 지난 3년 반 동안 가장 섭외하기 어려웠던 게 연예인이었던 경험에 비춰 볼 때, 김은형 기자의 소개가 있었다고는 하나 〈복음과 상황〉이란 잡지의 존재조차도 몰랐던 DJ. DOC가 인터뷰를 허락해 준 것은 기적에 가까운 일이었습니다. 일이 되려고 그랬을까요? 누구보다 DJ. DOC의 반응이 의외였습니다. 오늘의 마지막 일정이니 더 길어져도 괜찮다고 일러주질 않나, 마치고 나올 때, "이렇게 진지한 인터뷰는 처음이었다, 정말 좋았다"고 하질 않나! 저들의 진지하고 솔직한 태도에 감동을 받긴 저 또한 마찬가지였습니다. 돌아오는 길에 저는 하나님 앞에서 자신을 향하여 이런 질문을 던지지 않을 수 없었습니다.

'내가 저들보다 나은 게 무언가? 저들만큼 치열한 것 같지도 않고, 저들만큼 정직한 것 같지도 않다. 하늘과 창열은 자신을 나이롱

신자고, 양아치라 했지만 저들보다 나의 삶은 언행일치에서 낫다고 할 수 있는가? 나는 신념을 위해 전기 끊기고 가스 끊긴 방에서 라면으로 배를 채우며 겨울을 나 본 적 있던가?'

〈복음과 상황〉 젊은 독자들의 반응 또한 예상 밖이었습니다. 인터뷰어로 훈련이 거의 전무했고, 월간 〈인물과 사상〉에 게재했던 '연정희를 위한 변명'으로 연재까지 중단된 상태였던 저로서는 이 연재가 길어야 6개월이라 예측하고 있었습니다. 게다가 기독교 잡지에 비기독교인들을, 그것도 아웃사이더들의 인터뷰를 하겠다고 했으니 어떻게 연재가 길어지길 바랄 수 있었겠습니까. 그럼에도 불구하고 이 인터뷰가 2003년 말까지 연재될 수 있었던 것은 미스테리였습니다. 저 같은 말더듬이가 우리 시대를 풍미하는 쟁쟁한 말꾼들을 3년 넘게 인터뷰를 했다는 것도 그렇지만, 40개월 동안을 미치게 만든 자극이 작고 우연한 사건이었다는 사실은 더 커다란 미스테리가 아닐 수 없습니다. 그러나 인터뷰를 계속하는 일은 참 어려운 일이었다는 사실을 말씀드려야 하겠습니다. 인터뷰를 준비하고, 녹음을 풀어 하나의 글로 완성하는 일도 쉬운 일은 아니었습니다. 그러나 보다 어려웠던 일은 이 작업이 외면하고 싶은 저의 한계와 못난 점을 끊임없기 상기시켰다는 점입니다. 때문에 저는 겨우 한 분 한 분의 인터뷰를 올려야 했습니다. 단 한 번도 중압감에서 자유롭지 못했고, 읽어야 할 인터뷰이의 책과 기사 앞에서 쩔쩔매지 않은 적이 없었습니다. 만나면 만날수록 선명하게 드러나는 게으름과 허술함과 치열하지 못함이 가시가 되어 제 몸을 찔러대더군요. 수치와 후회 없이는 완성할 수 없는 것이 '선택과 옹호'였습니다. 아무리 노력해도 메워지지 않는 헐렁한 과거 앞에서, 주어진 한 달이라는 시간 안에 손아귀에 들어오지 않는 인터뷰이의 세계 앞에서, 저는 어깨를 늘어뜨려야 했습니다. 충분하지 못한 공부는 인터뷰이들을 이해해가는 과정이었다기보다는 저들과 얼마나 다른 삶과 생각으로 세상을 살아왔는지를 확인시켜주는 과정에 다름 아니었습니다. 그 과정이 견딜 수가 없어서 서재석 편집장님에게 몇 번이나 그만두고 싶다는 이야기를 했는지 모릅니다.

고은광순 선생님, 그렇다고 해서 그 작업이 괴롭고 절망스럽지만은 않았다는 점을 말씀드려야 하겠습니다. 절망스럽다니요! '선택과 옹호'는 제게 거의 매번 행복감을 선사했습니다. 살아가면서 코드 맞는 사람을 만나는 희열만한 즐거움이 무엇이겠습니까? '선택과 옹호'를 통한 사귐은 엄청난 삶의 에너지로 제게 되돌아 왔습니다. 한 여성을 만나 사랑을 확인해가는 과정에 견줄만한 즐거움이 '선택과 옹호'에 있었다고 말한다면 제 과장이 지나친 것일까요? 그렇습니다. 저는 새로운 만남에 대한 기대와 그 만남이 주는 충만한 삶의 에너지로 매월 새롭게 업그레이드되었습니다. 꼬박 한 주간은 녹취를 풀어 원고를 다듬는 일에 매달려야 했고, 특히 막바지 2-3일은 밤을 꼬박 새워야 탈고할 수 있었지만 그 뒤에 찾아오는 성취감은 어느 일에서보다 컸습니다. 그래서 밀렸던 잠의 보충은 뒷전이고 그 해방감과 행복감을 더 만끽하고 싶어서 졸린 눈을 비비며 영화를 보러 가거나 강남의 대형서점이나 음반점을 찾았습니다. 이처럼 '선택과 옹호'로 인한 행복감과 절망스러움의 정서는 동전의 양면처럼 붙어

다녔습니다. 한계를 직시하고 받아들여야 한다는 것은 곤혹스러운 일임에 틀림없었지만 그럼에도 한계에 직면한 결과는 또 다른 깨달음으로, 성취감으로, 행복감으로, 새로운 세상의 열림으로 제 삶을 보상했던 것입니다. 이제 저는 절반의 행복을 소중하게 여기며 살아갈 수 있을 것 같습니다.

이상을 충족시키지는 못하지만 살아갈 이유를 제공하기에 모자람이 없는 절반의 행복을 소중하게 여기는 일. 이것이 지난 3년 반 동안 제가 '선택과 옹호'를 통해 얻은 소중한 깨달음입니다. 때문에 저는 오늘도 이 세상에서의 행복과 불행이 물과 기름처럼 따로 존재하는 것이 아니라는 사실에 귀를 기울이려고 합니다. 영원과 찰나, 하늘과 땅, 거룩함과 더러움이 바로 여기에 함께 공존한다는 사실 또한 잊지 않으려고 합니다. 예배는 거룩하고, 정치는 무조건 더럽다는 편견, 설교는 경건하나 설거지나 신문을 읽는 일은 하찮거나 세속적이라는 잘못된 신앙 또한 간과치 않을 것입니다.

고은광순 선생님, '선택과 옹호'를 통해 교회 밖의 목소리에 귀 기울이겠다고 다짐했던 2000년 6월은 대형교회들의 담임목사직 세습 강행으로 우리 사회가 떠들썩했었습니다. 제가 속한 기독교윤리실천운동은 세습반대운동에 총력을 기울이고 있었고요. 저는 그때 신학자 리처드 마우에 빠져 있었습니다. 때문에 대형교회의 몰상식한 행동은 리처드 마우의 발언을 보다 생생하게 만들었었지요.

"최선을 다하더라도 그리스도인은 잘못할 때가 많다. 그리고 우리는 좀처럼 최선을 다하지 않는다. 반면에 불신자들은 정확하게 사고하는 경우가 많다."

김은형 기자의 DJ. DOC의 인터뷰 기사가 천둥소리처럼 저를 강타할 수 있었던 것은 세습을 감행하는 몰상식한 일부 대형교회와 리처드 마우의 깨달음이 전제되었기 때문이었습니다. 인터뷰 기사를 읽으면서 저는 거의 본능적으로 다음의 성서 구절을 떠올렸습니다.

"나는 분명히 말한다. 세리와 창녀들이 너희보다 먼저 하느님의 나라에 들어가고 있다."(마21:32)

저는 갑자기 이 땅에서 종교지도자들보다 먼저 하나님 나라에 들어가게 될 오늘의 '세리'와 '창녀'들이 누구일지가 궁금해졌습니다. 그 궁금함의 표현이 교회 밖에서 시류에 영합하지 않고 올곧은 목소리를 내면서 주류로부터 밀려나거나 소외당한 사람들에 대한 관심으로 나타났던 것입니다. 이런 심경을 저는 '지유철의 선택과 옹호를 시작하면서' 라는 글에 이렇게 적었습니다.

시류에 따라 세상의 방법과 유행을 덮어놓고 추종하는 것은 꼴불견입니다. 그렇다고 세상으로부터 아무 것도 배우지 않으려는 태도는 소극적일 뿐 아니라 바리새적 교만의 극치입니다. 우리가 진정 배워야 할 것이 불신자에게 많다는 생각에 저는 주저 없이 동의합니다. 또한 우리가 추구해야 하는 것이 이데올로기와 민족주의를 넘어선 보편타당한 진리(신앙)여야 한다는 점 또한 놓쳐서는 안 된다고 믿습니다. 얼마나 많은 크리스천의 독선이 이 두 가지를 간과함으로 생겨나던가요.……저는 당분간 저들에게서 배워야 할 보편타당한 가치가 무엇인지를 살펴보고자 합니다.……나와 저들 중 누가 더 천국에 가까운지를 확인해보기 위해 말입니다.

'선택과 옹호'를 통해 만났던 대다수 분들을 통해 확인한 것은 지금 이 땅에서는 교회 밖의 사람들이 기독교 신앙을 가지고 살아가는 사람들보다 훨씬 부지런하고 정직하다는 것이었습니다. 또한 우리들보다 훨씬 실력이 있다는 사실이었습니다. 정말 우리들이 저들보다 나은 것은 우리의 것이 아니었습니다. 우리에게 거의 아무런 영향도 끼칠 수 없는 하나님의 영원함과 그분 안에 존재하는 영원한 가치뿐이었습니다. 신앙이 도깨비 방망이가 아닌 다음에야 어떻게 하나님과 정반대의 삶을 살면서 그분의 영원한 능력과 진리와 진정한 평화를 우리의 것으로 주장할 수 있겠습니까!

고은광순 선생님, 그러나 제가 만났던 불신자들에게서 확인되었던 가장 소중한 것이 저들의 실력도 용기도 아니었음을 서둘러 밝혀야 하겠습니다. 기독교가 말하는 구원이란 진정한 의미에서의 인간성 회복입니다. 저는 그렇게 이해하고 있습니다. 그럼에도 불구하고 구원을 가졌다고 주장하는 이 땅의 대다수 기독교인들은 비인간적이다 못해 반인간적인 경우가 부지기수입니다. 말로써의 복음은 넘쳐나는데 구원받은 사람들에게서 당연하게 나타나야할 거룩한 인간성이 보이지 않는다는 점이었습니다. 아니 말로는 구원을 말하면서 행동으로는 교회가 더 학벌중심이고, 더 계급중심이며, 더 황금만능이 춤

추는 곳이기 때문이었습니다. 모두 그런 것은 아니겠으나 한국 교회
는 세상 사람들보다 더 권위적이고, 더 위선적이고, 더 돈에 굴종하
고, 더 비인간적입니다. 아무리 점잖고 착한 사람일지라도 신학대학
을 졸업하고, 전도사가 되고, 강도사가 되고, 부목사를 거쳐 담임목
사가 되면 거의 한결같이 권위적이 될 뿐 아니라 성도들을 교회 성
장의 도구로 밖에 보지 않는 것을 저는 수도 없이 목도했습니다. 크
지 않은 교회에서조차 담임이 되었다고 목에 힘주고 다니는 일부 몰
지각한 목사들을 보며 거의 습관적인 구토증세에 시달려왔었기 때문
에 저들보다 훨씬 가진 것이 많으면서도 순수한 모습으로 사람을 대
하는 비기독교인들을 만나는 일은 대단히 놀랍고 감격스러웠습니다.
한국사회가 아직 망하지 않는 이유를 알 것만 같았습니다.

고은광순선생님, 그런 면에서 가장 저를 놀라게 하고 감동시킨 분
이 선생님이라는 걸 아시는지요? 저는 선생님의 사람을 감동시키는
힘이 전투성에서 나온다고 생각하지 않습니다. 선생님의 사람을 사
람으로 대하는 순수함과 고통당하고 상처받는 사람을 향한 눈물에서
나온다고 믿습니다. 저는 오늘 열린우리당 사이트에 들어가 창당대
회 실황중계를 보았습니다. 언론이 그러했듯이 열린우리당의 총회
진행자도 선생님을 고광순으로 소개하더군요. 그러나 단상에 오른
선생님께서는 자신을 또렷한 목소리로 "고은광순입니다"라고 하셨습
니다. 그 자리가 어떤 자리인가를 생각하니 웬만한 용기가 아니고서
는 그럴 수 없겠다는 생각이 대번에 들더군요. 열린우리당이 공식적
으로 만든 명찰 위에 단 '부모성 함께 쓰기' 동그란 버튼이 훨씬 아
름다워 보였습니다. 그것은 제가 너무 좋아했던 신약성경의 사도 바

울과 너무도 흡사해 보였습니다. 사도 바울은 10여 년이 넘게 계속 쓴 편지의 머리말에서 일관되게 자기가 누구인지, 자기가 무엇을 위해 누구로부터 사명을 받았는지를 고백합니다. 이렇게 말입니다.

우리 구주 하나님과 우리 소망이신 그리스도 예수의 명령을 따라 그리스도 예수의 사도된 바울은 믿음 안에서 참 아들 된 디모데에게 편지하노니 하나님 아버지와 그리스도 예수 우리 주께로부터 은혜와 긍휼과 평강이 네게 있을지어다.(딤전 1: 1-2)

사도 바울, 그는 어딜 가든지 선생님이 호주제 폐지 리본과 부모성 함께 쓰기 버튼을 달듯 그렇게 자신이 누구이며 무엇을 위해 누구로부터 사명을 받은 사람인지를 한결같은 목소리로 의지를 담아 모두에게 선언했습니다. 언제 어떤 상황에서든지 정체성에 흔들림이 없는 사람의 대표적인 모습이 제겐 사도 바울로 다가왔습니다. 제가 선생님의 버튼 달기에서 운동을 넘어선 신앙의 차원을 발견하는 것은 바로 그 때문입니다.

고은광순 선생님, 3년 반 전, 세상의 부지런함과 정직함을 통해 겸손하게 배워보겠노라 다짐했던 제 생각은 옳았던 것 같습니다. 그때 예상했던 것보다 한국교회는 훨씬 권위적이고 무기력하고 무능력했습니다. 그때 짐작했던 것보다 우리 시대의 아웃사이더들은 훨씬 순수했고, 아직도 80년대의 정신으로 치열하게 살고 있었습니다. 그럼에도 불구하고 무비판적으로 세상에 머리를 조아리는 우를 범하지 않기 위해, 그러니까 기독교의 진정한 정체성을 망각하고 세상을 졸

졸 따라다니는 똥개처럼 되지 않기 위해 저는 또 얼마나 긴장했던지요.

고은광순 선생님, '선택과 옹호'의 또 다른 성과에 대해서도 말할 필요를 느낍니다. 저는 3년 반의 작업을 통해 비록 현재는 너무 더러워져서 거의 그 흔적을 지워버렸지만 우리의 삶 속에서 우리 일상이 얼마나 소중하고 의미 있는 것인지에 대해 새롭게 발견할 수 있었습니다. 아무리 아름다운 말과 논리로 포장되었더라도 평범한 일상 속에서 실천되지 않는 진리는 허구라는 것을 온 몸에 새겨 넣을 수 있던 것만으로도 '선택과 옹호'는 제게 축복이었다고 말해야 하겠습니다. 그 결과 민주주의자를 자처하면서 집안에서는 가부장적 권위주의로 식구들을 못살게 굴거나 진보를 팔아 밥을 먹으면서도 자기 자식만큼은 꼭 서울대를 보내야 한다는 지식인들을 볼 때마다 분을 터뜨리는 점잖지 못한 사람이 되었지만 말입니다.

고은광순 선생님, 이제 저는 제가 사랑하는 예수님의 삶을 따라가는 것과 함께 '선택과 옹호'를 통해 만난 분들의 실천을 반추하면서 살아가려고 합니다. 미력하나마 선생님께서 늘 희망해 마지않는 양성평등의 세상을 조금 더 앞당겨 질 수 있도록 힘을 보태겠습니다. 선생님의 정치실험이 또 하나의 희망으로 우리의 삶을 어루만지게 되길 희망합니다.